Irmtraud Gutschke

Hermann Kant. Die Sache und die Sachen

Das Neue Berlin

VORAB

Ein Interview per du, weil die Beteiligten schon früher so miteinander umgegangen waren, und sei es nur bei gelegentlichen Telefonaten oder kurzen Gesprächen. Diesen Ton beizubehalten, war Voraussetzung für Wahrhaftigkeit.

»Hermann Kant. Die Sache und die Sachen« ist der zweite Band der Buchreihe, die Neues Deutschland in Zusammenarbeit mit dem Verlag Das Neue Berlin herausgibt. Spät haben wir begonnen, solche Jahrhunderterfahrungen zu sammeln. Vielleicht haben wir auch selbst den Abstand zum Erleben aus DDR-Zeiten gebraucht.

Die DDR ist seit 17 Jahren Vergangenheit, immer mehr Menschen verbinden damit keine konkreten Vorstellungen mehr. Aber viele gibt es auch, die sich immer noch davon umgetrieben fühlen, wie es denn kam, daß dieser Staat untergegangen ist. Es war eine geschichtliche Zäsur, von Lebensläufen überspannt. Was ist mir widerfahren, und was habe ich getan? Wem da pauschale Antworten nicht genügen, wird Detail um Detail aus der Erinnerung heraufholen, und sobald sich etwas erklärt, es schon wieder ein wenig bezweifeln. Für diese Gedankenarbeit haben mir die Gespräche mit Hermann Kant – insgesamt fast 50 Stunden über ein Dreivierteljahr hinweg – so viel Stoff gegeben, daß ich weiter und weiter fragen könnte. Von den weltpolitischen Bedingungen bis zu den persönlichen Eitelkeiten und Verletzungen, dazwischen alle möglichen Querelen, Animositäten, Selbstbeschwichtigungen, Kompromisse – wie alles zusammenhängt, hat mich interessiert.

Erklärungen, die für den einen je mehr ins einzelne gehend um so spannender sind, verweisen für den anderen nur auf Erledigtes; für den dritten sind sie ein Rechtfertigungsversuch, nachdem das Urteil bereits gesprochen ist. Ein Buch – auch wenn es ein Interviewband ist wie dieser – wird immer von demjenigen »mitgeschrieben«, der es liest. Die Bewertung des fremden Textes bringt auch die eigene Person ins Spiel mit allen Überzeugungen und Mentalitäten.

Apropos Personen: Im Gespräch fallen immer mal wieder Namen. Deshalb wurde ein Register angefügt. Niemand möge beleidigt sein, wenn er sich darin nicht wiederfindet oder wenn er mit einer Episode im Text genannt ist, die ihm nebensächlich scheint. Jeder, über den wir sprachen, hätte selber viel zu erzählen. Und selbst in diesem Falle würde nicht alles erhellt.

Apropos hell und dunkel: Hermann Kant war zunächst skeptisch gegenüber unserem Gespräch. Alles stünde doch in seinen Büchern. Das Vertrauen, das er mir dann entgegenbrachte, war keine Selbstverständlichkeit. Ohne dieses hätte es keinen Interviewband mit ihm gegeben. Es bestimmte den Ton, öffnete Gedankenräume. Hat er mir alles gesagt? Habe ich alles gefragt? »Alles«? Unsinn! »Alles« kann man von einem Menschen sowieso nicht kennen, das weiß er nicht einmal über sich selbst. Und jedem Leser, der uns in Gesprächen begegnet, ist weitere Erkundigung unbenommen.

Mit einem so klugen Mann zu reden, der so lebendig zu formulieren versteht, macht einfach Spaß. Und was mich besonders freut: Hermann Kant, der vor einigen Monaten sagte, er würde bestenfalls nur noch kurze Texte schreiben, denn ein Fragment zu hinterlassen, habe er keine Lust, hat inzwischen wieder eine lange Geschichte angefangen.

I.

»Das Leben braucht meine Erzählung nur, daß es mich besser verstehen kann. Mich und einige noch.«
Hermann Kant: »Der Aufenthalt«

Es geht mir nicht aus dem Kopf, was dein Schriftstellerkollege Wolfgang Kohlhaase zu deinem 80. Geburtstag im ND schrieb: Hermann Kant sei einmal von Berlin nach Hamburg mit dem Rad gefahren, um seine Mutter zu besuchen, »... die aber etwas vorhatte und ihn ohne rechte Freude begrüßte. Weshalb er sich umdrehte und die knappen 300 Kilometer zurückfuhr. Empfindsam aber auch robust«. Ist das wahr?

Im Prinzip stimmt's. Nur handelte es sich um meinen Onkel, den ich einst als Kommunisten sehr verehrte. Inzwischen fast blind, kam er am anderen Morgen in die Küche meiner Tante und fragte: Wer ist hier? Ich sagte: Hermann. Er darauf: Mit dir rede ich nicht, du bist Kommunist. Entschuldige, habe ich gesagt, wenn ich Kommunist bin, wirst du ja wohl daran deinen Anteil haben. Jedenfalls haben wir uns zwei Stunden gestritten. Am Ende war ich so wütend und verzweifelt, daß ich aufs Rad gestiegen und von Hamburg bis zur S-Bahn nach Nauen zurückgestrampelt bin. Bei meiner Mutter hätte es so was nicht gegeben. Die fragte, wenn ich nach langer Zeit wieder mal auftauchte: Hast du schon gegessen? Aber die Geschichte ist insofern typisch, als ich vor Wut manchmal eine Leistung hingelegt habe, die ohne Wut gar nicht zu schaffen gewesen wäre.

Deine Mutter – eine ruhige, besonnene Frau?

Sie war eine Herrscherin aus Selbstverständlichkeit. Was sie sagte und tat, brauchte nur einmal erklärt zu werden. Wir waren zu sechst, als der Uwe auf die Welt kam. Sie hat gewaschen – mit Waschbrett, wie es damals üblich war, geplättet und das Haus sauber gehalten. Gekocht wurde auf dem Feuerherd. Meine Schwestern wurden ein bißchen angestellt, damit sie es lernten. Ich wurde höchstens mal einkaufen geschickt. Es war die typische Auffassung von einem Jungen und seiner Rolle. Die Mutter war natürlich auch stolz, daß ich in der Schule sozusagen ohne hinzugucken alles konnte. Sie ist dreimal verheiratet gewesen. Erst mit meinem Vater, der an den Folgen des Krieges gestorben ist. Dann mit Steinbeiß, der in Sachsenhausen Häftling gewesen war, ein ziemlich autoritärer Typ, der in der DDR über seinen Hochmut und Intrigen anderer gestolpert ist. Nach ihrer Scheidung hat sie in Hamburg Herrn Rademacher geheiratet, einen Nachbarn mit vier Kindern. Das hört sich alles spektakulär an, aber sie war immer gelassen und hat ulkige Anmerkungen zur Sache Leben gemacht. Viel lachen konnte sie, schön singen, selbstbewußt war sie, der konnte keiner. Ich glaube, diese Neigung habe ich von ihr.

Und was hast du vom Vater geerbt?

Zweifellos die grundsätzlich ironische Haltung. Er war ein arg und ärgstens gebeutelter Mann mit einem überlegenen Humor. Die Eltern waren beide keine gebildeten Leute, sie stammten aus richtig plebejischen Verhältnissen. Natürlich habe ich erlebt, wie sie in der Küche saßen und die Köpfe hängen ließen, weil wieder irgendein schlimmer Bescheid gekommen war oder weil das Geld nicht reichte, es reichte ja nie. Ich glaube, die Hauptsache, die ich von ihnen übernommen habe, ist, daß man die Dinge, die einem zustießen, nicht mit großem Geheul beantwortete, sondern daß man versuchte, einen Weg zu finden, und darüber auch noch seine Witze machte.

Dein Vater war Straßenkehrer.

Das ist er 1933 geworden. Vorher war er Orchideengärtner im Hamburger Hirschpark. Dort ist er rausgeflogen, wie ich es in »Abspann« beschreibe, als sie seinen Freund Hermann Teschen, weil der Kommunist war, entlassen haben. Die Belegschaft sollte dem zustimmen. Wer für die Entlassung war, sollte aufstehen. Alle haben das getan, nur mein Vater ist sitzen geblieben. Ja, Herr Kant, was ist denn mit Ihnen, hat der Inspektor gefragt. Da hat er gesagt, was später in unserer Familie zum geflügelten Wort geworden ist: Stoh ick oder sitt ick? – also trotzig: steh ich oder sitz ich? Daraufhin haben sie ihn ebenfalls rausgeschmissen. Allerdings nicht ganz aus dem städtischen Dienst. Er wurde zuerst Müllfahrer und dann Straßenfeger. Das muß man sich mal vorstellen: Du warst in einem herrlichen Park der gesuchte Fachmann für Orchideen und dann stehst du eines Tages mit dem Besen auf der Elbchaussee. Er hat es verbissen hingenommen, darüber wurden keine Witze gemacht.

Es heißt, ihr habt in ziemlich ärmlichen Verhältnissen gelebt.

Vater hat 42 Mark die Woche verdient. Und wir waren erst zu fünft, ab 1936 zu sechst. Dann gab es zwar irgendein Kindergeld, aber es reichte hinten und vorne nicht. Wir haben meist von Eintopf und Margarinestullen gelebt. Und was die Kleidung betraf ... Wir waren arme Leute, da hilft nichts.

Hattest du deshalb ein Gefühl des Zurückgesetztseins?

Daß es Leute gab, die besser lebten, habe ich eigentlich erst gemerkt, als ich zur Schule kam. Dieser Unterschied in der Ausrüstung war dann für meinen Vater das Argument, daß ich lieber nicht auf dieses stinkfeine Gymnasium gehen sollte. Obwohl ich die Leistungen dazu hatte. Ich brauchte ja in der Schule nur zuzuhören, um mir alles zu merken. Das habe ich vor ein paar Jahren auch einem kleinen Jungen in Mecklenburg gesagt: Du, mach die Dollereien nicht mit, die wol-

len dich bloß als Clown. Hör während des Unterrichts gut zu, dann weißt du es nachher. Daran hat er sich offensichtlich gehalten und guckt mich immer noch – inzwischen ist er acht – bewundernd an. Neulich stellte ich ihm die doofe Opa-Frage, was er denn mal werden will. Geheimagent, hat er geantwortet. Du hör mal zu, habe ich ihm geantwortet, das erste, was du da lernen mußt, ist, daß du das nicht sagen darfst.
Nun gut. In dem Teil von Hamburg, wo wir wohnten, wurde mit Selbstverständlichkeit der Begriff »Herrschaften« gebraucht. Und es war klar: Die waren anders als unsereins.

Hast du dir gewünscht, in deinem Leben mal zu den »Herrschaften« aufzusteigen?

Absolut unmöglich. Nein, das war eine andere Sorte Mensch.

Dein erster Erzählungsband »Ein bißchen Südsee« beginnt mit der Geschichte »Krönungstag«: Beim Schulfest »Kinnergreun« gewinnt die ältere Schwester des Ich-Erzählers beim »Taubenstechen« und wird Klassenkönigin. Das setzt die Eltern ziemlich unter Druck ...

... denn zur Königin kommt ein Festzug, den man angemessen empfangen muß. Diese Geschichte beruht auf einem tatsächlichen Vorfall, wie vieles bei mir. Die Nachbarskinder hatten es über den Zaun gerufen: Edith ist Königin geworden. Woraufhin meine Mutter erschrak: Wie das hier aussieht! Da mußten wir alle ran. Und auch die Nachbarn haben geholfen. Daß man einander unter die Arme griff, war bezeichnend für die Armeleutesiedlung Lurup. Aber kleine Unterschiede gab es auch. Wenn wir bei meiner Tante waren, standen Butterbrötchen auf dem Tisch, und wir tranken Tee aus dünnen Tassen. Das fanden wir schon ziemlich gehoben. Bei uns spendierte der Vater, wenn es hoch kam, mal eine Mark für eine Dose Kekse. Die wurde dann in aller Andacht übers Wochenende verzehrt. Das war für mich der Reichtum.

Es hört sich trotz allem nach glücklicher Kindheit an. Gab es auch Bedrückungen, die du nicht verwinden konntest?

Die unglücklichste Zeit für mich begann, als wir 1940 von Hamburg weg zu meinem Großvater nach Parchim zogen, wo es meiner Mutter in Kriegszeiten sicherer erschien. Da hatte sie die verrückte Idee, mich auf die Mittelschule zu schicken. Nach dem Motto »Die Kinder sollen es besser haben« wünschte sie sich, ich solle Buchdrucker werden.

Wie Mark Niebuhr aus dem Roman »Der Aufenthalt«.

Ja, so. Aber in der Mittelschule hatten sie schon eineinhalb Jahre Englisch und Französisch und Algebra und manches noch, was ich nicht kannte. Und statt zu meinen Freunden aus Ferienzeiten, die in die Volksschule gingen, kam ich zu den Kindern vom Milchhändler und vom Möbelfritzen, die zwar keine bedeutenden Köpfe waren, aber ein ganz anderes Auskommen hatten. Ich stelle in diesem Augenblick fest: Ich hatte keine Freunde in dieser Klasse. Weil ich einerseits meinte, daß ich klüger war als die meisten, aber andererseits nicht anderthalb Jahre Schulstoff aufholen konnte, habe ich bald aufgegeben und mich durch Kaspereien ausgezeichnet. Wie ich auch später im Leben manches durch meine große Klappe wettgemacht habe. Wenigstens haben sie mich, weil ich in einigen Fächern gut war, mit dem Vermerk »versetzt« von der Schule gehen lassen. Und dann begann mein Glück: Ich kam in die Lehre zu einem Meister, der mich klug zu nehmen wußte. Er hat mir immer alles beigebracht, mich aber dann selbständig arbeiten lassen. Da war ich plötzlich der junge schlaue Elektriker in Parchim.

Du hast in deinen Büchern immer mal wieder von deiner Schwester Isa erzählt, die dann in Hamburg in einer Kneipe arbeitete. Die anderen Geschwister kommen jedoch kaum vor. Vor allem den Uwe Kant vermißt man.

Der ist 1936 geboren. Ich bin 1944 Soldat geworden, da war

er acht. Dann war ich vier Jahre in Gefangenschaft. Als ich wiederkam, war er zwölf, und ich ging bald darauf zum Studium. Wir sehen uns heute mehr als in all den Jahren damals. Es hat ihm natürlich auch nicht gepaßt, daß ich ihn eine Weile immer noch als den Jüngeren behandelte. Inzwischen verstehen wir uns glänzend. Und was meine ältere Schwester Edith betrifft, die war mir fern in ihrer Mädchenrolle. Da war die jüngere Schwester Isa ganz anders, die war bereit und findig entschlossen, auch bei den Jungs mitzutun. Wir haben als Kinder gewaltige Fußmärsche zusammen gemacht – und unentwegt gequatscht dabei.

Was habt ihr vom Beginn der Naziherrschaft gemerkt? Das war ja noch in Hamburg.

1933 war markiert durch den Arbeitsplatzwechsel meines Vaters, einen Wechsel, der sofort zu schwerer Erkrankung führte. Die Tätigkeit als Müllmann schlug ihm auf die Atemwege. Zweimal mußte er mit Lungenentzündung ins Krankenhaus – und das hieß damals was. Ich habe nicht viel kapiert, wohl aber gespürt, daß mein Vater mit diesem Vorgang Drittes Reich nichts zu tun haben wollte. Als Angestellter der Stadt mußte er zur Maikundgebung auf die Moorweide mit Musik und Trara. Ich ging mit und wäre gerne geblieben. Aber der Vater hat gewartet, bis ihn sein Vorarbeiter zur Kenntnis genommen hatte, dann hat er sich verdrückt. Der Begriff Nazi war ein negativer, anders kannte ich es nicht.

Ihr habt von Nazis gesprochen – nicht von Nationalsozialisten?

Nein, das waren Nazis, und sie wurden eher als lächerlich empfunden. In der Schule erschien der Rektor hin und wieder in schwarzer Uniform. Aber die Lehrer waren Sozialdemokraten, die man an den Stadtrand abgeschoben hatte. Auf echte Nazi-Lehrer bin ich erst in Parchim gestoßen. Im Unterschied zu heutigen Darstellungen der Nazizeit habe ich die Erfahrung gemacht, daß gar nicht so viel auf die Leute eingetrommelt wurde. Wenn die Machtfrage geklärt war, sagten sie sich wahrscheinlich, würde sich alles andere schon regeln.

Aber du mußtest in die Hitlerjugend?

Erst mal ins Jungvolk.

Wurde man da gefragt, ob man gehen will oder nicht?

Nein. Das war klar, ein deutscher Junge gehört ins Jungvolk. Es war Pflicht. Man traf sich einmal die Woche, mußte seine Schuhe gewienert haben, und es wurde nachgesehen, ob man saubere Fingernägel hatte. Dann haben wir irgendwelche komischen Lieder gesungen, von denen man meist gar nichts verstand. Und anschließend wurden Geländespiele gemacht. Anstrengender war es in den beiden Sommerlagern, die ich mitgemacht habe. Da kam auch mal irgendein Propagandaredner. Aber die Indoktrination vollzog sich eigentlich unterschwellig, auf eher alltägliche Weise. Zum Beispiel spielten wir immer »Ich führe Krieg mit ...« und fanden das ganz normal. Da war es dann schon nicht mehr so ungeheuerlich, daß irgendwann wirklich Krieg geführt wurde. Eine martialische Umgehensweise mit der Welt wurde das Übliche.

Verbunden mit sehr autoritärer Erziehung ...

Daß du gehorchen mußt, anderes kam dir gar nicht in den Sinn. Der Lehrer war die absolute Autorität. Du hast nicht mit deinem Meister diskutiert, du hast nicht mit deinem Unteroffizier diskutiert. Es war keine Diskussionszeit, in der ich aufgewachsen bin. Nebenbei gesagt: In der DDR war ja die Diskutiererei auch nicht gerade entwickelt. Es hieß nicht Befehl, aber Beschluß, nicht Gehorchen, aber Überzeugen. Und das reimt sich ja auf Beugen. Wir haben dadurch viel schöpferisches Potenzial verloren.

Später Geborene hatten mitunter den Verdacht, daß die Leute, die in der Nazizeit aufgewachsen waren, ihre Prägungen in die

DDR mitgebracht hatten, daß die Lust an der Kompromißlosigkeit, an der Disziplin, am Disziplinieren bloß mit anderen Vorzeichen versehen wurde.

Da ist etwas dran, aber es war nicht so, wie Christa Wolf in »Kindheitsmuster« schrieb, vom Braunhemd ins Blauhemd. Sondern da lagen ein paar Jahre dazwischen. Ich gehöre ja zu den wirklich in jeder Beziehung beneidenswerten Leuten, die all dies bei relativ klarem Verstand und zunehmend kritisch mitverfolgt haben. Die Zeit von 1945 bis 1949 habe ich hauptsächlich in Gefangenschaft verbracht. Dort mußtest du schon Argumente finden, die den anderen einleuchteten. Als Gefangenen können sie dich zwar totschlagen, aber richtig zu irgendwas veranlassen können sie dich nicht, da müssen sie schon Begründungen haben. Und seien sie eßbar. Wer den Krieg erlebt hatte, für den war »Nie wieder Krieg« in der DDR ein starkes Argument. Hinzu kam freilich zunehmend ein anderes: Wir müssen uns durchsetzen, sonst drückt uns der Westen an die Wand.

Aber erst mal zurück zu deiner Zeit in Parchim ...

Das war eine richtige Nazigegend. Als Hindenburg gestorben war, hingen von den beiden 70 Meter hohen Kirchtürmen Hakenkreuzfahnen fast bis zur Erde. Und wenn die alten Hutzelmütter zum Bäcker gingen, hieß es »Heil Hitler!« – »Zwei Brötchen« – »Heil Hitler!«. In Hamburg hätten sich die Leute 'nen Kringel gelacht über so was. Als ich später erfuhr, daß einer der ersten großen Fememorde in Deutschland in Parchim passiert ist, hat mich das überhaupt nicht gewundert. Andererseits: Bei meinem Meister herrschte ein solches Klima gerade nicht. Dabei habe ich nach meiner Rückkehr aus der Gefangenschaft erfahren, daß er in der NSDAP gewesen war. Davon habe ich in meinen drei Lehrjahren nichts bemerkt.

Du willst sagen, daß einstige NSDAP-Mitgliedschaft nicht automatisch bedeutet, daß man jemanden heute verurteilen muß?

So ist es.

Im Roman »Der Aufenthalt« hast du einen Vorgang beschrieben, den man nicht vergißt: In einem Sommerlager der Pimpfe wird ein Zehnjähriger mit einem Rucksack voll nassem Sand ums Lager gejagt, bloß weil er versucht hatte, unerlaubt das Lager zu verlassen. Ist das wirklich so passiert?

Ich sehe es noch vor mir: Diese HJ-Führer ließen den Knaben vor ihren Motorrädern herlaufen. Und der schleppte diesen Tornister voll nassem Sand, bei dem sie die Riemen durch Telefonkabel ersetzt hatten. Ein kleiner Bengel, der wahrscheinlich, so wie ich, ein Wahnsinnsheimweh hatte, weshalb er aus dem Lager weg zu seiner Mutter laufen wollte. Sie hatten mich nie so richtig gekriegt, aber in diesem Augenblick haben sie mich gänzlich verloren.

Das Schlimme war ja, daß dem Jungen hinterher vielleicht nicht mal die Eltern beigestanden haben, weil die Willkür geradezu Gesetz war.

Das war die gültige Doktrin: das Fressen oder Gefressen-Werden. Die Stärkeren obsiegten. Ich habe im Roman beschrieben, wie ich mit Schrecken begriff: Sie können sozusagen alles mit einem anstellen. Ich weiß nicht, wo der Junge abgeblieben ist. Für solche Fälle gab es das sogenannte Erziehungsheim. Nein, Menschlichkeit konnte dir auf diese Weise sukzessive ausgetrieben werden, was im Krieg seine Vollendung fand. Da mußtest du Sachen machen, und wenn nicht, warst du hin. Ich sage immer, daß es ein Glücksumstand war, daß ich nicht in eine Situation geriet, in der ich solche Befehle hätte ausführen müssen. Aber wenn sie gestellt worden wären, weiß ich nicht, wie ich das hätte verweigern können.

Selbst heute, in friedlichen Zeiten, zeigen die Leute ja nicht immer Courage. Vor ihren Augen könnte jemand niedergeschlagen werden, und sie würden wegschauen. Der gleiche Mechanismus?

Die Angst, was auf die Fresse zu kriegen, wenn du auch nur einen Mucks machst. Ich bete zu Gott, daß er mich nicht auf diese Probe stellt. Aber ich bin überzeugt, das habe ich in etlichen Situationen gezeigt, daß ich nicht stille schweigen würde.

Man erschrickt nur immer wieder, wie dünn die zivilisatorische Decke ist.

Davon erzählen ja tausend Geschichten, daß, vor die Entscheidung gestellt »Entweder die oder ich«, die meisten Leute versuchen, dann eben den anderen zu fressen. Da denke ich immer an Günter Gaus, der in dieser Beziehung viel skeptischer war, als du oder ich es jemals sein könnten. Immer, wenn ihm einer fortschrittsgläubig vorkam, hat er sofort die spitze Frage gestellt, ob man denn wohl den neuen Menschen für möglich halte. Und war des Hohnes voll, wenn er merkte, man war so kühn. Er hatte natürlich insofern Recht: Wenn man ein Gasgemisch genügend preßt, dann explodiert es.

Daß »der alte Adam« und »die alte Eva« bis heute in uns stecken, war eine Lieblingsfloskel von ihm. Wobei ich durchaus glaube, daß es eine Entwicklung hin zu einer Humanisierung gibt. Nur dauert das viel, viel länger, als wir gedacht haben. Ich habe mich immer gefragt, ob antifaschistische Erziehung, statt an der Ideologie, viel mehr an dieser zivilisatorischen Decke hätte arbeiten müssen. An der Erziehung dazu, daß man es einfach nicht erträgt, wenn andere ungerecht behandelt werden, daß man sich einmischt und dafür sogar Nachteile in Kauf nimmt. An der Erziehung zu Widerspenstigkeit.

Ja, das ist richtig. Ich bin mit Gaus nie einverstanden gewesen in diesem Punkt, weil ich erlebt habe, daß sich unter miserabelsten Umständen eine Art Solidarität bewahren konnte, die mitunter rettend war. Ich bin, als die sowjetische Offensive lief, hinter der Front hergelaufen im Wahn, auf diese Weise irgendwie Richtung Heimat zu gelangen. Da bin ich, wir hatten tagelang überhaupt nichts mehr zu essen und eigentlich wenig geschlafen, plötzlich umgefallen. Man hätte mich liegen lassen können, zumal mich keiner kannte. Aber einer – ein Versprengter wie ich – hat mich gefragt: Wann hast du zuletzt gegessen? Ich wußte das schon nicht mehr genau. Das könnte zwei, drei Tage her gewesen sein. Da hat er gerufen: Hat jemand noch ein Stück Brot? Und das Wunder geschah: Es kramte einer, sie waren ja alle Hungerrenner, ein Stück aus seinem Beutel, und siehe, ich lief weiter. Das ist für mich ein großer Augenblick gewesen. Denn der mir Brot gab, mußte fürchten, daß er am nächsten Tag genauso daliegt wie ich.

Du hast immer über deine Schuld am Krieg gesprochen. Wäre es dir überhaupt möglich gewesen, da nicht mitzutun?

Habe ich natürlich tausendmal überlegt – nein. In meinem Roman »Okarina« schildere ich die Situation eines jungen Mannes, als er einberufen wird. Natürlich will er nicht dahin, weil er weiß, da kommt man bestenfalls mit einem Arm weniger wieder. Das war mir klar, als ich Soldat wurde. Aber für einen 18jährigen, der in Parchim einberufen wurde nach Kolberg, gab es keine Alternative.

Keinen Schuß habe er abgegeben, sagte Günter Grass, als er unlängst wegen seiner spät zugegebenen Mitgliedschaft in der Waffen-SS für Debatten sorgte. Du bist ja auch nur ganz kurz im Krieg gewesen. Hast du geschossen?

Ich war in Kłodawa an der Chaussee zwischen Berlin und Moskau, als wir am 12. Januar in den großen sowjetischen Angriff gerieten. Erst wurde ich in einen Graben kommandiert und konnte mir ausmalen, wie die sowjetischen Panzer auf uns ballern würden. Jeder Panzersoldat weiß doch: Vor einer solchen Stadt sind Gräben, in denen Leute mit Panzerfäusten warten. Ich habe mich dann in der Post versteckt. Als ich sah, wie ein Panzer ins Haus nebenan fuhr, habe ich mit der Panzerfaust geschossen. Soldaten sind rausgesprungen und haben sich über die Mauer des Friedhofs hinweg in Sicherheit gebracht. Die Kuppel dieses Panzers ist heute übrigens dem polnischen Ehrenmal für die sowjetischen Soldaten in Kłodawa eingelassen. Über Hinterhöfe sind wir dann aus der Stadt gelangt und wieder an der Hauptstraße gelandet. Von dort aus versuchten wir, wie gesagt, durch die Front Richtung Westen zu kommen. Dabei wurde dauernd geschossen. Du ballertest eben los. Wen oder was ich getroffen habe, weiß ich nicht.

Ist es tatsächlich vorstellbar, daß Grass seine Waffe nie benutzen mußte, wie er sagt?

Dann müßte die Division Frundsberg, zu der er gehörte, keinerlei Feindberührung mehr gehabt haben. Aber eine SS-Division im Frühjahr 1945 zwischen Dresden und Prag – ich weiß nicht. Und er ein junger »Elitesoldat« ...

Kannst du verstehen, daß er zur Waffen-SS ging? Hättest du auch dahin geraten können?

Wäre ich wie Grass ein Hitlerjunge gewesen, der an den Endsieg glaubte, wäre ich sicher unter dem Motto »Jetzt endlich, Mann« losmarschiert. Doch bei mir war es anders. Die SS war für mich ein Teil jener Herrschaftswelt, mit der ich nichts zu tun haben wollte. Der Schwiegersohn meines Meisters, ein baumlanger Kerl, kam mal auf Urlaub in SS-Uniform, sah natürlich ungeheuer gut aus. Dann aber habe ich ein Päckchen für ihn auf die Post bringen müssen: nach Dachau.

Wußtest du denn damals schon, was Dachau bedeutet? Als Lehrling in Parchim?

Aber ja! Ich wußte noch nichts von Verbrennungsanlagen, aber was mit den Menschen in so einem Lager geschah, darüber hatte ich keine Illusionen. Zumindest seit Willi Hagen, ein Freund meines Vaters, ein Kommunist, nach Fuhlsbüttel gebracht worden war und seine Frau, eine gute Freundin meiner Mutter, von dort Bescheid bekam, sie solle die Asche ihres

Mannes abholen, er sei an Herzschwäche gestorben. »Konzertlager« sagten wir, und allen war klar: Nie im Leben war der Mann an Herzschwäche gestorben.

Kannst du glauben, daß jemand, der in Weimar gelebt hat, – meine Schwiegermutter behauptete das steif und fest – nichts von Buchenwald wußte?

Ich habe eine ähnliche Erfahrung gemacht. Meine erste Frau hatte Verwandte in Sachsenhausen. Die wohnten an der Hauptstraße ...

Wo sie die Häftlingskolonnen hätten sehen müssen ...

Ja. Auch die Schornsteine des Lagers konnten sie sehen. Aber was dort geschah, beteuerten sie, hätten sie nicht geahnt. Da seien Leute eingesperrt gewesen, und es sei wohl ziemlich stramm zugegangen. Mehr wollten sie wahrscheinlich nicht wissen. Was ja auch Selbstschutz ist. Ich war Zeuge, wie sowjetische Gefangene durch Parchim geprügelt wurden – entsetzlich! Daran habe ich mich erinnert, als ich auf ähnliche Weise durch polnische Städte getrieben wurde. Aber wir sprachen ja von Grass: Ich verurteile ihn überhaupt nicht, um das mal klar zu sagen. Ich kann mir vorstellen, daß er zu einer Elite-Truppe wollte. Aber damit war verbunden, daß man sozusagen der »Obermensch« war, und dann gab es Menschen und »Untermenschen«. Letztere wurden massakriert. Das machte die SS so, wie unsereins frühstückt. Zu uns nach Kolberg sind auch mal zwei adrette SS-Jungs gekommen, angetan mit Eisernen Kreuzen und Infanterie-Sturmabzeichen und weiß der Teufel was für großem Geschirr, und die haben geprahlt: »Macht euch das Spaß hier? Kommt zu uns, bei uns findet das alles anders statt.« Wir hätten natürlich bessere Verpflegung bekommen und nicht bloß ein Gewehr, sondern eine MPi. Es sind dann auch prompt zwei von uns mitgegangen. Aber unter proletarischen Leuten, wie ich einer war, galt das zu der Zeit schon als total abgeschmackt.

»Daß meine Weise über die Welt zu denken, nur die Weise war, in der man mich unterrichtet hatte«, schreibst du im Roman »Der Aufenthalt«. Warst du denn bereit, andere zu verstehen, die unter anderen Verhältnissen zu anderen Meinungen gekommen waren als du?

Das mußte ich in Gefangenschaft lernen. Dort waren ja ganz unterschiedliche Leute – religiöse, sehr gebildete Männer und total ungebildete. Im Streit – dazu kam es oft – stellte sich dann heraus: Ja Gott, so könnte man es auch sehen. Ich verstand: Wenn ich um die Voraussetzungen wüßte, von denen her diese Männer zu ihren Meinungen kommen, würde ich besser mit ihnen diskutieren können. Mein Vorteil: Ich war jung genug, um neugierig zu sein. Was mir in diesen vier Jahren widerfuhr, darüber konnte ich nicht froh sein, aber ich bin froh darüber, wie ich mit dieser Zeit umgegangen bin: daß ich dauernd versucht habe, mein Weltbild zu vervollkommnen, wie auch das der anderen.

Erst warst du ja in einem sowjetischen Kriegsgefangenenlager in Puławy, wie es auch in »Der Aufenthalt« beschrieben ist. Dort sollten sich Spezialisten melden, und als Elektriker bist du unter polnischem Kommando auf Marsch geschickt worden, kamst nach Warschau ...

... wo wir als Gruppe gleich ins Gefängnis gebracht wurden.

Aber im Roman »Der Aufenthalt« kommt eine Frau schreiend auf Mark Niebuhr zu. Erst später erfährt er, daß sie in ihm den Mörder ihrer Tochter erkannt haben will. Hast du das denn nicht so erlebt?

Nein, in Wirklichkeit ist unsere ganze Gruppe ins Gefängnis gekommen.

Mit welcher Beschuldigung denn?

Das hat mir doch keiner in gepflegtem Deutsch vorgetragen.

Ich habe nur von früh bis spät gehört, daß ich ein Mörder bin.

Also doch eine Verwechslung?

Nein, durchaus nicht. Im nachhinein meint nun der polnische Historiker Jerzy Kochanowski, der seine Doktorarbeit darüber geschrieben hat: Die Gefangenen mußten irgendwo hin, da hat man sie eben ins Gefängnis gebracht. Aber wir fanden – das war ja unser Geschrei –, daß wir doch keine Verbrecher sind und im Gefängnis nichts zu suchen haben. Als erstes wurden uns die Haare kahl geschoren. Dagegen zu protestieren, um Gottes willen, wäre uns nicht eingefallen, die haben uns ja bei jedem Mucks schon in die Fresse gehauen. Dennoch haben wir versucht, dem Friseur klar zu machen, daß wir Soldaten sind. Da erschien der Gefängnisdirektor und hat eine kurze Rede gehalten, die übersetzt wurde. Sinngemäß sagte er folgendes: Sie wurden mit der Waffe in der Hand auf polnischem Boden neben polnischen Ermordeten aufgegriffen. Daraus ergibt sich, Sie stehen unter Mordverdacht. Und was Ihre Haare und Ihr Soldatsein betrifft – er nahm seine Mütze ab und zeigte seinen geschorenen Kopf. Schluß der Debatte. Daraus habe ich im Buch einen Einzelvorgang gemacht, der in Wahrheit für mich erst im Gefängnis eingesetzt hat. Wahrscheinlich weil ich ein bißchen rumgeflirtet hatte mit irgendwelchen volksdeutschen Mädchen, die da auch einsaßen, wurde ich in Sonderverwahrung gebracht und wurde auch verhört: Wo waren Sie, wann waren Sie ...? Da ich zu dieser Zeit so gut wie kein Wort polnisch verstand, wußte ich nicht, was los war. Ich könnte noch heute beinahe im Schlaf an die Stellen gehen, wo ich in diesem Gefängnis war, wo ich was auf die Klappe gekriegt habe und wo ich im Keller auf einem mit Eisen beschlagenen Boden stand, das sah von oben aus wie ein Labyrinth aus Blech. Da standst du mit nackten Füßen und nach ungefähr zwei Minuten wußtest du, das hältst du nicht mehr aus. Und wenn es dann ganz schlimm war, kam jemand und haute dir auch noch ein paar aufs Maul. Zu allem Unglück hieß diese Einrichtung aus der

Zarenzeit auch noch »Kantówka«. Am Ende haben sie uns mit den Worten »Sie werden nicht erwarten, daß wir uns entschuldigen« aus dem Gefängnis ins Arbeitslager gebracht.

Du warst zwei Jahre im Gefängnis?

Ja, ich wurde am 7. Oktober 1945 in dieses Gefängnis gebracht und bin im September 1947 ins Lager gekommen. Knapp zwei Jahre, in denen sich die Situation dann etwas entspannt hat, so daß ich sogar in der amerikanischen Militärmission als Elektriker eingesetzt worden bin. Da war ich in einer Truppe von 37 Leuten, die Gräben zu schippen und Baracken aufzustellen hatten.

Der Film »Der Aufenthalt« ist in diesem Gefängnis gedreht worden?

Nun, das nicht, aber Frank Beyer, der Regisseur, und Wolfgang Kohlhaase, der Drehbuchautor, hatten noch nie ein Gefängnis von innen gesehen. Und mitten im polnischen Ausnahmezustand unter Jaruzelski bekamen sie die Genehmigung, es sich anzusehen. Ich aber habe ein paar Tage vorher gesagt, da führe ich nicht mit. Es war wirklich so, daß ich geträumt hatte: Ich werde mit offenen Armen begrüßt. Ach, ich will da nicht wieder rein, habe ich also gesagt. Ich rieche übrigens heute noch, wie das da drin stank. Und so habe ich für Wolfgang einen genauen Plan gezeichnet, wo welche Zelle war und wo der Prellstein war und alles. Und Wolfgang kam nachher völlig entgeistert wieder, weil alles genau so war. Ich habe mein Buch als Roman bezeichnet, weil ich auf die Freiheit der Erfindung pochen wollte. Andererseits konnte ich Fragen von DDR-Seite nach polnischen Bedenken abfangen mit der Erklärung: Moment, es ist genau so gewesen, ich war da drin. Die Ahnung, ich würde mit dem Buch Schwierigkeiten kriegen, hat da eine Rolle gespielt. Deswegen habe ich auch immer von einem Roman gesprochen. Allerdings gibt es nur wenige Szenen, die hinzugedacht worden sind.

Aber das ganze Geschehen wurde etwas abgemildert, scheint es mir. Was Mark Niebuhr erlebt hat, war schlimm genug. War es bei dir vielleicht noch schlimmer?

Ja, natürlich. Ich habe den Roman doch in »solidarischer Verbundenheit mit dem polnischen Brudervolk« geschrieben.

Hast du denn mal erfahren, wessen man euch überhaupt beschuldigt hat?

Der Direktor hatte völlig Recht: Wir waren auf polnischem Boden mit der Waffe in der Hand angetroffen worden.

Da hätte man alle deutschen Soldaten auf polnischem Boden ins Gefängnis stecken können.

Wenn es nach Leuten wie dem Direktor gegangen wäre, hätten sie das auch gemacht. Die haben gesagt: 40000 deutsche Kriegsgefangene? Haben wir nicht. Wir haben nur Kriegsverbrecher.

In »Abspann« ist davon die Rede, daß der deutsche Antifaschist Karl Wloch vom ZK der SED von Berlin nach Polen geschickt wurde, um für die festgesetzten deutschen Soldaten den Status als Kriegsgefangene auszuhandeln.

So ist es. Heute könnte man sagen: Die Deutschen im Osten und die Polen waren doch Brüder. Aber so einfach war das nicht, zumindest nicht kurz nach dem Krieg. Harri Czepuck, den ich im Arbeitslager von Warschau getroffen habe, hat mir mal erzählt, daß er als Gefangener in einem Nebenlager von Auschwitz unter Tage ziemlich unmenschlich hat rackern müssen. Da haben sie ihm die ganze Zeit klargemacht: Ihr kommt hier nicht wieder weg, ihr arbeitet hier, bis ihr euch mit dem Kohlestaub mischt.

Unglaublich!

Ich habe mich darüber nicht so groß aufgeregt. Ich wollte jeden Tag nach Hause, das war völlig klar. Aber ich habe doch gesehen, wie es in Warschau aussah. Wir hätten uns nicht wundern dürfen, wenn sie uns in den Ruinen alle umgelegt hätten.

Warst du wirklich mit Kriegsverbrechern in einer Zelle?

Mehrmals war ich mit solchen Leuten zusammen. Da gab es zum Beispiel diesen SS-Mann aus Auschwitz. Mit dem wurde ich Mohrrüben holen geschickt, und der Posten hat uns einen Moment allein gelassen, so daß wir uns den Bauch vollschlagen konnten. Da hat der SS-Mann dann diesen Til Ulenspiegel-Spruch gesagt, den ich in »Aufenthalt« zitiere: »Wenn sie mir ophangen, sollen sie mir so ophangen, daß sie mir bequem im Arsch lecken können.« Und diesen General Eisensteck mit seiner Stadtkommandanten-Vita habe ich auch kennengelernt. Die Polen haben keine gar so großen Unterschiede gemacht, weil wir in ihren Augen ja nichts weiter als Nazi-Gesindel waren. Daß sie uns nicht mit Höß zusammengesperrt haben, der saß im Sonderbau, oder mit Gouverneur Fischer, war klar. Aber ganz normale Geiselerschießer – wozu uns von denen unterscheiden? Überleg mal, das war Oktober 1945.

Da war der Krieg vorbei. Und Unrecht ist nicht durch Unrecht wiedergutzumachen.

Das gilt nur vor Gericht. Vor Gericht darfst du nicht sagen, ich habe dem das Ohr abgerissen, weil er mir das Ohr abgerissen hat. Aber sonst im Leben versteht man schon, wenn Gleiches mit Gleichem vergolten wird.

Aber einen 18jährigen schickt man heim zur Mama.

Nein, den schickt man nicht heim zu Mama, denn man war froh, daß man ihn hatte. Was meinst du, wie die Leute johlten, wenn wir auf der Straße zur Arbeit geführt wurden. Da lobtest du abends den Tag, wenn du, ohne verletzt worden zu sein, wieder nach Hause gekommen warst.

Wie lange hat es gedauert, bis die polnische Übersetzung des Romans herauskam? Und wie waren die Reaktionen in Polen?

Nicht lange. Und ich hatte das Glück, in Sławomir Błaut einen hervorragenden Übersetzer zu haben, der schon »Die Aula« und »Das Impressum« ins Polnische übertragen hatte. »Der Aufenthalt« ist in Polen zum meist rezensierten Roman seit 1945 geworden, allein schon des brisanten Themas wegen, über das man in der Öffentlichkeit kaum was wußte.

Aber es geschah doch auf Grund polnischer Einwände, daß der gleichnamige Film 1983 nicht auf der Berlinale gezeigt werden durfte?

Dabei galt er als bester DEFA-Film des Jahres. Das Festival begann an einem Sonntag. Am Freitag vorher kam der Bescheid: Der Film wird nicht gezeigt, wegen Einspruchs der Volksrepublik Polen. Da habe ich zwar angefangen, wie ein Wilder zu kurbeln, habe Briefe an Kurt Hager, Hermann Axen und Erich Honecker geschrieben, auch an den polnischen Botschafter. Zu dem bin ich dann auch noch vorgelassen worden. Aber es war nichts zu ändern. Das Schlimme war, daß daraus wieder eine von diesen Selbstverletzungen wurde. Sylvester Groth konnte sicher sein, daß er in Westberlin einen Silbernen Bären als Bester Darsteller bekommt. Nun durfte er nicht mal dorthin fahren, was er überhaupt nicht verstand. Prompt ist er bei erster Gelegenheit in den Westen abgehauen. Der Kameramann auch. Insgesamt haben wir, glaube ich, 21 Mitwirkende an diesem Film verloren. Das heißt, die Verantwortlichen haben sich richtig ins Knie geschossen.

Aber wieso?

Ich habe mir das später so erklärt: Es war die Zeit von Solidarność mit den entsprechenden Abgrenzungen seitens der

DDR. Die Polen konnten sagen, sie hätten nicht zugelassen, daß ein anti-polnischer Film gezeigt wurde. Und die DDR konnte sich zugute halten: Gottlob haben wir verhindert, daß hier anti-polnische Filme aufgeführt werden. Hinzu kam, wie mir die Leiterin der Kulturabteilung im ZK, Ursula Ragwitz, sagte: Tja, wer sich so einen Regisseur holt, muß sich nicht wundern. Womit sie Frank Beyer meinte, der seit seinem Film »Spur der Steine« als Dissident galt. So einen konnte man doch nicht in Westberlin zu Ruhm kommen lassen.

Aber letztlich ging es doch darum, daß ein zu ideologischen Zwecken vereinfachtes Geschichtsbild Risse bekommen hätte. Und darin sehe ich das eigentliche Problem: Meine Generation oder auch die nach mir kamen, versuchte man schlichtweg für dumm zu verkaufen. Man hat uns ein Bild vom Kriegsende vermittelt, das sah so ungefähr aus wie das Ehrenmal in Berlin-Treptow. Die Sieger haben Kinder auf den Arm genommen und Lebensmittel verteilt. Nichts von Lagern, aus denen die Kriegsgefangenen jahrelang nicht herauskamen, nichts über das, was mit dem Wort GuLag verbunden ist. Wenn man das nicht durch Zufall erfuhr ...

Du hättest es aber herausfinden können. Nur hatte deine Generation die Möglichkeit, sich um all das nicht zu kümmern, zumindest eine Zeitlang. Ich kam aus Warschau mit der Vorstellung nach Hause: Ich muß mich kümmern um alles und jedes.

Es ist mir klar, daß du in diesen vier Jahren einen ganz wichtigen Erkenntnisweg gegangen bist, und »Der Aufenthalt« ist ja der Roman einer (Selbst)-Erziehung. Die euch einsperrten, taten das freilich nicht zum Zwecke eurer Bildung.

Ich war doch erst mal froh, daß ich nicht aufgehängt wurde. Wir haben Todesangst gehabt, als wir in Gefangenschaft kamen und zugleich getan, als wüßten wir nicht, was wir gemacht haben. Und ich habe auch erst gedacht: Ich war das ja nicht.

Du hast ja auch nicht das Ghetto von Warschau zerstört.

Es ist eine wichtige Stelle im Roman, als der SS-Sturmbannführer zu Mark Niebuhr sagt, wenn solche wie er nicht gewesen wären, hätte es mit seiner Tätigkeit auch nicht geklappt.

Darauf konnte ein SS-Mann wohl nur im Gefängnis kommen, daß er sich mit einem einfachen jungen Soldaten auf eine Stufe stellt. Wie viele Monate bist du denn bei der Truppe gewesen?

Am 8. Dezember 1944 wurde ich eingezogen, und am 20. Januar 1945 bin ich in Gefangenschaft gekommen.

Im schon erwähnten ersten Erzählungsband von dir, »Ein bißchen Südsee«, gibt es eine tolle Geschichte: »Auf einer Straße«.

Die übrigens im ND erstveröffentlicht worden ist.

Diese Geschichte geht in einem wichtigen Punkt über deinen späteren Roman hinaus. Die junge Polin Eva sagt: »Sie sind furchtbar lustig.« »Und warum?« fragt der Ich-Erzähler. »Weil Sie mich davon überzeugen wollen, daß Sie ein böser Bube gewesen sind ... Sie sagen: Ich war in Gefangenschaft, vier Jahre lang, ich habe schwer gearbeitet, ich habe in einem Gefängnis gesessen und Schläge gekriegt, aber dann reißen Sie sich das Hemd auf und rufen: Aber denkt nur nicht, ich wüßte nicht, wie sehr ich das alles verdient hatte.« Und ich habe beim Lesen gedacht, ob dieses immense Schuldbewußtsein nicht für dich die Rettung gewesen ist, um die Ungerechtigkeit, die dir widerfuhr, zu verwinden?

Nein, so sehe ich das nicht. Ich war Teil der Armee, die Polen überfallen hat.

Wieso muß Mark Niebuhr die Schuld auf sich nehmen für die Leute, die in Warschau gewütet haben?

Nun, das habe ich ein bißchen religiöser gesehen. Da möchte ich schon an der Schuld teilhaben, sozusagen. Ich trug diese Uniform und sah den Mördern zum Verwechseln ähnlich. Dabei muß ich bleiben.

Diesen jungen, müden polnischen Leutnant, der in »Der Aufenthalt« Mark Niebuhr durch die zerstörte Stadt führt und ihm alles erklärt, diesen Leutnant gab es ja nicht. Du hast in »Abspann« geschrieben, daß man euch im Arbeitslager nicht mal sagte, daß ihr euch auf dem Gelände des Warschauer Ghettos befandet, daß man euch nichts von Treblinka erzählt hat und von Majdanek.

So ist es.

Man hat euch ins Gefängnis gesteckt, man hat euch im Lager schuften lassen, aber ich frage mich: Warum hat man nicht versucht, irgendwas zu tun, um diese deutschen Soldaten wieder auf einen anderen Weg zu führen? Ihr mußtet euch als Antifaschisten anfangs ja sogar illegal treffen.

Ich habe herumgefragt, um etwas zu erfahren. Ich hatte in Deutschland gehört, daß es im Warschauer Ghetto 1943 einen Aufstand gegeben hatte und daß der Wohnbezirk dem Erdboden gleichgemacht worden sei. Nun war ich auf diesem Erdboden. Und man sagte mir nichts davon. Das einzige, was gewesen ist: Man hat uns den Film »Die letzte Etappe« über Auschwitz gezeigt.

Worüber sich dann in der Erzählung »Auf einer Straße« eine freundliche Polin aufregt.

Es war die Regisseurin selbst: Wanda Jakubowska konnte es nicht fassen, daß man uns so einen erschreckenden Film gezeigt hat, während wir doch selber eingesperrt waren. Und ich habe ja auch von einem polnischen Historiker erzählt, der empört war: Was, dort haben sie euch eingesperrt, in dieses Wanzenloch! Und es stellte sich heraus, daß wir beide zu unterschiedlichen Zeiten unter unterschiedlichen Verhältnissen in derselben Zelle waren. Entsetzt war er.

Da hatte er Recht.

Hatte er nicht.

Vielleicht verteidige ich jetzt bloß das geschönte Bild vom Ende des Krieges, das man uns Kindern gemalt hat. Aber gehört es nicht zur menschlichen Zivilisiertheit und Kultur, daß man von Siegern Großmut erwartet?

Woher sollte 1945 Großmut kommen? Da stanken doch noch die Leichen aus den Ritzen.

Du hast in »Abspann« angedeutet, daß du mit bloßen Händen Leichen aus einem Feuerlöschteich holen mußtest.

Im Gefängnis wurden wir zu allem möglichen geholt. Du wußtest nicht, was dich erwartet. Manchmal waren es friedliche Sachen wie Kohlen ausladen mit den Händen. Und dann ging es zu diesem Teich. Man weiß ja, wie verwesende Leichen riechen. Nur noch Glibber. Nachher in die Zelle konntest du dir gerade mal so die Pfoten abwischen.

Ich sehe doch, wie sich dir das eingebrannt hat. Aber in »Aufenthalt« hast du auf diese Bilder verzichtet – aus Rücksicht auf die polnische Seite.

Hör mal zu, mir hat es doch nicht geschadet. Ich habe ein gutes Buch gemacht.

Mir kommt da ein Artikel von George Orwell in den Sinn, den er 1945 für die Londoner Tribune verfaßt hat. In einem Lager in Süddeutschland, wo die schlimmsten SS-Verbrecher separat verwahrt wurden, erlebte er, wie ein junger jüdischer Dolmetscher einem am Boden liegenden Mann in SS-Uniform einen Fußtritt versetzte. Orwell schreibt, wie seltsam unecht ihm diese demonstrative Geste vorgekommen sei. Jahre früher sei es noch Genugtuung gewesen, sich vorzustellen, ein SS-Mann läge am Boden und man könne ihn treten. Aber nach dem Ende des Krieges habe die Szene nur noch etwas Pathetisches und Widerliches gehabt.

Gewiß. Im nachhinein muß man das so sehen. Aber für mich an diesem Teich hieß es nur: um Gottes willen durchhalten. Sonst kippen die dich am Ende noch hinein. Andererseits wurde auch eine gewisse Korrektheit an den Tag gelegt. Manfred Gebhardt, zuletzt Chef vom Magazin, hat in seinen Erinnerungen beschrieben, wie er begriffen hat, daß der Krieg aus war: In einem Güterzug, einem Waggon mit Gefangenen, war einer gestorben. Am nächsten Haltepunkt haben sie das dem Posten mitgeteilt, woraufhin sie lange warten mußten. Dann kam ein Auto, und ein Offizier mit Rotkreuzbinde stieg aus. Der untersuchte den Toten und diktierte ein Protokoll. Nach ungefähr drei Stunden durfte der Zug weiterfahren. Da haben die Gefangenen begriffen, wie sich die Verhältnisse geändert hatten. Früher hätte es geheißen: Tot? Ja dann, Sie und Sie nehmen den Spaten und buddeln ihn ein. Weiß jemand, wie der heißt? Keiner? Nun. Also das war der Unterschied zwischen Krieg und Frieden. Finde ich eine tolle Szene.

Aber mit euch ist man ja nicht nach den Friedensgesetzen verfahren.

Andererseits schon. Die zwei polnischen Lehrerinnen im Lager, über die ich in »Abspann« und »Okarina« schreibe, diese alten Kommunistinnen, die Jüdinnen waren, also, wenn es nach denen gegangen wäre, hätten wir von morgens bis abends Heine deklamiert. Die hatten ihren Befehl: Macht aus diesen Leuten anständige Menschen. Und über dem Lagertor stand auf Polnisch: Gefangener, wenn du nach Hause kommst, bekämpfe den Krieg.

Wenn du nach Hause kommst ...

Darüber hatten die Frauen nicht zu entscheiden. Übrigens, dieser Gang durch das Ghetto mit dem Leutnant ist die einzige durchweg erfundene Szene im Buch. Und gerade die gefiel der Kritik besonders gut.

Das ist wirklich eine sehr schöne Szene. Du hast auch das Problem der polnischen anti-jüdischen Ressentiments dezent in den Roman hineingebracht. Darüber wußte man zu DDR-Zeiten ebenfalls wenig, wie man auch über die Wurzeln des Antisemitismus – abgesehen vom Buch »Der gelbe Fleck« von Rosemarie Schuder und Rudolf Hirsch – in der DDR zu wenig erfahren hat.

Aber selbstverständlich zu wenig. Ich werde zwar immer wütend, wenn es heißt, die DDR habe nichts zum Gedenken an die jüdischen Opfer getan, das stimmt nicht. Aber es gab schon Zeiten, als das nicht so gerne gesehen wurde. Das hing damit zusammen, daß Israel als vorgeschobener Arm der USA betrachtet wurde. Daraus ergab sich der idiotische Kurzschluß: Wer zu viel über die Qual der Juden spricht, tut das zum Wohlgefallen der Amerikaner. Wenn ich daran denke, gegen welche Widerstände wir die Lesung über jüdische Zeugnisse aus dem Widerstand in der Akademie der Künste durchgesetzt haben. Otto Gotsche hat doch tatsächlich zu mir gesagt: Die Geschichte der Abweichungen in der Partei ist eine Geschichte der Juden in der Partei.

Kam das aus der Hitler-Propaganda, oder kam das aus früher sowjetischer Zeit?

Gotsche war ein aktiver Widerstandskämpfer. – Stephan Hermlin sagte immer: Es gibt auch einen roten Antisemitismus. Das war ein Beispiel dafür.

Und wie hast du auf Otto Gotsches Bemerkung reagiert?

Dann mußt du mit Marx anfangen, habe ich zu ihm gesagt. Darauf er: Hermann Kant weiß immer ein Wort dagegen.

Und das war alles. Ich habe dann Kurt Hager mitgeteilt, daß ich es absolut nicht dulde, wenn hier Antisemitismus vertreten wird. Hager geriet ins Schwitzen und sagte: Das sei natürlich unerhört und seine Frau sei Jüdin. In der Geschichte der Akademie, die Inge und Walter Jens herausgegeben haben, ist nachzulesen, wie Hermlin zu Gotsche sagt: Ich weiß, du bist ein alter Antisemit.

Ungeheuerlich eigentlich vor dem Hintergrund der deutschen Verbrechen.

Die wurden nicht geleugnet, aber dann hieß es: Wer nutzt denn diese furchtbare Geschichte aus? Das ist doch der amerikanische Imperialismus.

Du hast, wie ich in einem Interview gelesen habe, schon einmal in den 50er Jahren versucht, ein Buch über deine Kriegsgefangenschaft zu schreiben. Sogar in der Straßenbahn?

Stimmt, während des Studiums. Aber das hat mit dem, was später daraus geworden ist, wenig zu tun. Ich hatte damals »Die Nackten und die Toten« von Norman Mailer und »Verdammt in alle Ewigkeit« von James Jones gelesen. So was schwebte mir vor. Ein Glück, daß ich noch mal richtig von vorn angesetzt habe. Es hat lange gedauert, bis ich für diesen Stoff den richtigen Ton fand. Sollte man sich etwa weinerlich und reuevoll auf die Brust trommeln oder gar angeben, was man, Donnerwetter, doch alles so durchgemacht hat? Nein, das ging alles nicht.

Aber zu deinem persönlichen Schreibproblem kam wahrscheinlich ein gesellschaftliches. Hätte man denn ein Buch wie »Der Aufenthalt« 1955 schon in der DDR veröffentlicht?

Nein, das wäre unmöglich gewesen.

Aus Rücksicht auf die Polen?

Mit dieser Begründung wäre es vielleicht zurückgehalten worden, aber hauptsächlich ging es doch ums eigene Land, in dem man ein klares, übersichtliches Geschichtsbild wollte. Und die Polen, so das Buch zu ihnen gedrungen wäre, hätten kategorisch gesagt: So verlief Geschichte nicht. Wer hier eingesperrt war, das waren die Polen, und die sind meist nicht heil herausgekommen. Es war für sie nicht vorstellbar, daß das Opfer ein Deutscher war. Nein, das ist schon ein Kulturfortschritt gewesen, dieses Buch. Allerdings ist es etwas untergegangen.

Wieso?

»Der Aufenthalt« ist im Frühjahr 1977 erschienen, im November 1976 war Biermann ausgebürgert worden. Davon waren die Besprechungen in Westdeutschland geprägt. Ich war ja zu dieser Zeit stellvertretender Vorsitzender des Schriftstellerverbands. Fast die einzigen, die souverän waren im Umgang mit diesem Buch in der BRD, waren Raddatz und Reich-Ranicki.

In »Abspann« erzählst du, wie deine Mutter auf den Film »Der Aufenthalt« reagierte.

Eine Gemeinheit, hat sie gesagt.

Und nicht den Film gemeint, sondern das, was dir widerfahren ist. Hat sie davon vorher nichts gewußt?

Ich kam Weihnachten 1948 nach Hause. Dem damaligen Mann meiner Mutter, Ernst Steinbeiß, der ja ein alter Genosse und in Sachsenhausen gewesen war, habe ich gesagt, wo ich war. Aber sonst habe ich über Jahrzehnte kaum darüber gesprochen. Wolfgang Kohlhaase habe ich mal was darüber erzählt. Ich kam doch als Antifa-Mann nach Hause und bin sofort in die Partei eingetreten. Unter meinen Jugendkumpels, die alle aus westlicher Gefangenschaft gekommen waren, hätte ich Aufmerksamkeit gefunden, weil ich beim Polen gewesen war und das überlebt hatte. Nein, es gab keinen Grund, das auszubreiten. Wenn du nicht darauf aus warst, dich an der Brust einer schönen Frau auszuheulen, was aber auch ohne solche Geschichten zu machen war. Nein, es gab keinen Grund.

Verrat an der Generation der Väter – so hat es Helga Königsdorf auf einer Versammlung des Schriftstellerverbands genannt: Denn die aus dem Krieg zurückgekehrten Männer mußten schweigen über das, was für sie das Einschneidendste war.

Ich bin mit ihr nicht immer einverstanden gewesen, aber damit könnte sie schon recht gehabt haben. Es war parteigesellschaftlicher Konsens, daß du über dich als geschundenen jungen Menschen nicht reden durftest.

Weil Opfer des Faschismus andere waren, du aber ein Soldat, der mitgemacht hat.

Eben. Die ersten Bücher zum Kriegsthema, wie Herbert Ottos »Die Lüge«, handelten ja meist von einem Erlebnis, bei dem es einem wie Schuppen von den Augen fiel, und von da an wird man reuig tätig.

Auch später »Die Abenteuer des Werner Holt« von Dieter Noll. Insofern war mit »Der Aufenthalt« in der DDR-Literatur etwas Neues markiert. Aber was wäre, von heute aus gesehen, die gemäße Art, mit dieser Nazivergangenheit umzugehen? Schuldbewußtsein? Für mich ist es vor allem Trauer. Aber da fürchte ich, würden die Nachkommen gerade der jüdischen Opfer sagen: Bei uns Trauernden ist nicht dein Platz ...

Trauer kann einem nicht verboten werden. Was soll man anderes tun als trauern, wenn man an dieses schreckliche Blutvergießen denkt, an diese massenhafte Vergeudung von Lebenszeit und -kraft. Aber die Auseinandersetzungen mit der Nazivergangenheit waren früher zweckgebunden und sind es auf andere Weise heute auch. Insofern hatte ich Glück mit meinem Beruf. In den Künsten ist einer der wenigen Orte, sich den Zwecken, wenn nicht ganz, so doch halbwegs zu entziehen. Wenn du dich genügend überzeugend artikulierst, erringst du zumindest das Privileg der Duldung. Das war schon eine ganze Menge in einer Gesellschaft, die eigentlich vorschreiben wollte, welche Denkwege man ging.

II.

»Der Redner hat keinen Anlaß, die Vergangenheit zu schmähen, nicht einmal seine eigene. Er will nur keinen Lack auf ihren Rissen ... Der Redner Iswall will die schöne Wahrheit sagen.«
Hermann Kant: »Die Aula«

Du kamst aus der Gefangenschaft im Dezember 1948?

Drei Tage vor Weihnachten.

Wie muß man sich so eine Heimkehr vorstellen? Wurdet ihr alle gleichzeitig entlassen, hattet ihr Züge mit Speisewagen oder Viehwaggons?

Zuerst wurden die Bedürftigsten heimgeschickt. Wir vom Antifa-Komitee hatten zu berücksichtigen, ob Kinder da waren, ob die Frau zu Hause das Feld bestellen mußte usw. Du kannst dir vorstellen, wie uns drei Viertel der Lagerinsassen ihre besondere Notlage darzustellen versuchten. Aber wir waren ganz gewissenhaft. Nächtelang haben wir über den Listen gesessen. Wenn wir morgens zum Appell kamen, wurden wir angeguckt wie: Die haben über Nacht mein Schicksal bestimmt. Das war belastend.

Apropos Antifa-Komitee: Es war doch die Rede davon, daß sich die Antifaschisten im Lager illegal getroffen haben. Wie ist daraus eine Institution geworden, die etwas zu entscheiden hatte?

Zunächst gab es tatsächlich nichts weiter als einen Zusammenschluß von ganz wenigen Leuten, die ins Nachdenken geraten waren und angefangen hatten, mit ihren Mitgefangenen im antifaschistischen Sinne zu reden. Sie bildeten später das Antifa-Komitee, das mit polnischer Billigung gegründet und zu einer Art Selbstverwaltung im Lager wurde.

Bestimmen zu dürfen, wer wann heimkehrt – war da nicht die Versuchung groß, aus dieser Rolle einen Vorteil zu ziehen?

Keinesfalls! Im Gegenteil! Wir vom Antifa-Komitee haben uns verpflichtet, bis zuletzt zu bleiben. Daß ich im zweiten Transport war, der das Lager verließ, war mir ziemlich peinlich. Doch bei einer Lungendurchleuchtung hatten sie bei mir irgendwas festgestellt, also wurde ich als Kranker nach Hause geschickt. Harri Czepuck und Manfred Gebhardt zum Beispiel sind noch ein halbes Jahr geblieben.

Wann ging der letzte Transport?

Im April oder Mai 1949. Es war schon seltsam, die Heimkehr konnte man erst kaum glauben. Erst ging es nach Gleiwitz ins eigentliche Entlassungslager und von dort aus nach Fürstenwalde. Der Zug war mit zweistöckigen Pritschen ausgestattet. Ich habe die ganze Zeit gelegen und gedöst. Eigentlich sollten wir noch in Quarantäne, aber das hätte Weihnachten mit eingeschlossen. Da habe ich den ersten, ich glaube auch einzigen, Streik meines Lebens organisiert und so viel Radau gemacht, daß sie uns zwei Tage vor Weihnachten nach Hause gelassen haben.

Hattest du während der Gefangenschaft Kontakt zu deiner Mutter aufnehmen können?

Sehr spät. 1947 habe ich einen Brief abgeschickt, was verboten war, aber die polnischen Frauen im Magazin, wo ich arbeitete, haben mir geholfen. Ich habe kaum auf Antwort gehofft. Doch eines Tages kam der Chef des Magazins und fragte: Hermann, heißt du Kant? Ich bekam einen Brief von meiner Tante aus Hamburg. Da war alles drin über den Stand der Dinge. Eine sehr umsichtige Frau, meine Tante Paula. Sie wird jetzt 98.

Und dein Vater? Lebte der noch?

Der ist 1945 im August, kurz vor seinem 48. Geburtstag, gestorben.

Wußtest du, daß er tot war, als du zurückkamst?

Meine Tante hat mir alles säuberlich aufgelistet: »Dein lieber Vater ist leider verstorben, Dein Großvater auch.«

Das muß ein seltsames Gefühl gewesen sein, heimzukehren nach so langer Zeit.

Es war sehr merkwürdig. Ich war achtzehneinhalb, als ich ging und ich war zweiundzwanzigeinhalb, als ich wieder da war. Ich bin in Parchim mit dem spätesten Zug eingetroffen, und es war kein Teufel auf der Straße, außer russischen Patrouillen. Von denen hatte man gehört: Die buchten dich gleich wieder ein, wenn du Pech hast. Zwei Leuten aus dem Lager ist es so passiert. Da hatte ich natürlich entsprechenden Schiß, aber es ging gut.

Und die zu Hause geblieben waren: Haben sie erzählt, was sie inzwischen erlebt hatten?

Nicht sehr viel. Mein Bruder Uwe, der zu der Zeit 13 war, sagte aus dem Schlaf heraus: Na, bist du auch wieder da. Das war seine Begrüßungsarie. Es hat mich immer wieder gewundert: Die Leute haben kurz gefragt, ob es schlimm war oder so, und haben sofort von ihren Belangen zu reden begonnen. Beim Frühstück am nächsten Morgen ging es darum, wie Kohlen geholt werden müßten. Irgendwelche dramatische Wiederbegegnungsszenen hat es nicht gegeben.

Weil man nicht sentimental sein wollte?

Vielleicht. Ich kam ja, davon habe ich unter anderem in »Die Aula« erzählt, in eine neue Familie. An Vaters statt saß nun Ernst Steinbeiß am Tisch, ein hart geprüfter Genosse aus Sachsenhausen, der, als ich kam, Kreissekretär der Partei war. Gut, daß du da bist, sagte er, wir werden sehen, wie wir dich einsetzen.

Über Kriegserfahrungen wurde nicht gesprochen?

Seltsamerweise nein. Steinbeiß war eine Fuchtel, er wollte es die Deutschen büßen lassen, daß er sechs Jahre lang geschlagen worden war. Ich kam also in eine politisierte Familie. Und bei meinen Freunden gab es eine merkwürdige Haltung: Aus der Gefangenschaft zurück, gaben sie sich als Veteranen. Es war ein Männergequatsche über Damen, Schwarzmarkt, Fahrten nach Westberlin, um irgend etwas ranzuschaffen. Über Gefangenschaft auch. Weil ich in Polen gewesen war, wurde ich als Respektsperson behandelt. Ich hätte ihnen sagen wollen: Hört mal, die Polen hatten an uns genügend auszustehen. Aber damit kam ich überhaupt nicht zum Zug. Mein bester Freund, ein einfühlsamer, wunderbarer Kerl, mit dem ich früher über alles reden konnte, war Fallschirmjäger gewesen und kam aus England zurück. Und auch er tat so: Was sind wir doch für tolle Kerle! Ich war froh, als ich im Oktober 49 von dort weg nach Greifswald gegangen bin.

Wie war das in der DDR Ende der 40er, Anfang der 50er Jahre: Aus heutiger Sicht könnte man sich doch vorstellen, daß eine öffentliche Auseinandersetzung mit der NS-Zeit angestrebt war?

In meinem Kreis gab es sie kaum. Man war auf innere Harmonie bedacht und schaute nach vorn. Es war eine Zeit, in der jeder mit sich selbst zu tun hatte und eine Haltung finden wollte. Und dann darfst du nicht vergessen, wie die Furcht in den Leuten steckte. Sie lebten ja in einem besetzten Land.

Wahrscheinlich hatte sie auch die Nazizeit gelehrt, daß Schweigen Gold ist. Aber um so wichtiger wäre es doch gewesen, wenn in der eben gegründeten DDR die Leute ermutigt worden wären, sich zu öffnen, statt das Bedrückende unter den Teppich zu kehren.

Ich glaube, wir müssen gerecht sein mit dieser Zeit und auch mit der damaligen Obrigkeit. Wie sollte man denn einem Volk – ob nun geteilt oder nicht –, das eben noch bis zur letzten Patrone einen totalen Krieg geführt hatte und gehorsam war bis zum Geht-nicht-mehr, wie sollte man diesem Volk beibringen, was Frieden heißt? Arbeiten mit Lust und Zukunftssinn, miteinander und nicht gegeneinander – lauter ungeübte Tugenden wurden plötzlich verlangt. Sicher hatte die Gruppe Ulbricht Weisungen aus Moskau, wie sie mit diesem Land umzugehen hatte, aber dazu gehörte auch eine gewisse Vorsicht den Leuten gegenüber. Sie haben nur losgeknüppelt, wenn sie dachten, jetzt haben sie den Klassenfeind. Daß sie dann allerdings leider viel zu oft den Klassenfeind auch im alten Mütterlein erkannt haben, ist eine andere Frage.

In einem Erinnerungsbuch meiner Lehrerin Lisl Urban las ich, was sie als Sudetendeutsche auszustehen hatte. Von der Vertreibung der Sudetendeutschen habe ich gewußt. Aber daß einfach jemand kommen konnte und ihnen ihr Haus wegnehmen, sie zur Zwangsarbeit schicken konnte, daß sie eine Armbinde tragen mußten und bei Dunkelheit nicht auf die Straße durften, daß nicht nur Café-, sondern auch Arztbesuche ihnen verwehrt waren, das fand ich schockierend.

Ich kenne das alles vom Hörensagen schon aus dem Lager her. Obwohl ich in Polen einiges erlebt und über die Sowjetunion manches gehört hatte, die Krone des schlimmen Umgangs mit Gefangenen gebührt zweifellos den Tschechen. Man will ja nicht dem Bund der Vertriebenen Wasser auf die Mühlen gießen, aber gerade an der Sudetendeutschen-Frage wird deutlich, daß es immer die Menschen schlechthin sind, die die Zeche zu bezahlen haben. Gewiß haben sie lauter als andere

»Heim ins Reich« oder »Wir sind jetzt das Reich« gerufen. Sie sind auch zum Teil nicht freundlich umgegangen mit ihren tschechischen Nachbarn. Aber ich glaube, hier hat sich was entladen, was ein Gemisch aus vielem war und auch auf eine jahrhundertelange k.u.k.-Tradition zurückging.

Und in der DDR hat man den Deckel draufgedrückt, damit es nicht gleich wieder überkocht? Das Wort Revanchismus kommt ja von Revanche, die manch einer wohl gerne gesucht hätte.

Du siehst es an diesen Vertriebenenverbänden und ihren Sprechern: Da ist kein Halten, bis sie wieder da sind, wo sie mal waren. Man spricht von Versöhnung, wofür von tschechischer Seite das Unrecht zugegeben werden müsse. Aber wenn die Tschechen das tun, haben sie sofort Forderungen nach Rückgabe und Entschädigung am Hals. Neues Unrecht würde entstehen. Eine schlimme Spirale. Nein, man muß die Ursachen selbst beseitigen, muß ein solches Leben führen, daß man miteinander auskommt. Was nie ohne Reibung geht. Und dann mußt du dir die Nachkriegssituation konkret vorstellen. Vertriebene, Geflohene, Ausgebombte – in Neustrelitz gibt es noch eine von diesen Baracken, die für sie vorgesehen waren. Das waren von vornherein Soweto-Abteilungen der Städte. Da konnte kein ruhiges Nachdenken über eigene Mitschuld stattfinden. Gerechtigkeit ist eine nette Sache, sie ist nur ganz schwer zu haben.

Wie hast du die Gründung der DDR aufgenommen? War dir klar, daß damit die deutsche Teilung erst einmal besiegelt war?

Wir hatten uns an der Arbeiter-und-Bauern-Fakultät gerade einigermaßen in den Stuben eingerichtet, da kam über den Hauslautsprecher die Mitteilung von der Gründung der DDR. Man konnte sich nicht groß was drunter vorstellen. Es wurde begrüßt und fertig. Was das für Deutschland bedeutete, darauf hat mich erst meine Freundin Lila gebracht, eine Pastorentochter. Sie schickt mir übrigens heute noch zu Weihnachten immer eine große Schachtel selbstgebackener Kekse, inzwischen lebt sie in Freiburg im Breisgau. Aber damals wurde mir durch ihre Reden klar: Aus uns beiden wird wohl kaum was werden.

Du warst 1949 schon Mitglied der SED. Hattest du, als du an die ABF kamst, ein Gefühl des Auserwähltseins?

Kein Hochgefühl, eher Bammel vor der Universität. Das war mir alles unangenehm, verdächtig. Ich wußte, ich würde nicht willkommen sein. Dementsprechend lärmend gebärdete sich unsere ABF-Gemeinschaft. Mit Großmäuligkeit versuchten wir, uns gegen die »richtigen« Studenten und die Professoren zu behaupten. Ich bin ja mehr oder minder zur ABF genötigt worden. Steinbeiß fühlte sich durch meine Aufmüpfigkeit ihm gegenüber gestört. Und ich wollte auch weg von zu Hause. Ziemlich schnell habe ich mich dann in meine Rolle gefunden. Die Weichen meines Lebens waren schon gestellt, seitdem ich in Warschau auf einen Schemel gestiegen war und meinen Mitgefangenen Reden gehalten hatte in der Art: Guckt euch doch an, wie das hier aussieht! Daran sind doch nicht die Polen Schuld, sondern wir! Das hörte sich noch primitiv an. Aber von da an war es passiert. Wo ich hinkam, brachte ich eine »ruhmreiche Vergangenheit« mit.

Waren an der ABF lauter politisch aktive Leute wie du?

Nein. Wenn ich sagte, ich war vier Jahre in polnischer Gefangenschaft und dort Mitglied des Antifa-Komitees, war ich schon mal wer im Vergleich mit den Jungs, die Löffel mit einem »f« geschrieben haben.

Du warst eben von vornherein nicht Gleicher unter Gleichen und dazu noch in einer ganz anderen Aufbruchsstimmung ...

Ich war doch eine Bilderbuchfigur für Kaderleute: Kommt aus dem Arbeitermilieu, war, ohne vorher ein gewaltiger Schweinehund gewesen sein zu können, lange in Gefangenschaft, kehrte als Antifa-Mann zurück. Ich kam sofort in die Universitätsparteileitung von Greifswald, saß mit lauter längst studierenden und akademisch graduierten Leuten zusammen und wußte doch selbst noch nicht viel.

Welche Vorstellungen hattest du von deiner Zukunft?

Irgend etwas Schriftliches wollte ich machen. Als Berufswunsch habe ich in den Fragebogen »Publizist« geschrieben.

Nicht Journalist?

Publizist stellte ich mir freier vor.

Ein Vorbild?

Du wirst lachen: Karl-Eduard von Schnitzler, der Rundfunk- und später auch Fernsehkommentator, bekannt ist ja sein »Schwarzer Kanal«. Sein scharfer, polemischer Ton war nach meinem Geschmack, und ich habe ihn kräftig nachgeahmt, als ich Redakteur vom Mensa-Funk an der Uni Greifswald war.

An der Humboldt-Uni wurdest du als Student gleich in die Parteileitung gewählt. Es waren zu Beginn der 50er Jahre sicher noch viele von den alten Professoren da. Wie sind Leute wie du mit denen ausgekommen?

Der einzige Professor, der »fortschrittlich« war, wie wir das nannten, war Kantorowicz als Institutsdirektor. Der hatte aber den Makel, daß er Dr. jur. war und nicht vom Fach. Die anderen waren bürgerliche Germanisten. Prof. Magon und Prof. Simon, ein freundlicher Opportunist, waren Spezialisten für klassische deutsche Literatur, Boekh für Weltliteratur. Dazu im Gegensatz stand Harich, bei dem ich Geschichte der Philosophie hörte. Der war Fortschritt zu 300 Prozent.

Gab es gegenüber den bürgerlichen Professoren, die schon während der Nazizeit dort gelehrt hatten, seitens der Studenten eine Art kulturrevolutionäre Stimmung?

Nein, aber man hatte immer ein argwöhnisches Auge auf das, was sie taten, und ein wachsames Ohr für das, was sie sagten.

Revolutionäre Wachsamkeit sozusagen?

Daß nicht etwa die bürgerliche Ideologie wieder die Oberhand gewinnt. Aber zu meiner Zeit an der Humboldt-Universität war man noch relativ liberal. Der erste, den ich kritisiert habe wegen angenommener geistesgeschichtlicher Verengung, war Wolfgang Harich. Und der hat es geradezu freudig aufgenommen, daß ich Widerspruch anmeldete, und hat vor vollem Audimax spitzzüngig mit mir diskutiert. Im Examen hat er mir nachher eine fabelhafte Zwei gegeben, was ich nicht verdient hatte.

Das gab es also nicht zu deiner Zeit, daß Professoren rausgegrault wurden?

Der einzige Fall war Boekh, aber der stürzte über den Schwulen-Paragrafen 175, der dann zuerst in der DDR, dann in der BRD abgeschafft wurde. Das alles trat freilich zurück hinter das Problem, daß die Uni in vielen Bereichen eine Kaderschmiede des Westens war. Etwa die Hälfte der Absolventen in Naturwissenschaft und Medizin verließ die DDR.

War es auch Usus, daß Studenten die Uni verließen, um in Westberlin weiterzustudieren?

Das kam vor. Aber eigentlich war das Studentenleben zu dieser Zeit bei uns angenehmer. Zur soliden bürgerlichen Ausbildung bekam man sogar noch ein kleines Stipendium hinzu.

Du hast in »Abspann« geschrieben, daß du oft in Westberlin ins Kino gingst. Gehörte sich das denn für ein Mitglied der Universitätsparteileitung?

Über so was sprach man nicht. Als ich einmal zur Rede gestellt wurde, habe ich die kalte Schulter gezeigt: »Ich bin schon als Junge für 30 Pfennig auf der Reeperbahn ins Kino gegangen und halte das weiter so.« Vor mir selbst, in diesem Punkt war ich ja immer gut, habe ich es damit begründet, daß ich es für meine Entwicklung brauche.

Als »Westbeauftragter« der Humboldt-Universität sozusagen?

Damit hatte das nichts zu tun. Einfach so. Ich mache es, fertig.

Du hast diese Funktion 1953 übernommen. Was ist darunter zu verstehen?

Das hieß vor allem Agitation bei Westberliner Studenten. Wir haben Flugblätter verteilt, später die Studentenzeitschrift tua res. Das war laut Besatzungsrecht verboten. Aber Ärger mit der Polizei war für einen jungen Kerl natürlich eher spannend als belastend. Wir bildeten uns tatsächlich ein, wir wüßten besser mit der Welt umzugehen. Da mußten wir doch den armen Menschen im Westen das Licht des Heils bringen. Das ist uns sogar recht gut gelungen. An der FU, die eine Gründung zu Zwecken des Kalten Krieges war, gab es eine starke Neigung zu linkem Verhalten.

Wie hast du auf Stalins Tod im März 1953 reagiert?

Mit großem Befremden. Denn meine damalige Freundin und spätere Frau Lilly …

Sie kommt in »Abspann« vor …

Richtig. Damals war sie parteilos. Ich sehe sie noch vor mir, wie sie bitterlich weinte, eine Zeitung mit einem großen Bild des toten Stalin in der Hand. Das fand ich seltsam. Ich wußte: Stalins Tod kann nicht ohne Folgen bleiben. Aber es kam keine Rührseligkeit bei mir auf, denn ich sah auch Stalins despotische Züge.

Damals schon?

Das war mir zu der Zeit bereits ziemlich klar, weil ich entsprechende Literatur gelesen hatte. Doch ich habe es unter dem Gesichtspunkt bewertet: Das ist eben Klassenkampf. Was mich später geärgert hat, darüber habe ich ja auch in »Okarina« geschrieben: Wie kümmerlich die Nachfolgefiguren Stalins waren. Das gab meiner Emanzipation einen Schub. Auf diese Friseurantlitze kannst du dich nicht verlassen, sagte ich mir, du mußt selber was machen.

Was hast du vor den Enthüllungen auf dem XX. Parteitag der KPdSU von dem stalinistischen Unterdrückungsmethoden mitbekommen?

Zum Beispiel die »Verschwörung der jüdischen Ärzte«, wie es hieß, daran konnte man doch nicht im Ernst glauben. Hör mal: Man hätte dies und jenes nicht mitgemacht, man hätte nicht geschwiegen, wenn die Alternative zu dem beschädigten Sozialismus nicht der für Leute meiner Überzeugung gänzlich inakzeptable Kapitalismus gewesen wäre. Der Westen war unverdaulich, deshalb schluckte man im Osten auch das, was einem nicht schmeckte.

Aber wie kann man so einen Prozeß mit aus der Luft gegriffenen Beschuldigungen gegen jüdische Ärzte oder andere Verfolgungen ruhig mitansehen? Wie kann man sich mit solchem Unrecht abfinden?

Das rechtfertigte man immer mit der Formel vom Klassenkampf: Wenn wir den Feind nicht bändigen, bringt er uns um. Klingt primitiv, war jedoch ungeheuer wirksam.

Aber eigentlich ging es doch um innere Machtkämpfe.

Sicher. Damals hätte ich mir freilich nicht vorstellen können, daß es Machtkämpfe in den eigenen Reihen gab. Ich empfand es bloß als grobschlächtigen Quatsch. Das ist der kolossale

Unterschied zwischen anderen und Leuten wie mir. Ich sagte mir nie: Die Sache ist faul, an der ich beteiligt bin. Sondern: Die Sache hat einen Fäulnisschaden, den müssen wir rausspulen, ohne das Ganze zu beschädigen.

Du hast ja auch darüber geschrieben, wie du den 17. Juni erlebt hast. Siehst du die Dinge heute anders als damals?

Selbstverständlich, aber wir reden hier ja von meiner damaligen Sicht. Es war damals schon klar, daß dieses Hin und Her um Normerhöhungen zu nichts Gutem führen würde. Offensichtlich war auch, daß die Reaktionen auf die falschen Maßnahmen von Partei und Regierung vom Westen her beeinflußt wurden und zum Teil faschistoide Züge hatten, auch wenn sich das heute kaum einer zu sagen traut. Ich war die ganze Zeit dabei und habe gesehen, wie alle möglichen Leute ihr Mütchen kühlten. Was ich der eigenen Seite vorzuwerfen habe, ist ihre Konfliktscheu bis zuletzt. Am 16. Juni abends gab es eine Zusammenkunft des Berliner Parteiaktivs im Friedrichstadtpalast. Grotewohl hielt eine Rede: Die Normerhöhungen seien zurückgenommen worden. Dabei weiß man doch: Gerade dann, wenn man einlenkt – was in diesem Fall ja richtig war –, drücken die anderen nach. Ich höre Grotewohl noch: Geht ruhig nach Hause, Genossen, es ist alles in Ordnung. Beschwichtigungen, wie es sie auch später gab. Wie ungläubig wir reagierten, läßt sich daran erkennen, daß wir nicht aus dem Friedrichstadtpalast nach Hause gefahren sind, sondern in die Uni Unter den Linden. Dort haben wir zu dritt beschlossen: Wir verteidigen die Humboldt-Universität. Und am anderen Morgen um sieben Uhr waren wir auf dem Strausberger Platz, wo sich der große Demonstrationszug formierte. Ich bin vom Mittag des 16. bis zum 19., glaube ich, nicht nach Hause gegangen.

Was hätte die Parteiführung machen sollen?

Zumindest von der Einsicht ausgehen, daß einfach durch Nachgeben in solchen revolutionären bzw. konterrevolutionären Situationen noch nichts gewonnen ist, sondern daß die andere Seite vorrückt, wenn du dich zurückziehst. Man hätte wenigstens sagen können: Stellt Wachen auf. Richtig blöde fand ich, daß diese Parteiführer geglaubt haben, wenn wir uns schlafen legen, sei alles gut.

Gar nicht auf Beruhigung hoffen, gleich die große Armee auffahren?

Das ist ja dann auch geschehen am Nachmittag des 17. Juni. Von der Leipziger Straße sind wir über die Wilhelmstraße gegangen, und da kamen die Panzer. Ich bin zur Jüdenstraße gerannt, die damals noch so hieß, und habe versucht, mit meiner Frau Kontakt aufzunehmen, die ein Praktikum in einem Außenhandelsunternehmen machte. Durch ein vergittertes Fenster haben wir uns kurz unterhalten. Gestritten. Es war ein Grund für unsere spätere Trennung, daß sie mir Abenteurertum vorwarf. Sie verstand nicht, daß ich sagte: Ich muß in die Uni, muß aufpassen, daß die uns nicht die Bude anstecken.

Die hatte Angst um dich!

Mag sein, aber Angst war kein Argument für mich.

Warst du froh, als die Panzer kamen?

Einerseits war ich erleichtert, weil dadurch die akute Bedrohung weg war. Aber ich konnte nicht froh darüber sein, daß die Ordnung, die ich wollte, per Panzer hergestellt werden mußte. Am nächsten Tag klebten die Plakate »Ausnahmezustand« an den Mauern. Im Germanistischen Institut haben wir Wache geschoben. Ich kam aus einem Krieg und wußte: Sowas geht auf Dauer nicht. Du kannst eine Weile stehen mit dem Gewehr, aber irgendwann mußt du mal schlafen. Kurz darauf kam Alfred Neumann mit einem Leibwächter ins Institut und wollte mit uns den 17. Juni auswerten. Natürlich war er eine Respektsfigur, wie alle Spanienkämpfer, aber dann hat er eine Rede gehalten, die war ohne jede Wertschätzung den Studenten gegenüber. Was wir erlebt hatten, wurde einfach als faschistischer Putschversuch abgetan. Ich bin aufgestanden als Parteisekretär und habe die Parole ausgegeben: »Wehret den Wiederanfängen.« Da gab es eine Aufregung! Wer hat denn angefangen? Etwa wir?

Wobei es doppeldeutig klang …

Es wurde schon verstanden, daß die eigenen Leute gemeint waren. Mit derselben Großmäuligkeit, die uns gerade in die Patsche geritten hatte, glaubten sie, weitermachen zu können.

Legte das nicht den Gedanken nahe, daß es die falschen Leute waren? Hättest du dir damals andere an der Spitze der DDR gewünscht?

Aber nein! Einzelne Entscheidungen und Haltungen konnte ich kritisieren, aber das änderte nichts an der Achtung, die ich vor diesen Personen wegen ihrer honorigen Vergangenheit hatte. Zudem war mir klar: Umsturzversuche in der DDR hätten zuallererst dem Gegner genutzt.

Es gab ja später – im Vertrauen auf die Ergebnisse des XX. Parteitages – in vielen sozialistischen Ländern Versuche, den Sozialismus zu reformieren und vom Stalinismus zu befreien. Ich denke an den »Bloch-Kreis« in Leipzig mit Erich Loest und Gerhard Zwerenz oder den »Kreis der Gleichgesinnten« in Berlin mit Wolfgang Harich und Walter Janka. Hast du das mit Sympathie betrachtet, gar Lust gehabt, dich in solche Debatten einzubringen?

Als ich nach Berlin kam, wurde ich sofort Parteisekretär der Germanisten, Anglisten, Altphilologen und Amerikanisten, weil ich vorher ABF-Parteisekretär gewesen war. Da hat mich niemand gefragt, ob ich bei so einer Sache mitmachen will. Und wenn, hätte ich wahrscheinlich so reagiert wie kurz vor den Veränderungen 1989, als mich Heidrun Hegewald für eine kritische Gruppe gewinnen wollte. Ich habe ihr gesagt: Die Argumente leuchten mir ein, aber wenn es euch recht ist, gehe ich damit zu Kurt Hager und trage ihm das vor. Hinterm Rücken mache ich nichts. Da war sie nun wieder dagegen. Ich war kein Oppositioneller. Ich war ein – oft mehr als andere – kritischer Genosse, der dabei seine Prinzipien von Disziplin hatte.

Aus Vorsicht? Aus Anstand?

Vor Schwierigkeiten habe ich nie Angst gehabt. Ich habe immer den Schnabel aufgemacht. Aber ich habe Nutzen und Schaden abgewogen. Bei solchen Überlegungen kommst du mitunter dazu, Dinge zu versäumen.

Wenn du heute auf 1956 zurückblickst, gab es zu dieser Zeit oder auch später überhaupt die Chance einer Reformierung des Sozialismus? Oder konnte er in seinem internationalen Umfeld nur in dieser nichtdemokratischen Ausprägung existieren?

Das wird so sein, denke ich heute. Natürlich habe ich gesehen, daß ich nicht in der besten aller Welten war. Aber es war besser als das, was ich vorher erlebt hatte. Man bedenke: 1956 war ich 30! Das hört sich, mißt man es an bedeutenden Figuren, gewaltig an. Aber ich hatte gerade mal mein Studium abgeschlossen, war doch durch den Krieg einige Jahre hinterher. Ich war dabei, mich zu berappeln und mir eine Statur zu geben. Wie hat es mich gefreut, daß Dr. Gerhard Schneider mit meinem Seminar über E. T. A. Hoffmann so zufrieden war, daß er mir vorschlug: Am Samstag im Audimax machen Sie eine Vorlesung daraus – vor allen Philologen. Solche Dinge haben mich beschäftigt, und meine Parteisekretärstätigkeit auch.

Von wann bis wann warst du Parteisekretär?

Von 1952 bis 1955, als die unmittelbaren Vorbereitungen auf das Diplomexamen begannen.

Wie hast du die sehr harte Abrechnung mit den Reformkräften damals aufgenommen? Wolfgang Harich wurde ja wegen »Bil-

dung einer konspirativen staatsfeindlichen Gruppe« zu zehn Jahren Gefängnis verurteilt.

Das hat mich sehr getroffen, weil ich es nicht verstand. Ich habe gebilligt, daß jemand, der von der Parteilinie abweicht, eine Parteistrafe kriegt. Ich habe gebilligt, daß jemand, der mit der Parteilinie nicht einverstanden ist und das öffentlich verkündet, aus der Partei rausfliegt. Was ich nicht kapierte, wieso jemand ins Zuchthaus mußte deswegen. Der armen Anna Seghers wirft man heute vor, sie sei beim Prozeß gegen Walter Janka nicht aufgesprungen und habe protestiert ...

Aber hätte sie nicht protestieren können? Sie hatte einen Namen. Sie hatte Autorität.

Sie ist doch zu Ulbricht gegangen, nicht nur einmal. Aber wie stellt man sich das denn heute vor: im Gerichtssaal aufstehen. Das machst du doch nicht mal im bürgerlichen Gerichtssaal. Da schmeißt dich der Richter raus.

Du meinst, Anna Seghers habe interveniert, aber keinen Erfolg gehabt?

Sie haben sich doch von ihr nichts sagen lassen. Ich habe später miterlebt, wie sie auf dem VIII. Parteitag als Rednerin vorgesehen war und die ganze Zeit in der ersten Reihe wartete, daß man ihr das Wort erteilt. Vier Tage lang ist sie nicht drangekommen.

Und das auf dem Parteitag, als Erich Honecker antrat, das Bündnis der Partei mit den Künstlern zu verkünden?

Richtig. Das hinderte ihn nicht, Anna Seghers abblitzen zu lassen. Sie konnte manchmal naiv klingende Sachen sagen, und das wollten sie nicht hören. Daß sie so mit einer Frau umgehen konnten, die eine Weltberühmtheit war, ja eine kommunistische Weltberühmtheit, läßt mich klar verstehen, warum sie nicht mit der Fahne in der Hand für Janka in den Kampf zog.

Abgesehen davon, daß Janka auch nicht gerade ein Engel war. Und Anna war nach meiner Vermutung viel stärker in die kommunistische Bewegung eingebunden, als man gemeinhin weiß.

Kannst du das genauer erklären?

Ja, ich habe es an ihrem Verhältnis zu Justyna Sierp erkannt. Ich bin überzeugt, die beiden hat in der Emigration in Frankreich nicht der Wind zusammengetrieben. Justyna war als Serviererin beschäftigt im deutschen Offizierskasino in Compiègne, beim Oberkommando, und das, wie man inzwischen weiß, im Auftrag der GRU.

Glawnoje Raswedywatelnoje Uprawlenie Generalnowo Schtaba, der sowjetische Militär-Nachrichtendienst.

Richard Sorge war GRU. Ruth Werner war GRU.

Und Anna Seghers gehört in diese Reihe?

Das will ich nicht sagen, aber sie war sicher viel mehr eine Parteifunktionärin, als wir alle wissen.

Wir sind über die brutale Abrechnung mit DDR-Intellektuellen darauf gekommen, die über eine Reformierung des Sozialismus diskutierten.

Aber es ging in den genannten Zirkeln doch nicht einfach um Debatten, sondern um die Ablösung der einen und die Interessen der anderen. Der Ungarn-Aufstand 1956 hat die DDR-Führung diesbezüglich mehr als mißtrauisch gemacht. Dort hatte es ja auch, wie sie immer sagten, mit einem Intellektuellenzirkel begonnen, dem Petöfi-Kreis unter Georg Lukácz. Und der hatte sich mit Wolfgang Harich, Walter Janka und Gustav Just getroffen. Als Lukácz nach dem Aufstand in Ungnade fiel, hat Stephan Hermlin ihn zusammen mit Johannes R. Becher aus Ungarn herausholen wollen.

Richtig in die DDR holen?

Ja. Stephan haben die ungarischen Ereignisse mächtig zugesetzt und Harich auch, wobei die beiden persönlich nicht selten über Kreuz gewesen sind. Harich rivalisierte und polarisierte, aber als vergeistigte Menschen waren sie einander auch ähnlich.

Und dann wird Harich zu zehn Jahren Haft verurteilt. Mußte Hermlin das nicht als persönliche Bedrohung empfinden? Nach dem Motto: Das kann mir auch passieren?

Na sicher! Das hat er immer gewußt, und davon hat er später alles mögliche abgeleitet. Er war ja in den 20er Jahren schon sehr vertraut mit der kommunistischen Bewegung, ist 1932 in den KJVD eingetreten. Die Moskauer Prozesse hat man, nehme ich an, entweder verarbeitet oder man ist daran zerbrochen. Wenn du es verarbeitet hast, bist du so geworden wie Hermlin. Als ich mich über Harichs Verhaftung aufregte, hat er mir 47 Fälle von Weltgeschichte vorgetragen, die belegten: Wer den Versuch macht, eine Herrschaft zu stürzen, die ohnedies von außen bedroht ist, darf sich über heftige Reaktionen zwar beklagen, aber nicht wundern.

Wie bist du eigentlich mit Stephan Hermlin bekannt geworden?

Ich kenne ihn seit Oktober 52, da waren wir bei ihm zu Hause – unsere Seminargruppe, in der seine Frau studierte, mit Hans Kaufmann als unserem Assistenten. Ihm standen die Haare zu Berge, was wir für Vorstellungen von Literatur hatten. Ich bin dann ein paar Tage später wieder vorbeigekommen. Von da an war ich zwei, manchmal drei Mal die Woche bei Hermlin, bis zu seinem Tode. Wenn etwas passierte, und es passierte dauernd was, haben wir geredet, geredet und geredet. Hermlin war sozusagen die Anlaufstation für mich in allen ideologischen, philosophischen, politischen Schwierigkeiten. Und er hatte in mir jemanden gefunden, von dem er dachte: Der bringt genügend mit, aus dem können wir was machen. Da ich ein ruppiger Antifa-Mann war, hat er mich sozusagen zu einem verständigen Antifa-Mann zu erziehen versucht. Manchmal war er auf eine verrückte Weise links, er glaubte an den letztlichen Sieg der Vernunft in der Arbeiterklasse.

Dann wieder bezeichnete er sich als spätbürgerlichen Schriftsteller. Von Stephan Hermlin wird sicher noch mehrfach die Rede sein. Aber erst einmal möchte ich nach einem anderen Mann fragen: Alfred Kantorowicz, bei dem du 1956 nach deiner Diplomarbeit zu Theodor Plieviers Roman »Stalingrad« wissenschaftlicher Assistent geworden bist. Du sagtest vorhin: Er sei der einzige »fortschrittliche« Professor im Institut gewesen. Und gerade er ist 1957 in den Westen abgehauen ...

Alfred Kantorowicz war ein glänzender Journalist, aber überhaupt kein professoraler Typ. 1928/29 war er Kulturkorrespondent für die Vossische Zeitung und die Ullstein-Presse in Paris, eine Stelle, die vor ihm Kurt Tucholsky und nach ihm Arthur Koestler innehatte. Unter dem Eindruck des Prozesses gegen Carl von Ossietzky trat er 1931 in die KPD ein. Aber er war ein Individualist. Schon in der ersten Zeit seines Pariser Exils 1933 hat es Reibereien mit der KPD-Führung gegeben. Er hat auf der Seite der Internationalen Brigaden in Spanien gekämpft, wurde in Frankreich interniert, floh in die USA, arbeitete beim Rundfunksender CBS, wo er sich mit der Auswertung von Feindsendern zu beschäftigen hatte. Später gab er in der sowjetischen Besatzungszone die Zeitschrift Ost und West heraus, die 1949 eingestellt wurde. Manche sagen, er sei von dort aus an die Humboldt-Universität weggelobt worden. Aber wer ihn auf einen Lehrstuhl setzte, mußte recht primitive Vorstellungen haben von dem, was man so in der Uni macht. Was er vor allem nicht konnte und wollte: die Studenten auf Linie bringen und die proletarische Literatur von Hans Marchwitza und Karl Grünberg preisen. Daß dies für ihn keine Literatur sei, hat er überall herumposaunt. Beschwerden darüber wurden natürlich nicht an den Genossen Kantorowicz gerichtet, sondern an den Genossen Parteisekretär. Ich weiß nicht, wie oft ich die Verdienste von Kantorowicz herausgestrichen habe. Ich mochte ihn. Für mich war er ein jüdischer, kommunistischer Spanienkämpfer.

Aber Kantorowicz hat sich ziemlich miserabel über dich geäußert.

Das war ein bißchen komplizierter. Er hat post festum seine Meinung umgeschrieben. Es gibt ein Schreiben von ihm von 1956, darin teilte er dem Rektor mit, daß er, wenn er mich nicht als Assistenten bekommt, seine Lehrtätigkeit nicht mehr ausüben kann. Später hat er erklärt, ich sei ihm vom Staatssekretariat für Hochschulwesen als Spitzel in den Nacken gesetzt worden. Von so einer Mißstimmung habe ich nichts gemerkt. Die Mitteilung, daß er abgehauen war, hat mich in den Ferien in Lubmin total überrascht.

Meinst du, daß der Ungarn-Aufstand 1956 und die Verhaftungen in der DDR für ihn die Auslöser waren?

Heute denke ich: Das saß tiefer. Kantorowicz war schon lange bedient. Er hat erzählt – wobei ich bezweifle, daß es so war –, Egon Erwin Kisch habe in Spanien zu ihm gesagt: Wehe, wenn wir siegen. Das hat er mir, und nicht nur mir, x-mal vorgetragen. Hinzu kam, daß er hysterisch war vor lauter Mißtrauen gegenüber anderen Leuten. Außer Maximilian Scheer hatte er überhaupt keinen Freund. Ich wußte, daß er stets klagte und schimpfte, daß er sich verfolgt sah. Und ich wußte, worin er Recht und worin er Unrecht hatte. Aber daß er die DDR verlassen würde, habe ich nicht geahnt. Ich war tief gekränkt. Vor den Sommerferien 1957 hat er mir noch zur Gründung der Zeitschrift tua res gratuliert.

Erzähl doch mal, wie es zu dieser Gründung kam.

Die Idee hatte Bruno Baum, der in der Bezirksleitung für Westberlin zuständig war. Und ich war ja Westbeauftragter der Humboldt-Universität. Bei einem Flugblatteinsatz habe ich wohl einen guten Eindruck auf ihn gemacht. Tu was, damit die mit uns reden, die Westberliner Studenten, sagte er zu mir.

Da habe ich diese Zeitschrift erfunden und einen Herausgeber dazu, der sich »Studienkreis für Berliner Hochschulfragen« nannte. Es war eine wunderbare Zeit. Ich hatte völlig freie Hand.

Tua res – das geht dich an: Ein agitatorisches Blatt?

Natürlich war es auch polemisch. Aber nicht zuletzt ging es tatsächlich um Berliner Hochschulfragen: Mensapreise, Mensaspeisen, Studentenwohnungen, Mietsätze, Stipendien ja oder nein usw. Diese Themen haben wir so konkret wie möglich angepackt, indem wir mit Westberliner Studenten gesprochen haben. Mir als hauptamtlichem Redakteur standen ein paar gute Leute zur Seite: Harald Wessel zum Beispiel, später stellvertretender Chefredakteur im Neuen Deutschland, der Ökonom Klaus Korn, der Jurist Uwe-Jens Heuer, der Schriftsteller Jurek Becker und mein Bruder Uwe auch.

Und die Leser wußten, daß es eine Ostberliner Zeitschrift war?

Wir verteilten sie ja wie Flugblätter, insofern war es bekannt. Aber es spielte für das Blatt selber keine Rolle. Ich habe sehr darauf geachtet, daß Ostberlin ganz wenig darin vorkam. Wir kümmerten uns um Westberliner Angelegenheiten und nervten den Studentenrat dort ziemlich mit unserer Präsenz. Unser Credo war: Kampf dem NATO-Atomtod. In dieser Frage vor allem suchten und fanden wir Gemeinsamkeiten mit Westberliner Studenten und Assistenten.

Die sollten nicht in die DDR gelockt werden?

Nein, die sollten ihre eigenen Verhältnisse kritisch sehen. Das war unser Ehrgeiz.

Wieso hast du 1959 bei tua res aufgehört?

Es hat irgendwann nicht mehr so viel Spaß gemacht, zumal die Bezirksleitung dann doch zunehmend reinredete. Ich war heilfroh, als das Angebot kam, für die DEFA eine Filmfassung des Stücks »Und das am Heiligabend« von Vratislav Blažek zu erarbeiten. Hermlin, der mein Bürge beim Eintritt in den Schriftstellerverband war, sah das anders: Ich hätte mit großem Erfolg eine Studentenzeitschrift geleitet, schrieb er in seine Beurteilung, und sei nun leider mit Filmmanuskripten beschäftigt. Wobei die Zeitschrift mit dem Bau der Mauer 1961 sowieso ihre Funktion verlor. Aber ich stand 1959 an einem wichtigen Punkt in meinem Leben: die Freiberuflichkeit. Das war ja fast Freiheit in der DDR.

Ein Privileg, ganz im Gegensatz zu heute, da die wenigsten freiberuflichen Autoren von ihrer Arbeit leben können. Aber der DDR-Staat sorgte dafür, daß die Freiberufler zufrieden waren, denn man hatte sie ja nicht am Gängelband.

Deshalb wurden die Schriftsteller auch mißtrauisch angesehen. Konrad Naumann, damals 1. Sekretär der SED Bezirksleitung Berlin, hat mir mal den schönen Satz gesagt: »Freiberuflich, wenn ich das schon höre!«

Konnte denn ein junger Mensch, der schreiben wollte, einfach seine bisherige Tätigkeit kündigen und sagen: Ich bin jetzt freiberuflich?

Ja, wenn er das mit seinem Betrieb klärte und beim Arbeitsamt erklärte. Ich bin dorthin gegangen mit meinem beglaubigten Kündigungsschreiben und habe gesagt, daß ich jetzt für die DEFA Filmmanuskripte verfasse. Denn es durfte natürlich nicht so aussehen, als wolltest du ein Lotterleben führen.

Ich denke da an den Dichter und späteren Literaturnobelpeisträger Iosif Brodsky, der in der UdSSR 1964 zu fünf Jahren Arbeitslager verurteilt wurde, weil man ihm »parasitäres Leben« vorwarf. Wurde das in der DDR lockerer gehandhabt?

Sicher. Trotzdem sollte niemand glauben, er könne wie der

Kürbis wachsen. Der Kürbis mußte gehegt, gepflegt und angemeldet sein. Auch dafür gab es den Schriftstellerverband.

Du bist also in den Schriftstellerverband gegangen, um deine freiberufliche Tätigkeit zu legitimieren?

Das hatte ich zunächst gar nicht mal so sehr im Auge. Hermlin, der ja in keiner Hinsicht zu unterschätzen ist, hat mich ermuntert. Zwar sprach er oft eher belustigt, gar verächtlich vom Verband, ging allerdings doch meist hin. Für mich war es eine Versammlung glorioser Namen, ob das Anna Seghers oder Arnold Zweig, Ehm Welk oder Eduard Claudius waren, natürlich Stephan Hermlin, KuBa oder Hans Marchwitza. Jedenfalls wurde ich mit Hermlins Bürgschaft 1960 in den Verband aufgenommen.

Wovon hast du gelebt, während du an dem Filmmanuskript gearbeitet hast?

Vom DEFA-Auftragshonorar. Die soziale Stellung des Autors war in der DDR nicht schlecht. Rechnen wir mal, mein Beispiel, eine Auflagenhöhe von 10000, und das ist noch gering veranschlagt, und einen Buchpreis von zehn Mark, dann sind 15 Prozent Autorenhonorar eine erkleckliche Summe. Das erste Viertel davon wurde bei Abschluß des Vertrages gezahlt, das zweite bei Ablieferung des Manuskripts, das dritte bei Annahme des Manuskripts, und das vierte nach Maßgabe des Verkaufs. Das heißt, die Hälfte hattest du schon sicher, wenn du schriebst. Vorher hatte ich 700 Mark monatlich verdient, von meiner DEFA-Gage konnte ich mir einen Moskwitsch kaufen.

Du warst ja auch eine Weile beim Neuen Deutschland als freier Autor.

Mit einem Fixum von 500 Mark. Das ist eine ganz schöne Stange Geld, wenn die Miete nur 50 Mark beträgt. Als ich anfing, »Die Aula« zu schreiben, und Hermann Axen, dem damaligen Chefredakteur, mitteilte, ich hätte nun nicht mehr so viel Zeit fürs ND, zeigte er sich großzügig. Mir wurden trotzdem 300 Mark im Monat gezahlt.

Großzügig wirklich. Meine Mutter hat acht Stunden täglich in einer Großküche gearbeitet und 350 Mark brutto verdient. Das nur so nebenbei. – Du warst in Berlin, als die Mauer gebaut wurde?

Nicht nur in Berlin, ich war vor Ort, als es geschah. Als Journalist – dieses Selbstverständnis hatte ich bis ins hohe Alter – wollte ich es mit eigenen Augen sehen. Das werde ich nie vergessen: An der Friedrichstraße waren auf unserer Seite Lautsprecher aufgefahren und ballerten kubanische Lieder durch die Nacht. Man hatte das Gefühl: Hier ist Revolution, wir zeigen nun dem Westen unsere geballte Arbeiterfaust. Daß wir uns damit auch selbst auf die Nase schlugen, habe ich, glaube ich, zunächst nicht gesehen. Wann bist du geboren?

1950.

Da warst du noch ein kleines Mädchen und hast es nicht mitbekommen. Es ging ja schon seit Jahr und Tag, daß du dich auf nichts mehr verlassen konntest. Wenn du zum Friseur gefahren bist, wußtest du nicht, ob er noch da ist. Wenn du in die Hochschule gingst, wußtest du nicht, ob dein Lehrer noch kommt. Und nach dem Mauerbau bekamst du sofort ein Taxi, wenn du eins brauchtest. So verband sich mit dem 13. August 1961 für mich erst einmal eine positive Erwartung: die Herstellung ordentlicher Verhältnisse. Dagegen lag mir Deutschland als Einheit nicht so sehr am Herzen. Ich war Soldat im Zeichen des großdeutschen Reiches gewesen. Damit wollte ich nichts mehr zu tun haben. Und es war eine Erleichterung, daß mit dem Mauerbau das Argument vom Tisch war: Das können wir uns angesichts der offenen Grenze nicht leisten. Jetzt konnte keiner mehr damit kommen. Ich habe »Die Aula« am 13. August 1962, also am ersten Jahrestag der Mauer, zu schreiben begonnen – im Vollgefühl, daß ich jetzt richtig loslegen kann. Das hat sich freilich später als Irrtum herausgestellt.

War deine Mutter schon in Hamburg, als die Mauer gebaut wurde?

Schon längst. Sie ist nach dem 17. Juni 1953 nach Hamburg zurückgegangen.

Du hast darüber in »Abspann« geschrieben. Kann man aus heutiger Sicht sagen, daß sie außer Landes getrieben wurde?

Das muß man so hart sagen. Sie hatte nichts damit zu tun, daß ihr zweiter Mann Ernst Steinbeiß, der einstige KZ-Häftling, als Vorsitzender der Vereinigung der gegenseitigen Bauernhilfe unberechtigt Kredite an Großbauern vergeben hatte, wie die Anklage im Prozeß lautete. Es entsprach seinem Charakter, daß er in den Vernehmungen behauptete, seine Frau habe ihn angestiftet. Sie hatte nichts mit seinen Geschäften zu tun. Und er war überhaupt nicht der Typ, der sich von seiner Frau etwas sagen ließ. Aber meine Mutter wurde daraufhin auch verhaftet. Als sie nach kurzer Zeit frei kam, fand sie die Wohnung versiegelt.

Genügte denn eine Verhaftung, um alles zu requirieren?

Mag sein, daß es eine spezielle Parchimer Rechtsauffassung war. So wie sie früher dort große Nazis gewesen waren, taten sie sich später wieder rigoros hervor. Es spricht für meine Mutter, daß sie sich zuerst an die Partei um Hilfe wandte. Von dort schickte man sie zum Bürgermeister. Und in dessen Amt sagte man ihr, sie müsse zur Partei gehen. So ist sie ein paar Mal hin- und hergelaufen, ergebnislos, und ist dann abgehauen. Nachdem Grotewohl nach dem 17. Juni erklärt hatte, daß alle, die weggegangen sind, wiederkommen sollten, alles würde gütlich geregelt, bin ich Idiot nach Lichterfelde gefahren. Ich hatte sie ja schon vorher im Flüchtlingslager besucht. Fahr zurück nach Parchim, habe ich sie beschworen. Aber dort wurde sie bloß ausgelacht. Daraufhin ist sie endgültig nach Hamburg gegangen.

Du warst doch Parteisekretär. Hattest du nicht die Möglichkeit, ihr zu helfen?

Ich habe gemacht, was mir möglich war. Ich war noch Student in Berlin und bin zur Landesleitung der Partei nach Rostock gefahren. Gnädigerweise wurde ich vom Sekretär Karl Mewis empfangen. Das Gespräch habe ich in »Abspann« geschildert. Er hat mich gefragt: Was bist du zur Zeit? Ich sagte: Ich komme wegen meiner Mutter. Nochmal: Was bist du zur Zeit? Ich antwortete: Student. Er: Was ist dein Auftrag, Student? Was macht man als Student? Studieren! Studierst du jetzt hier? Na also, sieh zu, daß du wieder an deinen Studienplatz kommst! Es gab überhaupt kein Durchkommen für mich. Also habe ich es gelassen. Meiner Mutter wäre auch nicht in den Sinn gekommen, es noch mal in der DDR zu versuchen.

Deine Mutter ging nach Hamburg, deine Schwester lebte schon vorher dort. Da hattest du Westverwandtschaft ersten Grades, was einem in der DDR manche Schwierigkeit bereiten konnte. Hast du deshalb das Gefühl gehabt, besondere politische Zuverlässigkeit beweisen zu müssen?

Nein. Solche Unsicherheit lag nicht in meinem Charakter, was mir im übrigen hin und wieder zu meinen Ungunsten angerechnet wird. Ich bin nun mal so: Was ich mache, mache ich. Und vergiß nicht, ich war ein Kader. So viele mit Schnauze und Schreibfähigkeit hatten sie nicht. Vielleicht waren auch ein paar kluge Leute da, die wußten, wie man mit mir am besten umgeht.

Die vielleicht auch die Hände über dich hielten? Die dich gefördert haben? Daß du für deinen ersten Erzählungsband »Ein bißchen Südsee« den Literaturpreis des FDGB bekommen hast, ist nachvollziehbar. Aber auch gleich noch den Heinrich-Heine-Preis?

Das sind aber zwei unterschiedliche Begründungen gewesen. Ich habe für eine Erzählung aus dem Band, »Krankenbesuch«, den FDGB-Preis bekommen. Und den Heine-Preis habe ich für meine journalistische Tätigkeit bekommen, für die ND-Feuilletons, die sich zum Teil heute noch nicht schlecht lesen. Der FDGB-Preis, den mir damals Herbert Warnke überreichte, das waren kümmerliche 700 Mark. Dagegen ist die Verleihung des Heine-Preises für mich ein wunderbarer Vorgang gewesen, zumal ich ein geradezu ehrfürchtiger Verehrer von Heine bin. Verbunden damit war eine der schönsten Medaillen, die ich je gekriegt habe.

Ich fand es immer eigenartig, daß sogar über 40jährige in der DDR noch als junge Autoren galten. »Junger Autor« – das hatte von vornherein etwas Positives. Wie läßt sich das aus heutiger Sicht erklären?

Das hatte vielleicht zunächst mit dem Verständnis zu tun, daß Leute wie ich erst beginnen konnten, nachdem sie Jahre im Krieg verloren hatten. Andererseits hing es auch mit einem besonderen Pädagogismus zusammen: Um junge Autoren muß man sich kümmern.

Im Roman »Die Aula« gibt es eine Episode, die im Schriftstellerverband spielt: Ältere Autoren monieren, daß die jungen zu viel Aufmerksamkeit bekämen.

Aber die jüngeren Leute im Verband standen doch alle im Schatten der Älteren! Und die waren zum Teil nicht auszuhalten. Ein Mann wie Jan Petersen, der seine Verdienste hatte, schätzte überhaupt nur seine eigenen Bücher. Arnold Zweig war durch seine mangelnde Sehkraft sowieso behindert. Anna Seghers war immer freundlich, aber sie nahm nichts ernst. Wo uns das Herzblut tropfte, hatte sie eine spöttische Bemerkung. Ich war schon Präsident, als die Gattin Grünbergs zu mir kam und sagte, Karl sei nun aber mal wieder dran. Ich fragte: Womit ist Karl denn dran? Da sagte sie: Mit einem Nationalpreis. So ist aber auch aus der Höhe von Bewunderung mancher vor meinen Augen abgestürzt. Den Maler Otto Nagel habe ich bei einem Pausengespräch in der Akademie der Künste erlebt, wie er triumphierend erzählte, auf welche Weise er seiner Frau einen Kühlschrank beschafft hat. Von dieser Art gab es jede Menge. Deswegen war Hermlin für mich so erlösend. Hermlin spottete über dies alles und konnte sich mit uns, den viel Jüngeren – Wolfgang Kohlhaase, Günther Rücker und mir – ohne Schulterklopfen unterhalten.

Ein Sprung zum Roman »Die Aula«: Wenn man anfängt zu lesen, glaubt man ja, dir sei wirklich eine Rede zum ABF-Jubiläum angetragen worden?

Ich bin tatsächlich zu einem ABF-Jubiläum eingeladen worden. Während des geselligen Beisammenseins bin ich auch aufgestanden und habe etwas gesagt. Das war nichts Dramatisches, aber es hat mit den Anstoß gegeben für den Roman.

Wie ist das Buch denn 1965 aufgenommen worden? Es war ja gegenüber 1949 eine total veränderte Situation, was man heute vielleicht nicht mehr so im Blick hat.

Das Buch schlug wirklich einen neuen Ton an, und sein Erfolg erklärt sich aus dem Witz, der frechen Kritik. Das führte zu unterschiedlichen Reaktionen. Zum Beispiel hat sich Margot Honecker, die sich mir gegenüber immer als Freundin dargestellt hat, lange gesperrt, daß man in der Schule »Die Aula« las. Man hat mir das verläßlich erzählt. Sie hielt den Roman für eine revisionistische Schrift. Anstößig erschien wohl vor allem der ironische Ton angesichts von Errungenschaften, vor denen man gewissermaßen auf den Knien zu liegen hatte.

Dabei war es doch ein Buch, das der DDR zum Ruhm gereichen konnte. Ein Rückblick aus dem Jahr 1965 auf die Jahre des Beginns. Es ist der Roman einer Emanzipation. Wobei das Ermutigende, Mitreißende sich auch dem »Aschenputtel-Effekt« verdankt: Aus einem völlig unbedarften Forstarbeiter wird der-

jenige im Ministerium, der für den Wald zuständig ist, und aus der Schneiderin eine versierte Augenärztin. Hat diese Utopie nicht auch einen Pferdefuß?

Das war keine Utopie, sondern Tatsache. Aus Absolventen der Greifswalder ABF sind Leute geworden, die in der DDR wichtige Positionen innehatten.

Die arme Stieftochter kriegt den Prinzen …

… und der jüngste Sohn des Müllers, anderes Märchen, der die Mühle nicht erben kann, muß fort und kommt mit einem Sack voll Gold wieder.

Das meine ich: Eine Ungerechtigkeit wird wettgemacht, und man freut sich. Doch die Erfahrung dessen, der in der Mühle blieb, wird in den Schatten gestellt. In deinem Roman läßt du einen ziemlich blasierten Jurastudenten auftreten. Aber hat er nicht Recht damit, daß die Wissenschaft in anderen Tempi vorankommt und daß solchen Schnelldurchläufen wie in der ABF das Fundierte fehlt?

Es ist immer so: Das Neue ist rücksichtslos und läßt das Alte nicht gelten. Nach dem Motto: Das machen wir jetzt anders und fertig.

Als ich studierte, hat mich das sehr beschäftigt: Warum nicht der Sohn des Arztes Arzt werden soll, sondern unbedingt der des Maurers. Daß dies eine Frage der Gerechtigkeit sei, konnte mich nicht überzeugen.

Die Erklärung war im Grunde: Es müssen mal Ärzte von anderer Couleur her, und überhaupt kann es nicht bei der alten Ordnung bleiben. Du kannst natürlich sagen: Die besten Musiker kommen aus Familien, wo man die Hausmusik pflegt. Aber weißt du denn, was in dem Riesenrest für Talente schlummern?

Das überzeugt mich. Aber das Bildungsprivileg hat sich doch bloß verlagert. Mein Vater hat als Hilfsarbeiter angefangen, also war ich, zum Glück, Arbeiterkind. Da fragte ich mich: Was wird aus meinen Kindern, wenn ich studiere und promoviere? Sie müßten – zu ihren Ungunsten – in ihrem Fragebogen »Intelligenz« in die Spalte »Soziale Herkunft« schreiben. Ist das nicht Blödsinn?

Der Blödsinn ist, daß es eben nie gerecht zugehen kann. Doch meine Generation hatte da ein gutes Gewissen. Wir sagten einfach: Nun sind wir mal dran. Ansonsten haben wir ja jetzt wieder die alte Ordnung.

Es ging damals um die Ablösung der alten und die Etablierung einer neuen Elite.

Wobei uns niemand mit dem Wort »Elite« hätte kommen dürfen. Sagen wir es so: Die führenden Kräfte wollten Intellektuelle, auf die Verlaß war.

Am besten junge Leute, die formbar sind. Die wurden zur Moskauer Parteihochschule geschickt, dann durften sie befehlen mit ihrer arroganten Unbildung.

So ist es vielleicht hier und da gewesen, ich kannte aber auch andere Leute.

Inwieweit haben die Gestalten des Romans authentische Vorbilder? Robert Iswalls Freund Trullesand zum Beispiel, der Zimmermann?

Das war Gerd Ludwig, der wirklich Stettiner Zimmermann war. Seine Frau Elise hat er an der ABF kennengelernt. Ich bin später alle paar Wochen nach Usedom gefahren, um die beiden zu besuchen. Ludwig war ein unglaublicher Mensch. Mit dem konntest du über alles und jeden in aller Gemütsruhe reden, und hinterher bist du etwas ruhiger weggegangen. Er ist in diesem Frühjahr gestorben, und ich habe leider die Beerdigungsrede halten müssen.

Im Roman wird Trullesand nach Peking delegiert, was Robert Iswall freut, denn da kommt er ihm nicht bei einem bestimmten Mädchen in die Quere.

Das habe ich erfunden. Wir hatten keine gemeinsame Freundin. Aber es schien mir eine scharfe Geschichte zu sein, wie Eifersucht als Urkraft auch unter sozialistischen Verhältnissen zu Manipulationen führt. Was im Roman nicht geschildert ist: Gerd Ludwig hat in Moskau Philosophie studiert und kam 1953 zum ersten Mal auf Urlaub. Er hat mich am Germanistischen Institut besucht. Als Antwort auf meine Frage, wie es denn so sei in Moskau, sagte er: Für mich ist alles erledigt und vorbei. Er hat mir geschildert, wie das zuging an der Lomonossow-Universität. Er war total bedient vom sowjetischen Sozialismus, doch das blieb für ihn ohne Konsequenzen. Sein Onkel, bei dem er aufgewachsen ist, hatte im KZ gesessen und war Kommunist. Damit hat er nicht brechen wollen, aber er war ohne alle Illusion.

Und Quasi Riek, der plötzlich in den Westen verschwand, als Kundschafter vielleicht, wie der Leser vermutet?

Dazu kann ich nur belustigt sagen, daß ich während meiner Lesereisen im Westen zwei Mal von Leuten angesprochen wurde, die mich wissen ließen, sie seien Quasi Riek. Das können freilich auch Abgesandte vom BND oder vom Verfassungsschutz gewesen sein, aber ich fand es schon amüsant. Ein konkretes Vorbild für Quasi Riek im Roman gibt es nicht, aber wir hatten jemanden in unserer Gruppe, den wir Quasi nannten, wegen seiner dussligen Art zu reden.

Wie kommst du eigentlich auf die seltsamen Namen für deine Gestalten?

Ich habe irgendwann mal begriffen: Man braucht Namen und Bezeichnungen, die ungewöhnlich genug sind, daß der Leser aufmerkt, aber doch auch so gewöhnlich, daß sie einen nicht befremden.

Es gibt einen Satz im Buch, über den ich mich gewundert habe: »Und wenn es einen Grund gab, der einem die Augen wohl tropfen machen konnte, dann war es diese Grenze mitten durch Berlin.« Erstaunlich, daß so ein Satz, der den Bau der Mauer beklagt, 1965 durch die Zensur ging.

Daß ich keinerlei Schwierigkeiten hatte bei der Veröffentlichung des Romans, hat vielleicht mit einem unglücklichen Zufall zu tun, der sich als glücklicher herausstellte. Ich hatte meinen ersten großen Autounfall, als ich ins Schloß Niederschönhausen eingeladen war. Als einer von sechs Autoren sollte ich etwas vorlesen. Der Staatsratsvorsitzende und seine Frau interessierten sich, was die jungen Leute denn so schreiben. »Die Aula« war zu zwei Dritteln fertig, da knallte ich gegen einen Baum und kam ins Krankenhaus. Das ND druckte ein Schreiben von Hermann Axen, der mir alles Gute wünschte, und einen Auszug aus dem Buch, eine ganze Seite. Die Lesung vor Ulbricht hat stattgefunden. Helmut Hauptmann trug etwas aus meinem Manuskript vor. Und Lotte Ulbricht hat, wie es in »Abspann« auch steht, tatsächlich gesagt: »Ja, so wie der Kollege Kant muß man schreiben.« Das war bezeichnend für DDR-Verhältnisse: Mit diesem Satz hat Fritz-Georg Voigt als Cheflektor des Aufbau-Verlags das Buch durchgebracht. Wenn jemand die Stirn runzelte, brauchte er nur durchblicken zu lassen, was Lotte Ulbricht geäußert hatte. Als ich nach vier Monaten aus dem Krankenhaus kam, habe ich weitergeschrieben. Und alles lief bestens. »Die Aula« segelte unter der Flagge »Genossin Ulbricht liebt dieses Buch«.

Hast du trotzdem beim Schreiben manchmal gedacht: Das muß ich anders formulieren, damit es mir nicht gestrichen wird?

Nein, da war ich ganz unbefangen. Ich saß in einer Loggia in Weißensee, im Winter mit Heizlüfter, hatte ein Tischlein mit Schreibmaschine und meinen Sessel, mehr ging da nicht rein, und ich fand alles gut, was ich zu Papier brachte. Immer, wenn ich einen Abschnitt fertig hatte, bin ich zu den Schlenstedts gefahren, habe ihn Silvia und Dieter vorgelesen, und wir haben uns darüber unterhalten. Wenn sie Bedenken hatten, habe ich erklärt, warum ich das so formuliert habe und fertig.

Du warst noch kein gebranntes Kind, hattest noch nicht erlebt, was einem Autor geschieht, der mißfällt.

Darüber habe ich überhaupt nicht nachgedacht. Ich hatte ja auch das allerbeste Gewissen der Welt. Ich weiß noch, mit welchem Händereiben ich den Schlußsatz begleitet habe: »... hier wird schon noch geredet werden.«

III.

»Sie sehen einen, der getan hat, was er mußte, der gegeben hat, was ihm abverlangt wurde, der anders geworden ist, als er war, und blieb, was er gewesen ist, der Versprochenes gehalten und mit Vergangenem gebrochen hat, der zu ihnen fand und zu sich, der einstecken und austeilen konnte …; sie sehen einen mit Kreuz, der oft ein Kreuz gewesen und den Feinden eins geblieben ist, einen Getreuen, der geschwankt hat wie ein Baum und steht wie ein Baum; sie sehen einen jungen Mann, der ein langes Leben hinter sich und ein langes Leben vor sich hat. Sie sehen ein Bild von einem Kader.«
Hermann Kant: »Das Impressum«

Quälst du dich beim Schreiben? Manche Autoren sagen ja, daß es für sie Galeerenarbeit sei …

Es ist so: Ehe ich eine Geschichte beginne, suche ich manchmal ewig und drei Tage nach dem »Henkel«, an dem ich die Sache anfassen kann. Dies ist zunächst die Hauptarbeit. Was dann kommt, ist schon fast reiner Lustgewinn. »Ich will aber nicht Minister werden« – als ich den ersten Satz für den Roman »Das Impressum« gefunden hatte, wußte ich: Die Sache läuft.

Treibt dich diese vorbereitende Suche um, so daß du vor lauter Unruhe nichts anderes tun kannst? Oder ist das eher eine Arbeit im Hinterkopf?

Es arbeitet wahrscheinlich im Hintergrund, während ich meinem normalen Tagesablauf nachgehe. Plötzlich merke ich: Ich bin nahe dran. Ich schalte den Computer ein. Doch dann sitze ich mitunter ein, zwei Stunden und probiere im Kopf bestimmte Sätze. Ich schreibe ja nie probehalber etwas auf, sondern erst, wenn ich meine: So muß es sein.

Im Roman »Die Aula« schien mir beim Lesen, als ob du mehrmals neu angesetzt hättest.

Kein Wunder. Ich habe den Roman vom 13. August 1962 bis zum 14. Juni 1965 geschrieben. Dazwischen war ich vier Monate im Krankenhaus und sicher x-mal für irgendwelche Reportagen unterwegs. Daß es dann doch ein relativ dickes Buch geworden ist, liegt daran, daß ich ziemlich unbekümmert auf die Maschine eingedroschen habe. Drei Seiten waren das tägliche Mindestpensum. Ich habe mich auch nicht weiter gewundert, wenn es zehn wurden. Natürlich habe ich jeden Satz bedacht, aber oft nur in einer Hundertstelsekunde.

Wahrscheinlich, weil du dich beim Schreiben auf einer bestimmten sprachlichen Ebene bewegst, wo sich intuitiv ein Wort aus dem anderen ergibt.

Man hat einen Ton angeschlagen, so nenne ich das für mich, und man hat eine Geschichte zu erzählen. Über manches denkt man nicht nach. Zum Beispiel weiß ich bis heute nicht, wie Robert Iswall aussieht.

Wenn du eine Figur gestaltest, hast du keine bildliche Vorstellung, nur eine charakterliche?

So ist es. Wer etwas von mir verfilmen wollte, war gut dran, weil es außer der Mitteilung, daß jemand groß oder klein war, kaum etwas zu beachten gab.

Du hast eben den berühmten ersten Satz von »Das Impressum« zitiert: »Ich will aber nicht Minister werden!« Führt uns denn

David Groth nicht vor, daß er durchaus das Zeug zum Minister hätte, daß man ihn nur noch zu überreden braucht?

Da ist was dran. Es hieß ja damals, die Literatur solle sich den Lenkern und Leitern widmen, den Leuten, die alles in Schwung halten. Benito Wogatzki hat entsprechende Texte geschrieben. Aber mich hat das genervt. Andererseits war ich natürlich der Meinung, daß an wichtige Punkte der Gesellschaft tüchtige Leute gehören. Der Bildredakteur Gabelbach im Roman »Das Impressum« – solch eine Gestalt war ein Novum für unsere damalige Literatur – ist ein genialer Fachmann auf seinem Gebiet, belesen, witzig auf seine bissige Weise, und er ist katholisch, was manchen Leuten allein schon verdächtig war. Zudem ist er mit einem tiefen Makel aus der Nazizeit behaftet. Aber solche schöpferischen Leute, mögen sie auch schwierig sein, wurden doch gerade gebraucht.

Von David Groth, Chefredakteur und Hauptgestalt des Romans, wird gesagt: »Waren Revolutionen die Lokomotiven der Weltgeschichte, so war David Groth der Weichensteller historischer Läufte – so oder so ähnlich sah es David Groth.« Das hat einen ironischen Unterton. Aber diese Ansicht ist dir doch auch selbst nicht ganz fremd gewesen, oder?

Wenn du dich nicht für einen Weichensteller oder Lokomotivführer hältst, kannst du es gleich lassen. Dann kannst du nur noch Bremser beim Rangieren sein.

Hast du damals mit dem Gedanken gespielt, in eine genügend hohe Position zu kommen, um wirklich etwas bewegen zu können?

Indem ich Präsident des Schriftstellerverbands wurde.

Das hast du geplant?

Als der Posten vakant wurde, ja. Ich wollte es, weil ich wußte: Wenn du es bist, kannst du dies und jenes machen. Und wenn du es nicht bist, mußt du vieles mit dir machen lassen. Da war mir das Selber-Machen schon lieber. Aber, wenn du darauf anspielst: Minister werden wollte ich wirklich nicht. Ich hielt nicht viel von Ministern. Was sie genau trieben, war mir sowieso nicht klar. Als ich »Das Impressum« plante, habe ich mich bei Klaus Gysi angemeldet, um zu erfahren, wie der Tagesablauf eines Kulturministers aussieht. Obwohl er mich kannte – er war ja mein erster Verleger gewesen –, verunsicherte ihn mein Ansinnen dermaßen, daß er mich im Beisein von Staatssekretär Horst Brasch empfing, dem Vater des Schauspielers Klaus und des Dichters Thomas Brasch. Als ob ich von ihm die Enthüllung eines Staatsgeheimnisses verlangen würde. Was könntest du denn jetzt noch werden, fragte ich. Da hat er irritiert seinen Staatssekretär angesehen und gesagt: Na ja, vielleicht ZK-Mitglied. So habe ich auf weiteres Nachbohren verzichtet. Ich wollte ja keine Minister beschimpfen. Ich wollte nur keiner sein. Das habe ich im Klappentext zur westdeutschen Ausgabe auf die Formel gebracht: Dieser Roman ist insofern nicht autobiografisch, als der Autor nie Minister werden sollte, und insofern autobiografisch, als er auch nie Minister werden wollte. Das war nicht als Angriff auf führende Persönlichkeiten gemeint, doch es wurde dann leider so verstanden.

Wann hast du »Das Impressum« zu schreiben begonnen?

Am 9. Januar 1967.

Also relativ bald nach dem Erscheinen der »Aula« im Dezember '65.

Bicht so bald. Ein gutes Jahr war vergangen Aber 1966 war die Stimmung in der DDR schon recht mies. Wobei ich nicht zu den Leuten gehöre – das möchte ich hier klarstellen –, die der DDR im nachhinein am Zeuge flicken wollen.

Für mich ist wichtig, daß man es durchdenkt, begreift.

Du weißt aber erstens, daß es Zeitgenossen gibt, die sich jeder Situation anpassen, nicht nur in ihren Äußerungen, sogar in ihrem Denken. Sie verhalten sich so, wie sie glauben, daß es momentan für sie günstig ist, und wollen schon nicht mehr wahrhaben, wie sie früher gelebt haben. Und dann gibt es im Westen immer noch Leute, die meinen, am allerbesten zu wissen, wie es in der DDR gewesen ist. So wie die Frau eines bekannten Mannes, der ich mal einen recht schönen Blumenstrauß von einer Neustrelitzer Gärtnerin mitgebracht habe, und die gar nicht darüber hinweg kam, daß man so was im Osten auch macht.

Ich aber merke immer wieder, daß ich vieles aus der Geschichte der DDR erst im nachhinein ergründen kann, entweder, weil ich zu dem Zeitpunkt noch zu jung war oder weil Schule und Universität als Filter wirkten. Und so mag es manchem gehen. Zum Beispiel, was Querelen in den 60er Jahren betrifft: 1965, im Erscheinungsjahr der »Aula«, fand das 11. Plenum des ZK der SED statt, auf dem Künstler namentlich gemaßregelt wurden. Wie hast du das damals erlebt und wie denkst du heute darüber?

Ich habe mich damals, wie später auch, in Ironie gerettet und war mir mit Freunden einig, daß es so doch wohl nicht geht. Ich war dabei, als Erich Honecker seine Rede hielt; wir von den Künstlerverbänden waren dazu eingeladen. Das Präsidium saß schon, als Honecker hereinkam, beide Hände in je einer Gesäßtasche seines fabelhaften Anzugs. Ich habe, glaube ich, im »Abspann« geschrieben, daß er den Eindruck eines jungen Mannes machte, der gerade von einem schönen Weibe kam.

Zufrieden mit seinem schlauen Schachzug, aus dem Plenum, das ursprünglich ökonomischen Reformen gewidmet sein sollte, eine Abrechnung mit den Künstlern zu machen?

Uns war klar: Man will uns die Instrumente zeigen. In der Pause bin ich zu Hermann Axen, den ich gut kannte, und zu

Kurt Hager gegangen. Ehe ich den Mund auftun konnte, stellten sich mir Gerhard Grüneberg, verantwortlich für Landwirtschaft im Politbüro, und der Leipziger Politbüromann Paul Fröhlich in den Weg. Ich sagte, ich hätte den Film »Das Kaninchen bin ich« gesehen und fände, daß die kritische Bewertung so nicht zutrifft. Woraufhin mich die beiden an je einem Kragenstück packten. Und Grüneberg ganz aufgeregt: Wenn ihr nicht so schreibt, wie wir wollen, suchen wir uns welche, die es tun. Da sind Axen und Hager aufmerksam geworden, und Axen rief: Laßt den, das ist ein Guter! Die haben sich doch tatsächlich wie an vorderster Front des Klassenkampfes gefühlt. Lächerlich. Und dann gab es die Szene, als Siegfried Wagner, Abteilungsleiter Kultur im ZK, ein massiger Mann, über die Filme herzog. Plötzlich stand hinten Annelie Thorndike auf und schrie: Er lügt, er lügt! Das war furchtbar. Eine idiotische Veranstaltung, die ich vielleicht in dem Moment nicht ernst genug genommen habe.

Wahrscheinlich hat man erst später gesehen, daß mit dem 11. Plenum eine Phase der Liberalisierung in der DDR beendet wurde und daß die Kunst bloß die Trompete war, in die man blies, um ein viel weiter tönendes Signal zu geben?

Ich hätte das Wort »liberal« nicht gebraucht, aber es hat zu Beginn der 60er Jahre durchaus das Gefühl gegeben, daß man jetzt viel schöpferischer etwas Eigenes in der DDR anpacken könnte, weil das Argument der offenen Grenze vom Tisch war. Denk nur an die Zeitschrift Forum. Wir fühlten uns ermuntert, und genau das hat die Obrigkeit alarmiert. Das 11. Plenum markierte die Wendung zu einem strammeren Kurs.

Wobei der Durchschnittsbürger wahrscheinlich schwer unterscheiden konnte, was wirklich Aufbruchsstimmung war und was hohles Gerede. Das Jugendkommuniqué 1963 fiel in meine Schulzeit. »Der Jugend Vertrauen und Verantwortung« klang zwar gut, aber von den Erwachsenen wurde es doch letztlich im Sinne von Erziehung interpretiert. Steckte darin wirklich der Gedanke, Machtpositionen an jüngere Leute abzugeben?

Ja, selbstverständlich. Für längere Zeit Herrschende ist die Formulierung »Der Jugend Verantwortung« ein gefährliches Signal. Deshalb wurde »Verantwortung« auch schnell umgedeutet in Disziplinierung.

Gab es Fakten, auf die sich der Argwohn gründete? Drängten konkrete »Hausherren von morgen« in Führungspositionen?

Die hätten sich aber klar sein müssen, daß sie von vornherein viel kritischer beurteilt worden wären. So ist es später auch Egon Krenz ergangen. Jüngere Kader mochten gut ausgebildet sein, verfügten aber nicht über das Guthaben der älteren Generation, die antifaschistischen Widerstand und Knast hinter sich hatte und der man deshalb manche Beschränktheit nachsah.

Aber erstmal ging es wohl um die Ablösung von Ulbricht durch Honecker, der sich dafür des Beistands der sowjetischen Führung versicherte. Es heißt, daß einige Kaderentscheidungen – die Absetzung von Kurt Turba als Leiter der Jugendkommission und von Hans Bentzien als Kulturminister zum Beispiel – nicht ohne sowjetische Einmischung zustande kamen. Ist das 11. Plenum mit dem Ende der Tauwetterperiode in der UdSSR und der Machtübernahme durch Leonid Breshnew im Zusammenhang zu sehen?

Das kann man heute vielleicht so deuten, aber damals habe ich eine solche Verbindung nicht hergestellt. Von Breshnew in seiner Anfangszeit hatte ich sogar einen guten Eindruck, weil ich einmal eine Rede von ihm über Abrüstung gehört hatte. Inzwischen weiß ich: Mit der gleichen großen Geste haben sie sich die neuesten Bomben erklären lassen. Diese doppelgleisige Politik hat mich zunehmend genervt. Wie Erich Honecker später zum Beispiel vor meinen Augen das Modell einer Selbstfahrlafette mit Rakete tätschelte und stolz verkündete: Die reicht über den Rhein. Daraufhin habe ich impulsiv gesagt: Dann reicht sie ja auch ins Saarland. Und bin über mich selbst erschrocken. Er hat mich angesehen, als ob ihm das vorher nie in den Sinn gekommen sei. Beim nächsten Mal war die Rakete nicht mehr da. Jedenfalls konnte ich ihm gegenübertreten, wie es bei Ulbricht unmöglich gewesen wäre

Weil du inzwischen schon in einer anderen Position warst?

Seine Frau Margot hatte ihm gesagt: Den »Aufenthalt« mußt du lesen, da hat der arme Kerl das Buch mit in den Urlaub genommen.

Wieso »der arme Kerl«?

War doch nicht sein Gewerbe, Bücher zu lesen. Na ja, er hat sich bedankt. Darüber müssen wir uns nichts vormachen: Wenn du Bücher schreibst und die sind halbwegs erfolgreich, hat das schon Folgen. Wenn sie aber sehr erfolgreich sind und wenn du dich aus einem unbekannten in einen bekannten Schriftsteller verwandelst, kriegst du auch das nötige Selbstbewußtsein.

Zurück zur Bestimmerrolle der Sowjetunion ...

Die war sicher in manchem verhängnisvoll. Aber daß die DDR nur mit der Sowjetunion im Rücken existieren konnte, ist gar keine Frage. Es läßt sich nicht generell sagen, daß von dort der Dogmatismus kam, bei uns dagegen herrschte Meinungsfreiheit. In der SU wurden viele Probleme offener zur Sprache gebracht, und es erschienen Bücher aus dem Westen, die bei uns nicht erhältlich waren. Manchmal war es auch umgekehrt. Du kannst kein Schema daraus machen. Es hing immer auch von Personen ab. Als »Das Impressum« unveröffentlicht im Keller lag, hat mich der damalige Botschaftsrat für Kultur und Presse, für mich das Beispiel eines tüchtigen KGB-Manns, nach Wünsdorf zur Lesung eingeladen. Gib uns das Buch, wir drucken das, hat er gesagt, und nachher setzen wir dich in einen Schützenpanzer. War natürlich nur Spaß.

Lustige Vorstellung immerhin. Kannst du eigentlich gut Russisch?

Ein bißchen, mehr nicht. Wahrscheinlich, weil ich in der Gefangenschaft ganz gut polnisch sprechen gelernt habe. Mit einer ähnlichen Sprache kommt man dann nicht so gut zurecht. Aber davon abgesehen: Ich war selbstverständlich auf der Seite der Sowjetunion in allen Grundpositionen. Daß die Deutschen gegenüber Russen und anderen Völkerschaften in einem Schuldverhältnis stehen, darüber war ich mir absolut im klaren. Aber ich habe daraus keinen Kult gemacht. Ich habe vieles mit Abstand gesehen und mich doch persönlich einer ganzen Reihe von Menschen verbunden gefühlt. Verbunden war ich der Germanistin Jewgenia Kazewa, wie meine Freunde überhaupt oft unter jüdischen Intellektuellen zu finden waren. Ich sehe mich noch auf einem dieser Schriftstellerkongresse, wie ich mich vom Bankett des Präsidiums davongemacht habe. In Jewgenias Wohnung saß schon eine ganze Gruppe zusammen. Mit Daniil Granin bin ich gut zurechtgekommen, mit Tschingis Aitmatow, mit Konstantin Simonow sowieso, der hat immerhin das Vorwort zur russischen Ausgabe von »Der Aufenthalt« geschrieben. Das Verbandsoffizielle hingegen ist mir ziemlich auf die Nerven gegangen. Es war ja immer das erste, daß ungeheuer getafelt und getrunken wurde. Ach was, es ist ganz normal, daß du mit einzelnen Leuten gut zurechtkommst und mit anderen nicht.

Manchmal wird man heute gefragt: Wie konnten Sie bei denen mitmachen als intelligenter Mensch? Worauf ich die Gegenfrage stelle: Ach, dachten Sie, Sozialismus ist was für die Doofen? Und ebenso wird man gefragt: Wie konnte die DDR sich dieser rigorosen Sowjetpolitik anpassen? Aber die DDR ist doch hinter dem breiten Rücken der SU entstanden, und wir haben das genutzt, das Unsrige zu machen.

Zurück zum Roman »Das Impressum«. Der sollte 1969 erscheinen, kam aber erst 1972 heraus.

So lange lagen die fertigen Druckbögen im Keller. Das Buch war als Beitrag des Aufbau-Verlags zum 20. Jahrestag der DDR vorgesehen. Doch von einem Tag auf den anderen tauchte es nicht mehr in den Anzeigen auf, der Vorabdruck in der Zeitschrift Forum wurde gestoppt. Bestürzend war für mich, als ich nach Ilmenau zu einer Lesung fuhr und ein leeres Haus vorfand. Durch Zufall erfuhr ich, daß Kulturminister Klaus Gysi am Tag zuvor empfohlen hatte, die Veranstaltung ausfallen zu lassen. Mir wurde klar: Da rollt was auf dich zu. Nun war ich zu der Zeit ziemlich glücklich mit Vera Oelschlegel zusammen, wir haben alles verlacht und fühlten uns wahrscheinlich sogar ein bißchen abenteuerlich dabei. Aber es hat sich doch als grimmige Wirklichkeit herausgestellt.

Warst du vor allem erschrocken, oder hattest du richtige Wut?

Es war seltsam. Ich hatte doch kein abgefeimtes Ding gedreht, sondern ich war ein überzeugter DDR-Bürger, der meinte, durch kritische Einwürfe die Sache voran zu bringen. Nie habe ich beim Schreiben gedacht: Damit kannst du was verdienen. Ich habe »Das Impressum« mit der Haltung eines Beteiligten geschrieben, der nun plötzlich gesagt bekam, er sei ein böser Beteiligter. Aber in so eine Rolle wollte ich mich nicht schieben lassen. Laß dich nicht rausdrängen, habe ich mir gesagt. In dieser Zeit wurde ich zum Vizepräsidenten des Schriftstellerverbandes gewählt.

Wie paßt das zusammen? Ein frisch Verfemter wird Vizepräsident?

Das paßte hervorragend zusammen. Die Oberen wußten genau, daß sie ein Schurkenstück drehten, und wollten gerne den Schein wahren. Am liebsten wäre ihnen gewesen, wenn kein Mucks an die Öffentlichkeit gelangt wäre, daß es je so etwas wie »Das Impressum« gab. Ich habe mir später auch vorgeworfen, daß ich gewissermaßen an dieser Maskerade teilgenommen habe. Ich war ein guter Parteisekretär, und ich war ein guter Schriftstellerverbands-Vizepräsident. Ich fuhr zu einer Lesereise nach Bonn und habe dann aus Stockholm eine gute parteiliche Reportage mitgebracht.

Lesereise nach Bonn?

Das war alles wahnsinnig verrückt. Der Aufbau-Verlag hatte die Lizenz für den Roman bereits an Luchterhand verkauft. Das heißt, die Lesetermine waren lange vorher ausgemacht. Ich fragte: Was soll ich denn aus einem Manuskript vorlesen, von dem ich weiß, daß ihr es nicht als Buch sehen wollt? Und es gehört zu den Vorwürfen, die ich mir mache und auch nicht ganz mache, wie ich auf die Fragen, die dann im Westen kamen, reagiert habe. Schlecht wäre es um ein Buch bestellt, habe ich geantwortet, um das es keine Diskussionen gäbe. Mit solcherlei rabulistischen Tricks habe ich mir über peinliche Situationen hinweggeholfen. Aber das war schon alles ziemlich schlimm für mich.

In »Abspann« hast du geschrieben, daß Bruno Haid, der damals als stellvertretender Minister für Kultur für das Verlagswesen zuständig war, das Buch antisemitisch, philosemitisch und pornografisch nannte. Das ist doch schon in sich widersinnig: Wie kann etwas antisemitisch sein, das gleichzeitig philosemitisch ist?

Habe ich auch gefragt. Antisemitisch sei, hat er gesagt, wie im Roman ein jüdischer Warenhausbesitzer in Ratzeburg mit Nachtgeschirren aus seinem eigenen Geschäft zu Tode gesteinigt wird von SA-Leuten, die dabei schlimmste Parolen von sich geben. Philosemitisch sei, daß die drei Leute, die im Buch durch die Nazis umgebracht werden, alle Juden sind. Es sei mir wohl nicht klar, daß auch viele Nicht-Juden ermordet wurden. Und das Pornografische wurde damit erklärt, daß David Groth während des Jugendtreffens in Berlin ein Liedchen singt, wenn er sich den Büschen am Bahnhof Friedrichstraße nähert, um die dort »beschäftigten« Jugendfreunde von seinem Kommen zu unterrichten. Da kam mich schon ein höllisches Gelächter an. Bruno Haid aber sagte: Du brauchst dich überhaupt nicht um Argumente zu bemühen. Wenn dir diese Beispiele nicht genügen, stehen mir genügend andere zur Verfügung. Da war klar: Die Begründungen waren vorsätzlich so brutal idiotisch. Vielleicht, weil er hilflos war, bloß einen Auftrag ausführte. Vielleicht sollte ich das ja sogar merken. Aber ich habe einmal mehr gewußt, was Stalinismus ist.

Kriegt man nicht die kalte Wut, wenn man so hilflos ist?

Sicher. Aber ich habe mir gesagt: deine Überzeugung, daß Sozialismus sein muß, hat doch nichts damit zu tun, wie diese Idioten auf dein Buch reagieren. Allerdings, es war schon schlimm. Zum Beispiel, als mir Kurt Hager vor versammelter Mannschaft – Fritz-Georg Voigt als Leiter des Aufbau-Verlags, Günter Caspar als Leiter des Lektorats, Gerhard Henniger als 1. Sekretär des Schriftstellerverbandes und allen möglichen Leuten noch – vorwarf, ich hätte dem Luchterhand-Verlag das Manuskript gegeben. So steht es auch in irgendwelchen Stasi-Papieren: Kant hätte versucht, durch eine Veröffentlichung im Westen die Partei zu erpressen. Völliger Quatsch! Um so was habe ich mich nie gekümmert. Ich habe gesagt: Ich schreibe jetzt ein Buch, ihr könnt euch drauf einrichten. Ich habe keinen Vertrag mit irgendwelchen Vorleistungen geschlossen, sondern bin eines Tages im Verlag erschienen mit einem fertigen Manuskript und war froh, wenn man mir ein Ankaufshonorar zahlte. Alles andere habe ich dem Verlag überlassen. Dafür, dachte ich, kriegen die dort ihr Geld, daß sie mit Lizenzausgaben und so was wirtschaften. Aber Hager tat so, als hätte ich hinter dem Rücken aller ein unheimliches Ding gedreht. Und niemand, der das richtigstellte. Was sagst du denn dazu, Genosse Voigt, als Verlagsleiter?, fragte Hager. Da wandte Voigt sich zu mir und sagte: Du, ich wollte dich überhaupt mal fragen, wieso soll der Groth denn eigentlich Minister werden? So wand er sich heraus. Eine Scheißsituation. Aber das konnte doch nichts daran ändern, daß ich eine andere Gesellschaft wollte als die alte. Es hat mich beschädigt, aber nicht verändert.

Wenn Haid und Hager nur Ausführende waren, muß die Ablehnung des Buches doch von weiter oben gekommen sein. Von Ulbricht?

Das ist mir nach wie vor nicht klar. Manche sagen, daß es auch mit dem Interview zusammenhing, das ich in der BRD dem sozialdemokratischen Vorwärts gegeben habe. Als ich den Text autorisierte, war mir natürlich ein bißchen blümerant. Und ich dachte: Kriegste Ärger. Aber das gehörte für mich dazu.

Was hast du in dem Interview denn so Brisantes gesagt?

Wer das Interview heute liest, kann sich kaum vorstellen, was daran brisant gewesen sein soll. Es ging um meine Antwort auf die Frage: Sind Sie der Meinung, daß die DDR und die Bundesrepublik in Verhandlungen eintreten sollten? Ich sagte: Ich verstehe die Forderung nach Anerkennung der DDR absolut. Aber selbstverständlich muß man, ehe man sich über etwas einigt, verhandeln. Ulbricht dagegen hatte entschieden: Es wird nicht verhandelt, ehe die uns nicht anerkannt haben. Das war alles. Aber damit war ich, wie Klaus Gysi es ausdrückte, auf die Brandt-Linie übergelaufen.
Ulbricht, so hat mir dann mal jemand gesagt, soll dieses Interview mit dem Hinweis kommentiert haben: Maßnahmen ergreifen, aber keine administrativen. Allerdings, was da im einzelnen gelaufen ist, weiß ich nicht. Es wurden ja keine Erklärungen abgegeben. Wobei die »Impressum«-Geschichte doch zu Protokoll gegangen sein dürfte. Und das ist einer der Gründe, weshalb ich diese ganzen Stasi-Enthüllungen nicht ernst nehmen kann. Als Karl Corino für sein Buch »Die Akte Kant« recherchierte, hätte er diesbezüglich fündig werden müssen.

Hast du selbst in deine MfS-Akten geschaut?

Nie. Lediglich durch Zufälle habe ich bestimmte Schriftstücke in die Hand gekriegt, wie das entscheidende Gutachten, das die persönliche Referentin von Kurt Hager verfaßt hat. Das war natürlich bloß ein Echo vorheriger Einschätzungen. In aller Kürze wurde eine Beschuldigung erhoben, die früher ausreichend gewesen wäre, um mich einzusperren: Daß ich mit demagogischen Mitteln versuchen würde, der Jugend der DDR und den Lesern überhaupt ein Bild vom Leben in der DDR vorzustellen, das nur auf böseste Absichten zurückgeführt werden kann. Na ja.

Ich habe Bruno Haid später mal wieder gesehen, und er kam sofort ins Reden, wie wir zusammen Karl May in der DDR durchgesetzt hätten. Den Anstoß für die Karl-May-Renaissance hat ja eine Szene aus der »Aula« gegeben. Von Haid habe ich nichts gemerkt.

Und Kurt Hager? Glaubte er selber, was er sagte?

Er gehörte wahrscheinlich zu den Leuten, die sich das im Augenblick vormachen konnten. Sonst hätte er ein genialer Schauspieler sein müssen. Er war immer überzeugend, zumal er, wenn ihm etwas sehr unangenehm war, ganz schnell ins Schwitzen geriet. So blöd sich das anhört: Er ist mir nie unsympathisch gewesen. Hager hat auf mich nie den Eindruck eines verknöcherten Mannes gemacht, er hat mir immer das Rätsel aufgegeben, warum er sich so verhält. Ich hatte manchmal Wut auf ihn und habe ihn verachtet, aber nur punktuell. Während der Sitzung der Kulturkommission beim Politbüro zur Vorbereitung der Kulturkonferenz der FDJ 1982 habe ich ihn allerdings wirklich gehaßt. Als Hartmut König im Namen des Zentralrats diese haarsträubende These vortrug, die Kunst habe der Ideologie des Marxismus-Leninismus zu dienen, hat keiner widersprochen, nur ich. Nicht mal Karl-Heinz Schulmeister, der Bundessekretär des Kulturbundes, der mir gegenübersaß, ist mir beigesprungen. Und Hager hat mich abgekanzelt wie einen blöden Überläufer. Gewiß trug das dazu bei, daß ich beim Schwimmen im See einen Herzanfall bekommen habe und abgesoffen wäre, wenn nicht ein Boot in der Nähe gewesen wäre.

Trotzdem, absolut unbegreiflich, wie so ein Roman ein solches Ärgernis erregen konnte …

Es ist nur für uns heute nicht mehr begreiflich, aber in der Zeit, als die Leiter und Planer gefragt waren, zu sagen: Ich will kein Leiter und kein Planer sein, das war ein Angriff auf die führende Rolle der Partei. »Das Impressum« mag nicht mein bester Roman sein. Aber er ist klarer Ausdruck meines Unbehagens an der damaligen Situation. Das merkt man an vielen Einzelheiten.

David Groth war Chefredakteur, also doch schon Leiter und Planer.

Um so schlimmer, daß er bekundet, nicht weiter aufsteigen zu wollen. Wie gesagt, man versteht heute manches nicht mehr. Ich habe immer mal meine Witze gerissen über jemanden wie Willi Lewin. Der war jahrelang der zuständige Mappenträger von der Kulturabteilung des ZK in den Verband. Dieser Mann hat tatsächlich zu mir gesagt, er habe die Partei vor einem Riesenschaden bewahrt, indem er sein Manuskript verbrannte. Er hatte eine Autobiografie verfaßt und beim nochmaligen Durchlesen, bevor er sie abgeben wollte, mit Entsetzen festgestellt, daß da schlimme Sachen drinstehen. Also hat er sie verbrannt ... Solche Idioten gab es wirklich. Und zwar nicht wenige. Dann gab es noch die vielen Schlaumeier, die sich diese Idioten zunutze machten. Und über ihnen standen andere, die sich am grünen Tisch ausdachten, wie Kunst und Literatur verfertigt werden sollten, unter dem Motto: Also bei Engels steht diese Sache mit dem Typischen, das ist schon mal gut. Das ging zu Teilen wirklich so primitiv vor sich, wie wir es uns heute kaum vorstellen können. Denn sonst müßten wir uns selber auslachen, weil wir uns das haben gefallen lassen.
Als Angriff wurde allein schon die grundsätzliche Haltung empfunden, daß ein Schriftsteller zu verschiedenen Fragen der Gesellschaft seine Meinung sagt. Ich hielt das für normal, aber im Partei- und Staatsapparat war eine ganz andere Ansicht gang und gäbe. Dieter Schlenstedt hat es im Nachwort zur Neuausgabe des »Impressums« bei Faber & Faber deutlich ausgedrückt: die Autoren als Rädchen und Schräubchen einer ideologischen Maschinerie zu behandeln, deren Lenkräder und Stellschrauben andere drehten.

Der Roman ist im zeitlichen Kontext zu weiteren wichtigen Werken der DDR-Literatur entstanden. Ich denke an Günter de Bruyns Buch »Buridans Esel« oder Christa Wolfs »Nachdenken über Christa T« oder Alfred Wellms »Pause für Wanzka«. Diese Autoren hatten ebenso wie du eine eingreifende, kritische Literatur im Sinn.

Aber das verstärkte den Argwohn doch nur. Man muß sich heute vor Augen halten, daß sich die DDR-Führung die ganze Zeit unter Druck empfand. Der Westen lehnte diesen Staat ab, auch wenn er sich zeitweise auf diplomatischen Umgang mit ihm einließ, und die Sowjetunion wollte eigentlich immer nur eine nach ihrem Bilde gemodelte DDR. In dieser Lage strebte man wenigstens nach Ruhe im Innern und glaubte, sich mit Hilfe von Dogmen abzusichern.

Die Führung im Dauerstreß. Es hieß eigentlich immer, man sei gerade in einer ganz besonders angespannten Situation. Wobei die gewaltsame Beendigung des Prager Frühlings 1968 tatsächlich eine Zuspitzung war.

Selbstverständlich hat das eine Rolle gespielt. Wir hatten im Dezember 1964, also im Vorfeld des Prager Frühlings, eine Konferenz in der Berliner Kongreßhalle. Da war aus der ČSSR Eduard Goldstücker angereist, von unserer Seite sprach Stefan Heym. Goldstücker hat versucht, ruhig und sachlich zu informieren. Heym ging da viel aggressiver ran. Es war eine ziemlich explosive Situation. Ich wußte genau, daß alle Welt die Vorgänge in Prag mit Spannung verfolgte und daß diese Schriftstellerkonferenz unter argwöhnischer Beobachtung stand. Da habe ich eine kleine, aber feine Rede gehalten über einen Apparat, den ich vor kurzem in einem Hamburger Warenhaus gesehen hatte. Er sah aus wie eine Waage. »Gesund durch Vibration« stand dran. Man steckte eine Mark rein und wurde eine Weile durchgerüttelt, was einem irgendwie gut tun sollte. Uns kann nicht schaden, sagte ich, wenn wir genau erfahren, was unsere Genossen woanders tun: »Gesund durch Vibration.« Kurz darauf erschienen zwei hochgestellte Sowjetdiplomaten beim Verband mit der Anfrage seitens der sowjetischen Botschaft, wie das denn zu verstehen sei. Wir halten es für nötig, uns kundig zu machen, habe ich geantwortet. Ge-

sund bleiben, heißt auch, frei von Ansteckung zu sein. Das hat sie offenbar befriedigt.
Nein, du mußtest immer in Betracht ziehen, daß es bei den Mächtigen in der DDR ein Gefühl der Bedrohung gab. Nicht erst 1968. Der 17. Juni 1953, die Aufstände in Ungarn und Polen 1956 – das alles steckte ihnen in den Knochen.

Sie hatten schlichtweg Angst vor einem Umsturz. Wie siehst du das: Bot der Prager Frühling die Chance auf Reformen hin zu einem demokratischen Sozialismus? Oder war das Illusion, ging es dem sozialistischen Lager an die Existenz?

Aber selbstverständlich. Es wurde ja eine ideologische Barriere abgetragen. Was das bedeutet, haben wir beim Fall der Mauer in Berlin gesehen. Da war es nämlich mit der DDR vorbei. Natürlich war mir 1968 alles sympathisch, was der dogmatischen Haltung eines Alexander Abusch oder Hans Rodenberg entgegenstand. Aber ich wollte unsere Dogmatiker nicht gegen westliche Dogmatiker eintauschen. Leute, die sich nicht ganz von der Hitlerei gelöst hatten, sollten mir nicht sagen dürfen, wie ich zu leben hätte. Zugleich war offensichtlich: Wir machen tausend Fehler, und wenn wir davon 500 abschaffen, hätten wir uns um die Hälfte verbessert. Aber so einfach war das auch wieder nicht. Du konntest hier keine Glühbirne auswechseln, ohne daß dir jemand aus dem Westen zurief, doch lieber eine von Siemens zu nehmen. Das nervte. Und auch ich hatte den Wunsch, daß die aus dem Westen sich nicht dauernd reindrängeln sollten in unsere Gespräche.

Der Einmarsch in die ČSSR …

… war eine Katastrophe. Auch wenn wir entgegen allen Behauptungen nicht an ihm teilgenommen haben. Allerdings ohne ihn wäre schon viel früher alles erledigt gewesen.

Noch mal kurz zurück zum »Impressum«: Hast du es als normal empfunden, als man dir mit Änderungswünschen kam?

Das haben die meisten Autoren damals, glaube ich, im allgemeinen als normal empfunden. Daß die Politik auf das guckt, was veröffentlicht wird, konnte man ja sogar als Zeichen von Ernstgenommensein verstehen. Wenn es freilich konkret wurde, war es immer eine Frage der eigenen Entscheidung, inwieweit man solchem Ansinnen folgte oder nicht.

Hast du Änderungen, die von dir auf fremden Wunsch hin vorgenommen wurden, nach 1990 rückgängig gemacht?

Nein, es gibt nichts, was ich nach 1990 rückgängig gemacht hätte. Alles, was ich geändert habe, ist vorher passiert.

Es heißt, daß du heute überhaupt keine Lektorierung mehr zuläßt, daß du ein Manuskript abgibst und sagst: So wird es gedruckt oder gar nicht. Stimmt das?

Na, das ist übertrieben. Ich könnte dir eine ganze Reihe von Schriftstellern nennen, die jedes einzelne ihrer kostbaren Worte für unumstößlich halten. Bei mir ist es so, daß ich ein Manuskript nur abgebe, wenn ich seiner sicher bin. Und dann gibt es natürlich Rede und Widerrede. Was für die Lektorin anstrengend ist und für den Autor auch.

Du warst 1969 Vizepräsident des Schriftstellerverbandes, hattest eine Menge persönlicher Freunde, die nicht ohne Einfluß waren. Konnten sie, konnte der Verband dir in der »Impressum«-Sache nicht beistehen?

Ich weiß nicht, ob sie es konnten oder nicht, aber sie haben es nicht getan, und ich habe es nicht verlangt. Nein, ich fechte meine Sachen alleine aus, habe ich mir gesagt.

Und dein Freund Stephan Hermlin?

Der hätte sowieso lieber gesehen, daß ich etwas anderes schreibe: Hochliteratur. Doch ich ließ mich immer wieder auf Tagespolitik ein. Nein, ich habe niemanden damit behelligt. Ich bin doch nicht in die Partei gegangen, um meine Bücher leichter durchzubringen. Meine Zugehörigkeit zur Partei hatte andere Gründe. Umgekehrt habe ich mir natürlich die Schuhe abgewetzt in Angelegenheiten, die Stephan angingen. Aber entschuldige, das ist die Form von Überheblichkeit, zu der ich sehr fähig bin: Ich habe immer gewußt, daß ich mehr durchsetzen kann als andere. Also mußte ich diese Fähigkeit auch nutzen – und ich hatte ein Vergnügen daran.

Es war wahrscheinlich ein Trost für dich, daß dir auch während der »Impressum«-Querelen viele Betätigungsmöglichkeiten offen standen. Du konntest reisen. Ein Privileg.

Ich habe das nicht so sehr als Privileg empfunden. Ich bin schon zu Zeiten in den Westen gefahren, als man dort erst mal hochnotpeinlich vernommen wurde, wenn man über die Grenze kam. Als roter Agitator stand ich immer mit einem Bein in irgendeiner unangenehmen Situation. Später dann sagte ich mir: Meine Bücher sind in der BRD gedruckt worden. Wieso soll ich nicht öffentlich daraus lesen? Und wo immer ich war, ob in München oder Freiburg, ich bin über Hamburg zurückgefahren, um meine Mutter zu besuchen. Sei es für ein Stündchen, um mit ihr grüne Bohnen mit frischen Kartoffeln zu essen. Schlechtes Gewissen kam da nicht auf, höchstens, wenn ich mir irgendwas Feines gekauft hatte – eine Schallplatte oder so – und ich sah dem Grenzer an, die hätte er auch gern gehabt. Dann hat er mir leid getan, und ich habe mich geniert.

Aber man hätte dir doch ohne weiteres, von einem Tag auf den anderen, die Westreisen nicht mehr genehmigen können?

Das wäre doch zu ihrem eignen Schaden gewesen. Ich war ja ein Schandmaul erster Güte. Reich-Ranicki hat in seiner »Aula«-Besprechung geschrieben: »Dieses lustige Pferdchen vom traurigen Feuilleton des ND.«

Waffe im ideologischen Kampf warst du.

Ja, sicher doch.

Trotzdem, wie viele Leute wären auch gern gereist. Die waren politisch nicht so aktiv wie du, die wären einfach bloß durch die Kaufhäuser gezogen und hätten geschaut, was es da gibt.

Und hätten erklärt, sie kämen garantiert zurück.

Bist du davon ausgegangen, daß die Gewährung von Reisefreiheit die Existenz der DDR vernichtet hätte?

Ich hatte bei Debatten im Westen immer eine bestimmte Formel dafür: Ich bin für Verhältnisse in der DDR, die niemand, der in ihr wohnt, gegen andere tauschen möchte. Dagegen konnte keiner was sagen.

»Das Impressum« ist ja dann 1972 veröffentlicht worden, und 1973 hast du den Nationalpreis bekommen. Weil sich Erich Honecker, der die Macht von Ulbricht übernommen hatte, als Förderer der Künste darstellen wollte?

Mag sein, ich weiß es nicht. Auf welch seltsame Weise Entscheidungen gefällt wurden, habe ich immer wieder gesehen. Da erzähle ich dir eine Geschichte: Bevor ich den Nationalpreis bekam, waren Vorstandswahlen im Berliner Verband. Aus dem Saal wurden spontan die Namen Hermlin, Heym und Plenzdorf gerufen, die für den Vorstand nicht vorgesehen waren.

Was wäre passiert, wenn sie gewählt worden wären?

Das waren die drei wortmächtigsten und von der literarischen Statur her großartigsten Vertreter einer oppositionellen Haltung. Wenn ihre Wahl am nächsten Tag in der Berliner Zeitung gestanden hätte, wäre für ZK und Bezirksleitung klar gewesen: Nun herrscht die Konterrevolution im Schriftstellerverband. Und sie hätten mehr und mehr darauf gedrungen, ihn zu entmachten, was ja schon je der Ehrgeiz bestimmter

Leute war. Also bin ich aufgestanden und habe zu Gisela Steineckert, die den Vorsitz führte, gesagt: Kollegin Steineckert, wir haben von den anderen Kandidaten für den Vorstand gehört, daß ihr Einverständnis vorliegt. Ich bitte festzustellen – das gehört zum Wahl-Usus –, ob die jetzt genannten Kandidaten mit ihrer Aufstellung einverstanden sind. Und Gisela Steineckert, die mich wohl verstand, sagte mit freundlichem Gesicht: Da frage ich also mal Stephan Hermlin, ob er einverstanden ist. Daraufhin rief Karl Mundstock: Ist nach Hause gegangen. Da gab es schon ein gewisses Gelächter. Gisela sagte: Ja gut, wie ist das denn mit dem Kollegen Heym? Daraufhin schrie nun schon ein Chor: Ist nach Hause gegangen! So, ja dann frage ich noch Ulli Plenzdorf, und Plenzdorf stand in seiner unnachahmlichen Weise auf und sagte: Ja, unter diesen Umständen muß ich dann wohl annehmen. Später kam Konrad Naumann zu uns nach Hause, der 1. Sekretär der Bezirksleitung war und, wie ich später kapierte, eher Vera als mich besuchte. Er trank mehr als ein Bier und sagte zu mir: Ja, der Verlauf eurer Versammlung ist mir vorgelegt worden. Ich habe gleich dem Erich Bescheid gesagt, und infolgedessen wird bei der demnächst in der Zeitung stehenden Verleihung der Nationalpreise die Reihenfolge, die bisher galt, »Nationalpreis Erster Klasse Gisela May, Hermann Kant« geändert in »Hermann Kant, Gisela May«. Idiotisch. Du kannst nicht erwarten, daß ich das noch ernst nahm. Ich habe es zynisch eingestrichen.

Du hattest dich verändert seit den frühen 60er Jahren, als du »Die Aula« schriebst. Du warst nicht mehr der naiv-begeisterte junge Mann.

Das ist zwar richtig, aber nicht in der zeitlichen Bestimmung. »Die Aula« ist ja auch ein kritisches Buch. Die Haltung hatte ich damals schon: Ich mache hier auf diesem Posten mit, weil ich das für nützlich halte, bewahre mir aber eine ironische Distanz. Ich biedere mich niemandem an. Ich entscheide, mit wem ich umgehe. Ich konnte mir zwar nicht aussuchen, mit Hager zu tun zu haben, aber ich kam nicht auf die Idee, ihn mal zum Kaffee einzuladen oder mich bei ihm zu derlei anzusagen.

Es war die Lust am Streit und an der eigenen Geschicklichkeit.

Du kannst es ruhig Arroganz nennen. Neulich, zum Geburtstag, hat mir eine einstige Kommilitonin geschrieben, ich sei ihr 1956 im Germanistischen Institut auf der Treppe begegnet und hätte zu ihr gesagt: Ich werde Schriftsteller. Ich vermag mir das eigentlich nicht vorzustellen, andererseits kann ich es nicht ausschließen, daß ich – bei Mädchen hatte ich mitunter solche Ausnahmezustände – sowas Prahlerisches gesagt habe.

Du warst ehrgeizig?

Ja, aber sehr! Immer schon. Meine erste Lehrerin hat gesagt: Er ist nicht der intelligenteste, aber der ehrgeizigste in meiner Klasse. Hat die Frau tatsächlich gedacht, ein Sechsjähriger mache sich darüber nicht seine Gedanken?

IV.

»Tatsächlich habe ich manchmal Schwierigkeiten, mein Leben zu glauben. Schon deshalb ist mir das Schreiben nützlich. Ich taste mich zurück zu mir und berühre mich so, daß die Zweifel schwinden.«
Hermann Kant: »Abspann«

Jetzt nähern wir uns der Zeit, die ich selbst bewußt erlebt habe. Rückblickend erscheint DDR-Vergangenheit mitunter wie eine Asphaltstraße – mit Parkplätzen und Erklärungstafeln. Dabei ging es damals doch querfeldein.

Das ist generell die Schwierigkeit, mit Selbsterlebtem umzugehen, von dem man weiß: Es ist von geschichtlicher Relevanz. Die eigenen schlichten Erlebnisse zeigen sich nicht immer deckungsgleich mit dem, was in den Zeitungen stand und steht. Wenn man nur Gängiges wiederholt, läßt man weg, was ebenfalls zum Bild gehört. Wir haben ja schon über das 11. Plenum gesprochen. Es stimmt, daß ich Wut hatte, wie da verfahren worden ist. Aber es gab natürlich auch die Erleichterung, an dieser Sache gerade so vorbeigeschrammt zu sein. »Die Aula« hat danach sogar bei vielen für Aufatmen gesorgt. Als ob damit ein Signal zur Überwindung von Dogmatismus gesetzt worden sei. Aber natürlich habe ich, als ich das schrieb, nichts von diesem Plenum geahnt.

Das interessiert mich überhaupt an unserem Gespräch: Einerseits das Fazit, das man im nachhinein aus einer Abfolge von Ereignissen zieht, und andererseits das Zeitgefühl, das man hatte, als man mittendrin steckte. Wie war das für dich in den 70er Jahren?

Das kann ich nur in bezug auf meine Arbeit sagen. Einerseits bin ich ziemlich geduckt in dieses Jahrzehnt gegangen, weil ich durch »Das Impressum« begriffen habe, wie es ist, wenn einem die Obrigkeit die Instrumente zeigt. Andererseits ist mir daraus auch ein gewisser Trotz zugewachsen. Da war die 1971 in der Zeitschrift Sinn und Form gedruckte Erzählung, die 1975 den Titel für einen kleinen Band abgab, programmatisch: »Eine Übertretung«.

Um eine Frau ging es da, die im Niemandsland zwischen beiden deutschen Staaten plötzlich der Hilfe bedarf.

Es ging um Grenzen und war tatsächlich eine bewußte Übertretung dessen, was in der Öffentlichkeit gebräuchlich war. Der Text steckt voller damals aufmüpfiger Anmerkungen und Beobachtungen. So war meine Verfassung. Als »Das Impressum« endlich erschien, hatte ich nicht gleich begriffen, daß Honecker sich damit einen schmalen Fuß machen wollte. Allmählich habe ich einsehen müssen: Es diente seinem Entree. Nichts war ungeschehen gemacht. Ich hatte ein mißliebiges Interview im Westen gegeben und war dafür bestraft worden. Ich hatte erlebt, daß jemand, dem man eine Verfehlung anlastete, erledigt war, wenn er nicht aufpaßte. Und ich paßte fortan auf. Zum Schutz meiner Geschichten, wenn man so will. Wenn ich meine Parteiaufgaben erfüllte, was durchaus in meiner Überzeugung lag, entsprach ich auch einer Pflicht gegenüber meinen Texten. Manches hätten andere nicht durchgebracht. Bei mir nahm man es hin unter dem Motto: Er ist für uns wichtig ...

Du wolltest dich unangreifbar machen? Dem Kant sollte keiner in die Parade fahren können?

Natürlich. Wobei mir klar war, daß Kolleginnen und Kollegen das monieren würden: Wieso darf ich das nicht, wenn der Kant das darf?

Waren die 70er Jahre also alles in allem eine produktive Zeit?

Nicht zu vergessen das Private. Was ich heute über meine damals neue Ehe grimmig zu sagen und zu denken wüßte, ändert nichts daran, daß es mit Vera literarisch produktiv zuging. Wir haben einander bestärkt in dem, was wir als Kulturleute machten. Mir ist nie wieder zugehört worden wie in dieser Zeit. »Eine Übertretung« war das reine Jauchzen.

Weil du auf Privates zu sprechen kommst: Eine Vera kommt als Robert Iswalls Frau ja schon im Roman »Die Aula« vor.

Das hat damit nichts zu tun. Mit Vera Oelschlegel bin ich erst 1967 zusammengetroffen. Und sie hat sich während der Querelen um »Das Impressum« außerordentlich hilfreich verhalten. Ich weiß nicht, was ich ohne sie gemacht hätte.

Und nach der Trennung von Vera Oelschlegel hast du Marion, Musikwissenschaftlerin, Tochter von Ernst Hermann Meyer, kennengelernt, die später Marion Kant wurde.

Das war 1976 bei der Akademietagung in Dresden.

Auch sie hat dich durch schwierige Zeiten begleitet.

Schwierige Zeiten ganz anderer Art. Der Witz war, daß wir uns in vielen politischen Dingen gar nicht verstanden. Wir haben uns in dieser Hinsicht gekracht von Anbeginn. Was nichts daran änderte, daß wir uns sonst sehr mochten und zusammengehalten haben.

Gab es in den 70er Jahren auch Dinge, die du geschrieben und nicht veröffentlicht hast? Hast du »für die Schublade« gearbeitet?

Ich habe so gut wie nichts geschrieben, was nicht irgendwann veröffentlicht wurde. Natürlich gab es Dinge, die ich aus literarischen Gründen beiseite gelegt habe. Um ein Beispiel zu nennen: Die Konstellation meines späteren Romans »Okarina«, daß da drei Freunde sind, und einer von ihnen ist offensichtlich eine Sicherheitsnadel, hatte ich mir früher – viel schärfer – ausgedacht, weil ich mich mit Konrad Naumann auseinandersetzen wollte. Dann flog er aus seinem hohen Sessel, und ich fand es witzlos, einem Gestürzten hämisch nachzurufen. Ich habe den Text beiseite gelegt und später Teile davon in »Okarina« verwandt.

Weil wir gerade bei »Okarina« sind: Es sind doch in diesem Roman mindestens zwei Personen, die sich irgendwie in einem geheimdienstlichen Netz befinden.

Nun, es sollte zu merken sein, daß ich derlei Dinge in diesem Buch behandelt habe. Ich bin mit dem Text zufrieden, zufriedener als der Rest der Welt.

Man muß wahrscheinlich die DDR von innen heraus kennen, um die Stimmung im Roman zu verstehen.

Ja, wahrscheinlich. Ich behaupte, daß es kaum eine literarisch stimmigere Schilderung der sehr merkwürdigen Jahre zwischen Stalin und Breshnew gibt – soweit es die DDR betrifft – als in »Okarina«.

Da alle deine Büchern autobiografische Bezüge haben: Der Ich-Erzähler in »Okarina« geht noch im polnischen Lager eine geheime Verpflichtung ein – gegenüber Stalin persönlich, was natürlich eine Fiktion ist. Da stellt sich unwillkürlich die Frage, ob es bei dir eventuell frühe Kontakte zum sowjetischen Geheimdienst gab.

Nein. Einmal ist ein Mensch in die tua res-Redaktion gekommen, den konnte ich abwimmeln, indem ich ihn mit einem anderen zusammengeführt habe, der das gleiche Ansinnen hatte.

Das hast du in »Abspann« beschrieben.

Wie anderes auch. Versuche gab es, aber die haben mich doch eher amüsiert.

Du warst von 1969 bis 1978 Vizepräsident des Schriftstellerverbandes.

Ja.

Du zitierst in »Abspann« Stephan Hermlin, der, als du dich über Alfred Kurella, Alexander Abusch, Hans Rodenberg und Otto Gotsche beklagtest, zu dir sagte, du seist ein mächtiger Mann. Du solltest dich ihnen in den Weg stellen. Was ging dir denn bei diesen Leuten gegen den Strich?

Das geht schon mit der Selbstverständlichkeit los, mit der sich diese Viererbande, wie wir sie später nannten, an die Spitze aller kulturellen Vorgänge stellte. Zunächst habe ich es nicht angezweifelt, zumal die Leute für mich durch einen antifaschistischen oder kommunistischen oder sowjetischen Hintergrund ausgewiesen waren. Aber was sie daherredeten, war zunehmend nicht auszuhalten. Da erklärte zum Beispiel Alfred Kurella, wenn man in den Westen komme, solle man kein Kaufhaus betreten, weil sie einem dort etwas zustecken und dann als Ladendieb entlarven. Otto Gotsche sagte: Wenn er zum Verleger gehe, nehme er immer seine Pistole aus der Illegalität mit.
Als ich zum ersten Mal eine Sektionssitzung der Akademie erlebte, standen vorn fünf Stühle. Auf die setzten sich die vier Genossen und der jeweilige Sekretär der Sektion. Sie waren nicht an die Spitze der Sektion gewählt, sie waren durch nichts legitimiert, ihr Amt war ihnen sozusagen von Gott oder von ihnen selbst verliehen. Alle schienen es für selbstverständlich zu nehmen. Und wer das nicht tat, wie später Peter Hacks vielleicht, sagte nichts dazu.

Und wie hast du auf so was reagiert?

Auch nicht besser. Ich habe mich mokiert und es zugleich unabänderlich gefunden. Ob es nun um solche Rituale ging oder um Großkundgebungen oder darum, wie die Parteizeitungen aussahen. Du fuhrst zum 70. Geburtstag von Wilhelm Pieck nach Berlin und saßest dann zwölf Stunden in der Seelenbinderhalle und hörtest dir Reden an. Später mußtest du bei solchen Gelegenheiten nur noch sechs Stunden sitzen, aber das waren auch drei oder vier zu viel. Mit solchen Erlebnissen ging allerdings eine Veränderung meiner Haltung einher. Es gibt kein Gewerbe, das dem Selbstbewußtsein so zuträglich ist wie das künstlerisch-literarische. Wenn du erlebst, wie Leute Schlange stehen, um zu erwerben, was du fabriziert hast, hältst du dein Wort für bedeutsam. Also habe ich relativ früh die Klappe aufgerissen. Ein Beispiel: In Auswertung des 11. Plenums wollte Abusch bei einer Vorstandssitzung in Dresden festgelegt wissen, daß kein Verbandsmitglied einem Westjournalisten ein Interview geben dürfe ohne Genehmigung der Partei. Ich habe dem stellvertretenden Vorsitzenden des Ministerrats gesagt, daß die Schriftsteller der DDR dann in eine einmalige Lage kämen und natürlich nicht motiviert würden, eine Meinung zu sagen. Er ist niedergestimmt worden, was mir fortan nicht gerade sein Wohlwollen eingebracht hat.

Wie würdest du Leuten, die die DDR nicht kennen, die Bedeutung des Schriftstellerverbandes erklären?

Schon in den 20er Jahren hat es einen Schutzverband deutscher Schriftsteller gegeben, der dann von den Nazis verboten wurde, und auch in der BRD haben sich Schreibende zusammengefunden, um gemeinsam ihre Interessen besser durchsetzen zu können. Der Deutsche Schriftstellerverband ist am 4. Juni 1950 zunächst innerhalb des Kulturbundes zur demokratischen Erneuerung Deutschlands gegründet worden, womit schon gesellschaftspolitische Ziele genannt sind. Er konstituierte sich 1952 als selbständiger Künstlerverband. Das war nicht nur ein literarischer Vorgang, sondern auch ein gewerkschaftlicher. Die Mitgliedschaft in der Gewerkschaft ruhte, sobald man in den Verband aufgenommen wurde. Worüber sich Harry Tisch, der Vorsitzende des FDGB-Bundesvorstands, später furchtbar aufgeregt hat. Wie alle Herren wollte er auch Herr über die Schriftsteller sein und fand es seltsam, daß er über uns nicht zu bestimmen hatte. Im Verband ging es um die Solidarität unter Autoren, zunächst im ökonomischen Sinne. Wir hatten einen großen Sozialbereich. Mehrere hauptamtliche Mitarbeiterinnen kümmerten sich um alte, kranke, junge und noch nicht freiberufliche Leute. Wir hatten eine Stipendienabteilung, bei der man für die Arbeit an einem Buch Unterstützung beantragen konnte. Nicht rückzahlbare Gelder.

Davon können manche Autoren heute nur träumen, die sich recht und schlecht mit Jobs durchschlagen, um abends zu schreiben. Reichten solche Stipendien zum Leben?

Nicht üppig, aber du konntest leben davon. Wenn du willst – und das wollten wir –, daß das Schreiben als Arbeit anerkannt wird, mußt du dafür die Bedingungen schaffen. Natürlich hat sich der Verband, der sich ab 1973 Schriftstellerverband der DDR nannte, als politische Organisation verstanden. Aber, das sage ich ohne Apologetik, davon haben die Mitglieder nicht so wahnsinnig viel aushalten müssen. Eine Indoktrinierung, wie einem das heute eingeredet wird, fand so nicht statt. Wir waren ein Verband, der versuchte, Leute in die Lage zu bringen, relativ ungestört Literatur zu machen.

Wie war die Zusammenarbeit mit Anna Seghers, während du Vizepräsident des Verbandes warst? War sie sozusagen nur Geist über den Wassern oder hat sie sich sehr konkret engagiert?

Das war unterschiedlich. Ich weiß noch, wie belustigt Anna reagierte, als sie auf einem Kongreß zur Präsidentin gewählt wurde und ihr fünf Stellvertreter beigegeben wurden. Das war Brauch in der DDR, jeder Minister hatte, glaube ich, fünf Stellvertreter. Anna hat gesagt: Ihr habt mir so viele feine Stellvertreter gegeben, da kann ich wohl mit der Arbeit fertig werden. Sie hat das gewitzt gehandhabt, indem sie im Präsidium zu allem das Wort nahm, obwohl sie keine Debattenrednerin war. Manchmal genügte ihr eine Frage: Findest du das lustig? Da war dir klar, das konntest du nicht lustig finden. Sie hat mit kleinen Ruderschlägen den Nachen gelenkt. Später – nicht nur in Folge ihres Alters, sondern auch, weil ihr die Dinge zunehmend weniger behagten – hat sie sich nicht mehr sehr engagiert. Nur dort, wo es tatsächlich sein mußte. Ich bin als Vizepräsident sozusagen ihr Außenminister gewesen.

Neben dir gab es noch vier weitere Vizepräsidenten?

Erwin Strittmatter, Fritz Selbmann, Max Walter Schulz und Gerhard Holtz-Baumert. Erwin ist später zurückgetreten, Fritz Selbmann ist 1975 gestorben. Mich als »Außenminister« lud sie mitunter ein. Da gab es Pflaumenkuchen, guten Kaffee und Gespräche. Daß so was nicht häufiger stattfand, daran bin ich schuld, weil ich nicht einsah, wieso wir einen 1. Sekretär hatten, der für viele dieser Dinge zuständig war. So aber saß ein sie bewundernder jüngerer Autor neben einer bewundernswürdigen älteren Dame. Ich hatte, Kunststück, immer Respekt vor ihr. Und es gehört zu meinen Enttäuschungen, daß auch dieses Verhältnis unter das Gefährt gekommen ist, auf dem wir zu Tale schleuderten. Es ist kein Geheimnis, daß Anna Seghers sich Christa Wolf als Nachfolgerin wünschte. Aber Christa Wolf, deren Werk ich, noch einmal Kunststück, hoch schätze, hat sich – mit dem Verband im ganzen und mit dem Vorstand schon gar – nicht mehr in einer Lage befunden, in der sie Aussichten gehabt hätte, bei einer geheimen Wahl durchzukommen.

Du hast im vorigen Gespräch gesagt, daß du schon sehr früh das Ziel hattest, Verbandspräsident zu werden unter dem Motto: Wenn du es bist, kannst du dies und jenes machen. Und wenn du es nicht bist, mußt du manches mit dir machen lassen. Ab wann etwa trugst du solche Gedanken mit dir herum?

Zunächst kam es mir nicht in den Sinn, einfach, weil man in der Gnade von Annas Anwesenheit lebte. Als dann zu sehen war, daß sie der politischen Führung gegenüber doch wehrloser war als uns gut tat, habe ich mitunter überlegt, was ich an ihrer Stelle anders machen würde und wer an ihre Stelle treten könnte, wenn sie eines Tages nicht mehr da wäre. Jurij Brezan oder Max Walter Schulz hätte ich da aus sehr verschiedenen Gründen nicht so gern sehen wollen, Fritze Selbmann schon gar nicht. Erwin Strittmatter wäre mit seiner Entschiedenheit und seinem raschen undiplomatischen Zorn wahrscheinlich dauernd gegen irgendwelche Ecken gerannt. Und Stephan Hermlin, der von seiner poetischen Statur her natürlich glänzend an diesen Platz gepaßt hätte, hätte sich nicht wochenlang auf die Socken gemacht, um für die Rente von Schriftstellern zu streiten, sondern hätte allenfalls ein Gedicht von Mallarmé oder eine Romanstelle von Proust dazu gewußt. Er konnte sich sehr wohl durchsetzen, aber nur auf Feldern, die ihm und seiner Natur entsprachen. Also habe ich mir gesagt: Das ist nun wohl was für dich.

Mit der Machtübernahme Honeckers hatte man erst mal den Eindruck, daß er den Künsten Freiräume schaffen wollte. Dieses Klima hat sich 1976 mit der Biermann-Ausbürgerung schlagartig verändert. Oder gab es vorher schon Anzeichen für einen Wetterwechsel?

Das war, wie wir sagten, ein dialektischer Vorgang. Einerseits gab es eine unausgesprochene Zurücknahme bestimmter Überspitzungen, wie sie sich im 11. Plenum ausgedrückt hatten. Andererseits war Honecker von Leuten umgeben, die sich in ihrem Argwohn gegenüber Künstlern bestätigt gesehen hatten. Die Grundposition der führenden Kräfte im ZK gegenüber der Kultur war Mißtrauen, gemischt mit väterlichem Stolz, wenn etwas schön aussah und im Ausland anerkannt wurde. Honeckers wohlwollender Kurs wurde von vielen Seiten, vor allem in den Bezirken, mit einem Appell an Wachsamkeit verbunden: Daß uns diese Künstler nun ja nicht den Kopf zu hoch tragen! Ich höre noch, wie Joachim Herrmann, der ab 1978 für Agitation zuständige Sekretär des ZK, zu mir sagte: Nie vergessen, die Parteilinie bestimmen immer noch wir. Das war nach einer gelungenen Verbandsveranstaltung am Alexanderplatz. Verdächtig war für ihn schon, daß wir von gleicher Augenhöhe zwischen Kunst- und Parteileuten ausgegangen waren. In solchem Miteinander fühlten sich Leute wie er nicht wohl. Sie wollten uns stets die Linie geben, aber wir waren selbständig denkende Menschen. Also Obacht! Ursula Ragwitz, die Abteilungsleiterin für Kultur im ZK, war eine Inkarnation dieser Haltung. Wenn Honecker oder Hager bei Schriftstellerversammlungen anwesend waren, sah sie, während ein Autor sprach, unverwandt zu ihnen hin. Lachte Erich, lachte sie auch.

Es war eine Hierarchie des Aufpassens.

Manchmal schrecklich, oft lächerlich.

Du mußtest auf Heym aufpassen.

Nein, mußte ich nicht.

Frau Ragwitz hat auf dich aufgepaßt.

War ihres Amtes.

Und die Abteilung Agitation im ZK hatte ein wachsames Auge auf die Abteilung Kultur.

Genau.

Und ganz oben saß der Erich, vor dem alle zitterten.

Das ist es, was ich Kurt Hager verüble, den ich ja, wie gesagt, als Person ganz gern hatte: daß er dauernd Angst hatte, Mißfallen zu erregen.

Dem waren wahrscheinlich schon früher die Schrecken in die Seele gefahren. Der hatte schon die heiße Phase des Stalinismus erlebt.

Was mich betraf: Ich habe mir das alles gefallen lassen, weil ich immer dachte: Das kriegen wir schon hin. Und damit meinte ich natürlich: Das kriegst du schon hin, Kant. Ich habe ja auch manches hingekriegt. Insofern hatte Stephan Hermlin schon recht mit dem Satz, den du zitiert hast. Allerdings war er lange in der Partei und wußte, wie das mit der Parteidisziplin funktioniert. Ich ein mächtiger Mann? Zu einem anderen hätte ich gesagt: Du hast einen Vogel. Aber bei Stephan wäre mir das nicht in den Sinn gekommen. Was mich gekränkt hat, war der Hintersinn: Er meinte, ich tue zu wenig. Dabei habe ich es auf meine Weise versucht. Und gebe ihm im nachhinein natürlich Recht: Ich habe es nicht kräftig genug getan.

Als Biermann im Dezember 1976 nach einem Konzert in Köln nicht wieder in die DDR zurückgelassen wurde, war ich als Journalistin in Moskau mit einer Schriftstellerdelegation. Ich weiß noch, wie wir ziemlich geknickt im Hotel beisammen saßen und Renate Drenkow, Sekretär des Schriftstellerverbandes, sagte: »Jetzt beginnt wieder die Eiszeit.« Weniger um Biermann waren wir besorgt als um die eigenen Arbeitsmöglichkeiten. Und ich habe mich gefragt, so jung wie ich damals noch war: Mein Gott, wie kann so ein Blödsinn passieren? Es gab doch genügend kluge, erwachsene Leute, denen an einer kulturpolitischen Zuspitzung nicht gelegen war. Bis heute kann ich mir nicht vorstellen, daß Erich Honecker vor dem Fernseher saß, sich ärgerte und zum Telefonhörer griff. Ich kann es mir nicht vorstellen.

Aber so idiotisch funktionierte doch manches. Beispiel: Konrad Naumann sagte zu mir: Du, der Erich hat mich gestern gefragt, ob ich eine Getränkeabfüllanlage in Berlin gebrauchen kann. Da habe ich ja gesagt, und nun kriegen wir Cola. Genauso lief das. Der Erich hat sich um so mehr geärgert über Biermann, weil er in persönlicher Beziehung zu ihm stand und vielleicht irgendwelche Illusionen hatte. Wenn ich einen Wunsch frei hätte, würde ich sagen: Die sollen die Protokolle der ersten Versammlung des Schriftstellerverbands nach der Biermann-Ausbürgerung und die der Parteileitungssitzungen in Berlin rausrücken. Da könnte man nachlesen, wie wir getobt haben. Natürlich gab es ein paar Autoren, die alles billigten. Doch ich habe – nicht etwa aus Biermann-Freundschaft, sondern aus einem Blick für das, was kommen mußte – dagegen gewettert und deutlich gemacht, daß ich das für eine blödsinnige Angelegenheit hielt. Daß ich mit Diplomatenzunge meine Bedenken ins ND gebracht habe, daraus wäre ohne Werner Lamberz, damals Sekretär für Agitation und Propaganda im ZK, nichts geworden. Wenn der Vizepräsident des Schriftstellerverbandes schrieb, man brauche ihn vor Biermann nicht zu beschützen, war das eine Mitteilung, die alle kundigen Leute begriffen. Aber das änderte nichts daran, daß die Katastrophe ihren Lauf nahm. Ich weiß noch, wie ich auf der Parteileitungssitzung gesagt habe: Alle internationalen Verbindungen zu anderen Verbänden sind auf lange Zeit im Eimer. Genau so ist es gekommen. Der Schaden war riesig.

Werner Lamberz – er wurde ja als Nachfolger Honeckers gehandelt und kam 1978 bei einem Hubschrauberabsturz in Libyen, ob Anschlag oder Unfall, ums Leben – ist gegen die Biermann-Ausbürgerung gewesen?

Es kann nicht anders sein. Wobei er dann die für mich sehr nachvollziehbare Haltung hatte: Nun darf über dieser Scheiße nicht der ganze Laden kaputtgehen. Aber er ist kaputtgegangen.

Du meinst also, daß es wirklich nur eine Honecker-Laune war? Oder spielte vielleicht auch ein gewisser außenpolitischer Druck seitens der UdSSR eine Rolle, hier ideologisch Ordnung zu schaffen? So wie man dort 1974 Solschenizyn ausgebürgert hatte …

Weiß ich nicht. Diese Leuten haben mich vorher nicht von ihren Einfällen wissen lassen und sich gehütet, mit mir danach darüber zu sprechen.

Aber wie soll man sich denn begreiflich machen, daß ein paar kritische Töne von einem Liedermacher zu einem so drastischen Schritt mit so weitreichenden Folgen führten?

Ein paar kritische Töne, na ja. Ich jedenfalls habe dafür mit dem »Aufenthalt« bezahlt. Das ist mein bestes Buch und eines der besseren Bücher über Gefangenschaft und Nachkriegszeit. Der Roman ist – die Ausnahmen waren, wie schon gesagt, Raddatz und Reich-Ranicki – unter Wert gehandelt worden, weil er just in der Zeit nach der Biermann-Ausbürgerung erschien, für die man mich als Funktionär des Schriftstellerverbandes mitverantwortlich machte.

Hattest du früher schon befürchtet, wie sich die Sache um Biermann zuspitzen würde? Du hast dich ja wiederholt für ihn eingesetzt.

Ja.

Wie sah er sich selbst? Als Gegner der DDR oder als jemand, der den Sozialismus in diesem Land verbessern wollte? So wie du auch, bloß eben mit anderen Mitteln?

Ich glaube, Biermann ist wirklich ein spezieller Fall von Egozentrik. Ich gehörte nicht zu seinen Freunden, sondern nur zu den Leuten, die eine Weile versucht haben, ihm schöpferischen Raum zu geben. Deswegen habe ich mich mit Klaus Höpcke angelegt, der 1965 einen ziemlich brutalen Artikel gegen Biermann geschrieben hat. Aber die Freunde, die Wolf Biermann hatte, die hat er alle vor den Kopf gestoßen, wenn es ihm paßte, wenn er glaubte, er sei nicht genügend gewürdigt worden. Nein, das war schon ein spezieller Fall. Was mich nicht hindert, ihn für wesentlich begabter zu halten, als viele Leute es getan haben und auch noch tun. Ich war dabei, als er zum ersten Mal in der Akademie bei Stephan Hermlin in der Veranstaltung auftrat, und es war unverkennbar: Hier kam etwas Neues. Hier kam ein toller Mann, keine Frage. Bloß war das bei ihm gekoppelt an die Vorstellung, alle anderen hätten die Dinge so zu sehen wie er. Das war natürlich kein Grund, ihm den Stuhl vor die Tür zu setzen. Aber daß er bestimmte Gemüter in Rage gebracht hat, kann ich mir gut vorstellen.

Er ist kurz vor seiner Ausbürgerung noch in den P.E.N. aufgenommen worden. Eine Schutzmaßnahme, oder wirkt das erst im nachhinein so?

Was mit Biermann geschehen würde, hat doch keiner geahnt. Damit verglichen, war es eine harmlose Zeit, als es um seine P.E.N.-Mitgliedschaft ging. Daß er vorher bei einer Spaniensolidaritätsveranstaltung in Berlin auftreten konnte, gelang nur, weil ich deshalb bei der Kreisleitung intervenierte. Alles mußte erkämpft werden, und Biermann tat nichts dazu. Es konnte passieren, daß er dich zum Idioten erklärte, wenn du dich für ihn eingesetzt hattest. Mir ging es generell darum – das betraf auch die P.E.N.-Aufnahmedebatte –, mit ihm im Gespräch zu bleiben. Deswegen habe ich für ihn gestimmt. Der P.E.N. verstand sich wirklich als Teil einer internationalen Organisation und verwechselte sich nicht mit dem Schriftstellerverband. Als ich Verbandspräsident wurde, habe ich das P.E.N.-Präsidium verlassen.

Der Offene Brief gegen die Biermann-Ausbürgerung 1976 ist doch von Stephan Hermlin initiiert worden. Er habe die Unterzeichner angesprochen, hieß es damals, und habe organisiert, daß das Schreiben an die Westmedien ging. Stimmt das?

Er hat in der Tat Leute angerufen, aber mich eben nicht. Das hat mich gekränkt. Warum hast du mich nicht angerufen, habe ich zu ihm gesagt, ich wäre mit euch zusammen noch in der Nacht zu Honecker gegangen. Darauf hat er nicht geantwortet, aber später erklärt: Du warst in der Bezirksleitung. Was ich nur langsam begriff. Ich war ja in Konflikten noch und noch. Es war die Naumann-Oelschlegel-Zeit. Während der wichtigsten Parteileitungssitzung, in der es um nichts als Biermann ging, bin ich zwischendurch zur Littenstraße zum Gericht gegangen, um die Scheidung von Vera zu absolvieren. Danach bin ich wieder zurück in die Sitzung und habe mich weiter mit Biermann beschäftigt. Idiotisch. Stephan wußte das. Wir haben einander – ich mehr als umgekehrt, wie ich inzwischen weiß – ziemlich alles gesagt, gerade in persönlichen

Belangen. Ich habe akzeptiert, daß er mich nicht noch mehr in die Mangel nehmen wollte. Ob ich etwas geändert hätte, weiß ich nicht. Auf jeden Fall ist die ganze Geschichte mit Lug und Trug durchsetzt und voller Aufregungen. Honecker wollte später von Hermlin die Erklärung, daß er sich anders verhalten hätte, wenn er sich über die Folgen im klaren gewesen wäre. Nur für ihn selbst, wie Honecker sagte. Doch postwendend hat er das Rechtfertigungs-Papier in die Kopiermaschine gegeben und den gesamten Parteiapparat damit versorgt. Stephan sah sich öffentlich bloßgestellt. »Ich müßte mich erschießen«, hat er damals zu mir gesagt.

Vielleicht wollte Hermlin dich nicht bloß schonen. Es war ihm auch nicht recht, daß du das Problem auf deine Weise angehen würdest.

Sicher kann es so gewesen sein.

Er hätte dich ja nicht gebraucht, um zu Honecker zu gehen. Er hatte einen guten Draht zu ihm. Aber er hat diese Unterredung nicht gesucht. Weil er die Konfrontation wollte?

Vielleicht war mit dieser Biermann-Entscheidung ein Punkt erreicht, an dem er nicht mehr verhandeln konnte.

Aber er war im Unterschied zu anderen, die er angesprochen hat, politisch mit allen Wassern gewaschen. Er hätte voraussehen müssen, daß ein Brief an die Westmedien den Konflikt zuspitzen würde.

Selbstverständlich wußte er das. Ich habe ihm das auch gesagt, als es um diese vermaledeiten Ausschlüsse ging. Aber, Irmtraud, mach dir nichts vor, für ein Omelett mußt du das Ei zerbrechen. Er wußte – das Schreiben dem ND anzubieten, hat er pro forma ja sogar versucht –, daß die klare Absage an diesen Vorgang nicht durch Unterredungen oder Mahnungen zu erreichen war. Da hat er den Bruch der Parteiregeln in Kauf genommen.

Was waren die Folgen für diejenigen, die den Offenen Brief unterzeichnet hatten?

Für die Erstunterzeichner gab es zwar Parteistrafen, aber die Suppe auslöffeln mußten vor allem die weniger Prominenten, die später unterschrieben hatten.

Wer waren die Erstunterzeichner?

Sarah Kirsch, Christa Wolf, Volker Braun, Franz Fühmann, Stephan Hermlin, Stefan Heym, Günter Kunert, Heiner Müller, Rolf Schneider, Gerhard Wolf, Jurek Becker, Erich Arendt. Das waren bekannte Autoren, an die kam so schnell keiner ran. Schwierig wurde es für die, die irgendwo angestellt waren und von deren Lage andere oft nichts wußten.

Und Stephan Hermlin ist unter dem Regen durchgekommen, ohne naß zu werden.

Wenn es nach manchen gegangen wäre, hätten sie Hermlin aus der Partei ausgeschlossen und sich nichts daraus gemacht, wenn er mit Koffer und Volvo nach Westberlin gefahren wäre. Aber Honecker wußte natürlich, daß er nicht zu weit gehen durfte.

Ich hatte immer das Gefühl, daß Hermlin ein Schutzschild über sich hatte.

Ja, aber war das ein Schutzschild, den Honecker über ihn hielt? Das weiß ich nicht. Das Merkwürdige an Honecker war: Er konnte jemanden kaltblütig und ohne nachzudenken in die Pfanne hauen. Nicht nur eine Person, sondern auch eine Politik. Die Kulturpolitik hat er in die Pfanne gehauen. Dabei hatte er, wie ich auch, immer den Westen vor Augen. Die Frage »Wer wen?« und die Antwort »Wenn nicht wir, dann die!«. Trotzdem hat er sich von Stephan manches sagen lassen und oftmals entsprechend gehandelt. Vielleicht hat er gedacht: Den darf ich nicht auch noch verlieren.

Aus alter Bekanntschaft?

Ja, zum Beispiel aus frühen FDJ-Jahren.

Irgendwo habe ich gelesen, daß sie schon in Zeiten der Illegalität zusammengetroffen sind.

Das weiß ich nicht. Stephan hat nie derartiges erwähnt.

In »Okarina« hast du den Dramatiker Flair, in dem man unschwer Stephan Hermlin erkennt, mit einem Pritschennachbarn aus Sachsenhausen ausgestattet.

Stimmt. Daß sich diese Gestalt auf Stephan bezieht, ist klar. Aber sonst kann ich dir nichts weiter dazu sagen. Stephan hat mir viel erzählt, was er gemacht hat und was er nicht gemacht hat. Inzwischen weiß ich, er hat in manchem auf den Putz gehauen, aber mir gegenüber nicht.

Er war ein beherrschter Mann, er war ein kluger Mann, einer, der mehrere Schachzüge voraus denken konnte.

Ich halte mir nach wie vor eine Menge darauf zugute, daß er mein Freund gewesen ist und daß ich zu ihm stand, auch wenn andere ihn mit Argwohn betrachteten.

Bloß: Das Ergebnis seiner Biermann-Intervention war, daß ein Teil der DDR-Literatur außer Landes getrieben wurde.

Jetzt sieht es so aus. Aber seine Schuld war es nicht.

Du hast davon gesprochen, daß ihr euch auf einer Parteiversammlung kritisch zur Biermann-Ausbürgerung verhalten habt. Aber was wäre geschehen, wenn das Präsidium des Schriftstellerverbandes mit Anna Seghers an der Spitze Protest eingelegt hätte?

Das ist spekulativ. Es hätte zwei Möglichkeiten gegeben. Die wahrscheinlichere wäre gewesen, daß diejenigen in der

Parteiführung, die schon immer mit besonderem Mißtrauen auf die Künstler gesehen hatten, sich bestätigt gefühlt und eine tschechische Lösung gefunden hätten.

Was meinst du damit?

Zu sagen: Anna, du bist krank, Abusch ist der viel bessere Präsident oder ähnliches, um die Bedeutungslosigkeit zur Herrschaft zu bringen. Natürlich kann man nicht ausschließen, daß ein gütlicher Lösungsweg gesucht worden wäre. Aber nein, halte dir die Leute vor Augen, die du damals kanntest, die braven Genossen in den Grundorganisationen, die Genossen von den Delegiertenkonferenzen, wenn man denen gekommen wäre mit dem Bescheid, die Künstler haben sich geschlossen gegen die Biermann-Ausbürgerung gewandt, dann hätten sie gesagt: Diese Verrückten müssen was mit dem Knüppel kriegen. In der Tradition der KPD, der man in vielem folgte, waren die Künste vor allem in ihrem ideologischen Gebrauchswert vorgesehen. Und wenn sich mit einem Besen nicht mehr hantieren läßt, wird er eben ausgetauscht.

Wie würdest du das Außenstehenden oder später Geborenen erklären: diese Verbindung des Schriftstellerverbandes zum Politbüro des ZK der SED, die Tatsache, daß die führende Rolle der SED im Verbandsstatut stand, daß man vor Verbandskongressen eine Vorlage beim Politbüro einreichte und Erich Honecker dann im Präsidium saß?

Danach wurde ich bei Gesprächen zwischen dem Verband der Schriftsteller der BRD und dem Schriftstellerverband der DDR auch gefragt: Was hat denn dieses ZK zu suchen im Verband? Darauf habe ich geantwortet: Das steht doch im Parteistatut. Die Partei hat die führende Rolle im Staat und ist überall, wo ihre Mitglieder sind. Die sich entsprechend in Parteipflichten sehen mußten. Das haben wir nicht in Frage gestellt. In Frage gestellt hat, wenn du so willst, die Partei es mit ihren zum Teil so blödsinnigen Beauftragten. Als ich im Verband anfing 1960, erschien als Abgesandter der Kreisleitung einer, der wirklich keine Ahnung hatte, aber wohl ein treuer, im Widerstand gestählter Genosse war, und redete elenden Mist daher. Da hattest du Mühe, das nicht zum Beschluß werden zu lassen. Wir haben nicht die führende Rolle der Partei bezweifelt, aber sie sollte nicht ausgeübt werden von Leuten, die keine Ahnung hatten. Also habe ich darauf gedrungen, daß wir nicht mehr der Kreisleitung unterstanden. In der Bezirksleitung waren freilich auch nicht gerade die leuchtendsten Köpfe. Immerhin ließ sich mit dem Kultursekretär der BL reden. Jedenfalls habe ich nicht geruht, bis die zentrale Anleitung installiert war und keiner von der Kreisebene und kein von Naumann gelenkter BL-Sekretär sich einmischte, sondern daß dies eine Sache des ZK und des Politbüros war in Gestalt von Kurt Hager. Den Verband so weit oben anzubinden, war meine Absicht aus vernünftigen Motiven, aber es hatte Folgen, die auch nicht erfreulich und nicht abzuwenden waren. Das bedient sich immer gegenseitig.

Und nicht manchmal doch ein Aufbegehren: Was haben die mir überhaupt zu sagen?

Es gab bestimmte Dinge, die galten nun mal. Natürlich hast du im einzelnen argumentiert, ob sich die führende Rolle der Partei nicht auch dadurch verwirklicht, daß du einen guten Roman schreibst. Du konntest sagen: Ich bin ja auch Partei, also redet mir da nicht rein. Aber dadurch ließ sich das Reinreden nicht verhindern.

Du schreibst in »Abspann«, daß der Verband den Mächtigen als ein Verein »von kaum disziplinierbaren Ideenheckern, eine Pflanz- und Pflegestätte von Individualismus, Ruhmsucht, Ironie und Kritik« erschien, »unter den kollektiven Werktätigen ein freischaffender Rest am Rande des sozialistischen Lagers«, und fügst hinzu: »Worüber hätte sich Mielke denn mehr besorgen wollen?« Empfandest du es als normal, daß der Verband unter MfS-Beobachtung stand?

Das war mir klar. Es gab viele Gründe, warum jemand in den Verband wollte. Einer war, daß man sich dort richtig aussprechen konnte, weil man nicht den gleichen Disziplinregeln unterworfen war wie anderswo. Diskussion war wirklich als Diskussion gemeint, nicht als Wortmeldungsabfolge. Unsereins sah sich geradezu beauftragt von der Partei, seinen eigenen Kopf zu haben. Das erklärt vieles: das Mißtrauen anderer und unsere Überheblichkeit. Es gab natürlich auch vielfältigste Verbindungen in den Westen. Wer Wachsamkeit als seinen Lebensauftrag ansah, fand im Schriftstellerverband ein großes Betätigungsfeld. Wenn man in der DDR je etwas fürchtete, dann war es das Spontane. Aber Literatur beginnt nun mal mit dem spontanen Einfall.

Hast du es als selbstverständlich genommen, daß du selber unter Beobachtung standest, daß andere über dich Berichte angefertigt haben?

Du wirst lachen, so was ist mir erst spät in den Sinn gekommen.

Aber du warst doch nicht naiv?

Nein, aber mit gutem Gewissen ausgestattet. Es gab Heimlichkeiten, von denen ich wußte: Das sollte niemand wissen. Zum Beispiel, daß ich bei David Binder, dem Korrespondenten der New York Times, in Bonn gewohnt habe. Das habe ich nie jemandem gesagt. Wenn ich geahnt hätte, was ich inzwischen weiß, hätte ich es vielleicht nicht getan.

Du hast gedacht, gerade auf dich wird nicht aufgepaßt?

Erst spät hat mir ein Genosse von der DKP gesteckt, daß sie Bescheid bekamen, wenn ich irgendwo eine Veranstaltung hatte, damit jemand hinginge, mitschriebe und es weiterreichte. Als Ursula Ragwitz meinte, man müsse mir eine Wache mitschicken, war mir klar, daß Wachen in mehrere Richtungen aufpassen. Was ich jetzt sage, wird mir schwer abgenommen, ist aber wahr: Ich habe den Verein nicht so wahnsinnig ernst genommen. Ich fand die Leute, mit denen ich hin und wieder zu tun bekam oder von denen ich wußte, sie sind da beschäftigt, nicht so berückend, sondern oft nur doof. Erich Mielke fiel bei Begegnungen in der Volkskammer oder im Politbüro durch Zuvorkommen auf. Er erkundigte sich sehr gezielt, weil er wußte, daß ich seit dem Autounfall 1973 scheußliche Schmerzen hatte. Aber wenn der Verbandsbeauftragte, anfangs war er wohl Oberleutnant, später wohl Hauptmann oder noch mehr, erschien und dem Präsidenten des Schriftstellerverbandes die Feindlage erklärte, dann konnte ich ihn reden lassen und irgendwann sagen: Nun ist es gut. Wahrscheinlich habe ich das zum Schaden, meinem und dem anderer, unterschätzt.

Du hast nicht geahnt, daß der 1. Verbandssekretär Gerhard Henniger, mit dem du immer zu tun hattest, mit dem du Reisen unternahmst, diesem Genossen berichtete, wie man jetzt in »Die Akte Kant« nachlesen kann?

Bei Henniger war mir klar, daß er alles und jedes meldete. Das war seine Aufgabe. Der 1. Sekretär eines Verbandes war dafür da, die Präsidenten vor Unfug zu bewahren bzw. zu melden, wenn sie Unfug anstellten. Darüber machte ich mir nichts vor. Daß er manchmal ziemlich das Gegenteil von dem weitertrug, was er mir gegenüber bekundet hatte, ist eine andere Frage. Ich habe sein Amt gelegentlich sogar benutzt, wenn ich etwas bewirken wollte, das auf direktem Wege nicht zu erreichen war. Aber das sind alles so Spielchen.

Ich frage noch mal: Es interessiert dich nicht, jetzt in deiner Akte nachzulesen, wie alles zusammenhing?

Schon deshalb nicht, weil ich bei einer Behörde, die ich verachte, nicht den Eindruck erwecken möchte, sie käme mir entgegen. Allein das, was ich in Karl Corinos Buch »Die Akte Kant« gelesen habe, zeigt mir: Gauck und Co. haben alles mögliche über mich an die Öffentlichkeit geschaufelt, was nicht stimmt. Wenn da zum Beispiel im Bericht irgendwelcher MfS-Leute steht »erteilten wir/ich einen Auftrag an

Kant«, kann ich nur sagen: Nie hat mir irgendeiner, schon gar nicht der übereifrige MfS-Verbandsbeauftragte, einen Auftrag erteilt. Sie sind mit der Haltung gekommen: Genosse Kant, sage bitte, wie schätzt du das ein? Zum Beispiel: »Sag mal, was ist von diesem Grass zu halten?« Da habe ich gesagt: »Das ist ein reiner Sozialdemokrat und ein wichtiger Künstler.« Da kann heute natürlich ein Außenstehender sagen, mit solchen Leuten dürfe man nicht sprechen. Aber für mich war es ein Teil meines Staates, von dem ich wollte, daß er bleibt. Vieles in den Berichten, die in Corinos Buch nachzulesen sind, ist schlicht geschwindelt, um eigene Leistungen herauszustreichen. Anderes fehlt. Nicht den Schatten eines Berichts gibt es über meine Westkontakte – angefangen mit den Verlagen bis hin zu so »verdächtigen Menschen« wie Peter Weiss und anderen. Oder meine Briefe an Honecker oder Hager. Zum Beispiel mein Protest gegen das »Sputnik«-Verbot.

Die Frage ist, ob es Karl Corino für sein Buch nicht ins Konzept paßte oder ob es wirklich in der Akte fehlt.

Oder wieviel falsch Zeugnis abgelegt worden ist. Ein Birthler-Historiker, der zur Biermann-Ausbürgerung recherchiert, hat mir neulich einen MfS-Bericht zur damaligen P.E.N.-Debatte geschickt. Darin steht, Stephan Hermlin habe sich in einer Präsidiumssitzung über meine Eheprobleme mit Vera Oelschlegel verbreitet. Nie und nimmer hat Stephan solche Äußerungen getan. Der war doch fast schon bescheuert feinfühlig. Das einzige, was er über meinen Wechsel von Vera Oelschlegel zu Marion, später Kant, gesagt hat, war anerkennend: »Kein Vergleich.« Das war das Äußerste, was er sich erlaubte. Da fragt man sich, wie so ein Bericht zustandekommt und wie verläßlich die übrigen Angaben sind.

Wenn du dir die verschiedenen Leute vor Augen hältst, mit denen du zu tun hattest, könnte dieser oder jener solche Fantasieberichte geschrieben haben?

Selbstverständlich. Ich könnte mir auch vorstellen, wer im P.E.N.-Präsidium so etwas verfaßt hat. Aber im konkreten Fall scheint es eher eine Zusammenschreibe verschiedener Informationen aus dem P.E.N. zu sein. Natürlich weiß ich, wenn ich diese Akte studierte, stünden mir mitunter die Haare zu Berge, vor allem was Personen betrifft, mit denen ich mich normal unterhalten zu können glaubte. Aber wozu brauche ich solches Wissen? Das ist mir zuwider. Wenn du am Ende eines Lebens bist, sagst du dir: Kämst du noch mal auf die Welt, schriebest du nur Bücher.

Nur Bücher schreiben?

Ja, das denke ich oft. Doch bin ich mir nicht gram, daß ich diese Funktion übernommen habe. Ich habe es mehr zum Nutzen anderer getan als zu ihrem Schaden. Davon bin ich überzeugt.

Kannst du dir vorstellen, daß es im Verband Autoren gab, die von dieser Eingebundenheit in Partei- und MfS-Strukturen überhaupt nichts ahnten und dann 1990 aus allen Wolken gefallen sind?

Kann ich mir nicht vorstellen. Man wußte doch ganz offiziell, daß es Verbandsbeauftragte gab. Erst dachtest du: Das muß so sein. Später hast du dir gesagt: Ich kann es nicht ändern. Und dann hast du versucht, daraus Nutzen zu ziehen. Nun kann es zwar sein, daß es andere Verbandsmitglieder nicht so deutlich begriffen haben. Aber es war kein Geheimnis. Jeder wußte, es gibt das Ministerium für Staatssicherheit. Und die Vorstellung, daß es existiert, aber nicht für den Schriftstellerverband, nehme ich niemandem ab. Dafür müßte er mit dem Klammerbeutel gepudert sein.

Im westdeutschen P.E.N. gab es nach 1990 eine ziemliche Entrüstung darüber, daß im DDR-P.E.N. ein Geheimdienst gewirkt haben könnte. Dabei muß man doch wohl, gerade in den deutsch-deutschen Konstellationen, davon ausgehen, daß auch im West-P.E.N. Geheimdienste zu Gange gewesen sind?

Ich weiß nicht, wer im Präsidium des West-P.E.N. es nicht gewußt haben könnte. Der P.E.N. ist natürlich immer auch eine Agentenbude gewesen. Es war doch so schön legal, mit der Charta unterm Arm nach Moskau zu reisen. Ich glaube, wir haben uns sogar manchmal Illusionen gemacht. Ich weiß noch, wie aus Prag die Behauptung kam, Bernt Engelmann sei ein CIA-Agent. Womit sie unser Vertrauen untergraben und unsere Ost-West-Gespräche stoppen wollten. Es wurde in dieser Hinsicht auf allen Klavieren gespielt.

Auf ARTE gab es dazu eine aufschlußreiche Dokumentation: »Benutzt und gesteuert. Künstler im Netz der CIA« von Hans-Rüdiger Minow. Hast du die gesehen?

Ja, das war ein wichtiger Nachtrag zu dem Buch »Wer die Zeche zahlt. Der CIA und die Kultur im Kalten Krieg« von dieser Engländerin …

Frances Stonor Saunders. Sie geht zum Beispiel detailliert der Frage nach, wie der CIA auf den internationalen P.E.N. Einfluß zu nehmen versuchte. George Orwell, Arthur Koestler, Ignazio Silone – auf große Persönlichkeiten gerade aus dem linken Spektrum hatte man es abgesehen. Hans-Rüdiger Minow hat in seinem Film Namen von deutschen Autoren hinzugefügt. Zum Beispiel, daß Joseph Caspar Witsch, der Gründer des Verlags Kiepenheuer & Witsch, Chef der Kölner Gruppe des CIA gewesen sein soll. Carola Stern hat sich später in ihrer Autobiografie »Doppelleben« dazu bekannt, daß sie angeworben worden war. Dabei habe ich noch im Ohr, wie sie in den Debatten um die P.E.N.-Vereinigung zwar behutsamer als andere, aber doch sehr bestimmt, den vorherigen Ausschluß von Ost-Autoren forderte, die im Verdacht standen, mit dem MfS in Berührung gekommen zu sein. Nun, gut. Sie mag nicht die einzige gewesen sein. Aber daß Heinrich Böll ein »Diamant in der Sammlung des CIA« gewesen sein soll, wie Minow behauptet …

Wobei durchaus möglich ist, daß Böll selbst davon nichts ahnte. So überraschend ist das alles nicht. Ich werde den Teufel tun, Vermutungen zu artikulieren, aber wie sollte ich denken, heute seien alle geheimdienstlichen Aktivitäten gegenüber Autoren eingestellt? Ich erinnere mich, wie ich im Sommer 1983 vom österreichischen Kulturministerium eingeladen war und an dem Tag in Wien ankam, als über Nacht der koreanische Jumbo über Sachalin von einem sowjetischen Kampfflugzeug abgeschossen worden war, weil er angeblich im Auftrag der USA Spionage betrieben hatte. In einer Versammlung forderte mich ein Journalist vor Kameras und Mikrofonen auf: Schildern Sie bitte die Rolle des Geheimdienstes im Schriftstellerverband! Wie sollte ich da anders reagieren, als daß ich sagte: Die ist geheim. Als man begriffen hatte, mehr kommt nicht, fanden das einige sehr gut und andere natürlich unerhört. Will sagen, das Wirken von Geheimdiensten kann man voraussetzen, aber nicht von außen erfassen. Heute ist es nicht anders. Was glaubst du, wenn wir vom Ostbahnhof bis zum Alex gingen, wie vielen Personen dieser Beschäftigungsart wir begegneten? Ich habe seit 1953 Westarbeit gemacht und hatte es immer mit Leuten zu tun, bei denen eine zusätzliche Anbindung in Betracht gezogen werden mußte. Manchmal hast du deswegen was gesagt, was du sonst nicht gesagt hättest, manchmal hast du deswegen etwas nicht gesagt. Es gehörte zur schizophrenen Lage, in der du immer warst.

War das für dich wie auf Glatteis gehen, war es mit Ängsten verbunden oder war das eher ein Spiel, was man beherrschte?

Im Zeichen meiner oft bewährten Überheblichkeit dachte ich: Das kriege ich schon hin.

Hat ja das Leben auch ein bißchen interessant gemacht, war manchmal das Salz in der Suppe …

Um Gotteswillen, Suppen ohne Salz! Als ich 1944 im Frühjahr bis in den Sommer im Krankenhaus Nierendiät bekam – wegen Gelenkrheuma – war mir die Welt versaut.

Es war also für dich doch interessant, Präsident des Schriftstellerverbandes zu sein. Waren für das Amt noch andere Leute im Gespräch?

Nun, die Sache mit Christa Wolf habe ich ja schon erzählt. Eine Abstimmung über verschiedene Kandidaten hat es nicht gegeben, nicht mal im Vorfeld ein Gespräch zwischen Hager und mir. Gerhard Henniger schlug mich als möglichen Verbandspräsidenten vor, und der Vorstand hat es einhellig gebilligt. Damit war es gelaufen. Das Unangenehme war nur, daß es zu Hause deswegen Auseinandersetzungen gab, wie bei allen solchen Gelegenheiten. Am schlimmsten war es, als ich ins ZK sollte – ein Aufstand, o Gott, da möchte ich nicht noch einmal durch!

Im Buch von Karl Corino »Die Akte Kant« ist nachzulesen, für welche Autoren du dich eingesetzt hast. Ganz am Anfang deiner Amtszeit hast du sogar mit deinem Rücktritt gedroht, wenn Erich Loest für seinen Roman »Es geht seinen Gang« keine zweite Auflage bekommt. War das nicht etwas übertrieben?

Überhaupt nicht. Loest war für mich kein himmelstürmender Autor, aber ein hochinteressanter Bursche. Es ging mir nicht bloß um sein Werk, sondern darum, keinen Millimeter von dem Prinzip abzuweichen, daß ein Buch, das schon durch die Aufnahmemühlen gelaufen ist, nicht später durch irgendeine Kritik geändert werden kann. Wenn ich mich da nicht stark gemacht hätte, hätte ich mich gleich aus dem Verband abmelden können. Es war ein hoher Preis, der hätte gezahlt werden müssen, aber dazu war ich bereit. Honecker hat das sofort kapiert. Das später gegen mich verwandte Zitat, »ich wäre ein Messer ohne Klinge, wenn ich das zuließe«, ist genau so gemeint. Ich hätte doch nicht sagen können: Ich bin ein Löffel, der nur aus dem Stiel besteht. Ich mußte ihm einen bildlichen Vergleich geben, damit er begriff: Nur unter dieser Bedingung konnte ich den Verband leiten.

Es gab Versuche, dich dort wegzukriegen.

Ein ehrenhaftes Angebot auch: Erich Honecker ließ nach dem Tod von Konrad Wolf 1982 bei mir anfragen, ob ich nicht Akademiepräsident werden wolle. Ich habe nein gesagt.

Weil du als Verbandspräsident glaubtest, mehr erreichen zu können?

Wobei es manchmal Zeiten gab, da ich mir sagte: Ich kann nicht mehr, ich will nicht mehr. Als ich aber sah, wie Gerhard Holtz-Baumert, während ich im Krankenhaus war, als geschäftsführender Präsident dort eingerückt ist ... Er hätte den Verband auf geradem Kurs gegen den Baum gefahren. Das fing mit so lächerlichen Sachen an, daß er eine persönliche Referentin haben mußte und einen Dienstwagen. Aber vor allem ging es um die Frage der Botmäßigkeit. Mit Gerhard Holtz-Baumert an der Spitze hätte die Kulturabteilung des ZK den Verband direkt geleitet.

Da könnte heute jemand fragen, was das wohl für einen Unterschied machte. So ein Hort der Opposition ist der DDR-Schriftstellerverband ja auch nicht gewesen.

Aber der freien Diskussion. Die ökologische Debatte hatte in der DDR eigentlich nur im Schriftstellerverband ein öffentliches Forum. Und das ist nur ein Beispiel. Wenn unser Selbstverständnis die Zuständigkeit für alle gesellschaftlichen Angelegenheiten und folglich auch die Einmischung in diese einschloß, war das ein demokratischer Vorgang, der in der DDR beispielgebend war.

Du schreibst in »Abspann« auf Seite 444, daß du in dieser Funktion stecktest wie in einer Klemme. »Man macht sich rundum fabelhaft beliebt«, formulierst du, »von Becker bis Honecker schallt es nur so begeistert. Wenn man sich einen ruhigen Posten ersehnte, hier war er nun.« Selbstironie auf die Spitze getrieben. Vielleicht ist das nicht mal nur unter politischem Blickwinkel zu verstehen, sondern auch ökonomisch? Schriftsteller als Einzelproduzenten, die jeder für sich – auch in Konkurrenz zuein-

ander – Erfolg erstreben: Verteilungskämpfe, Rivalitäten – ein Minenfeld?

Es ist das Prinzip, das ich in der frühen Erzählung »Krankenbesuch« beschrieben habe: Erst wird einer von seinen Kollegen bekniet, daß er Brigadier werden soll, und kaum ist er es, wollen sie ihm sagen, was er zu tun hat. Auch »Bronzezeit« handelt davon, daß einer sich zuerst mausig macht, dann eine Rolle spielt und fortan von seinen Kollegen, die bis eben noch Kumpel waren, als ein höchst unangenehmer Geselle behandelt wird. Im Verband war es manchmal wie im Antifa-Komitee, als die Heimkehrerlisten zusammengestellt wurden. Du hattest plötzlich lauter Freunde, die etwas von dir wollen. Kriegten sie es, war es selbstverständlich, wenn nicht, war es ein Skandal.

Und kriegten die einen was, nahmen es die anderen übel.

Das kam hinzu. Nein, von so einem Posten rate ich sehr ab. Wobei ich dachte – darin äußerte sich meine Überheblichkeit – daß ich der Richtige sei: Ich mache das schon. Daß es mich dabei ein bißchen fertig gemacht hat, ist auch klar. Na gut, das ist die spätere Abteilung des Lebens, in der du für alles einzustehen hast, auch für das, was gar nicht war. Da hilft kein Jammern, und ich jammere wenig. Zumindest versuche ich, es nicht zu tun, weil ich merke, wenn irgendwo ein Schimmer davon durchblickt, heißt es: Jetzt kriecht er zu Kreuze.

V.

»Nicht mit Vorsatz belog man einander oder sich selbst, sondern aus Scham, aus Wut, aus Feigheit auch und ebenso aus beginnender Verzweiflung.«
Hermann Kant: »Kormoran«

Wir haben über die Wichtigkeit gesprochen, die Autoren in der DDR zugemessen wurde, was die Erwartung an sie wie auch das Mißtrauen gegen sie betraf. Und auch von BRD-Seite hat man sich DDR-Schriftstellern in einer Weise genähert, wie man es sich heute schon gar nicht mehr vorstellen kann.

Das war einer der größten Unterschiede, die es damals zwischen Ost- und West-Autoren gab. Ich weiß noch, wie ich Martin Walser erzählte, wo ich schon überall zu Lesungen gewesen bin – zum Beispiel kurz zuvor erst in einem Braunkohlentagebau – und wie Walser staunte. Zu der Zeit hätte er so was auch gern gemacht. Aber er sagte, er käme nicht mal am DGB-Vertrauensmann vorbei. So ein Verhältnis der Schriftsteller zu anderen Teilen der Gesellschaft war in der BRD nicht vorgesehen. Heute wird mitunter vergessen, was für ein angesehener Personenstand die Schriftsteller waren in der DDR. Ob im positiven oder negativen Sinne, sie wurden ernst genommen. Man konnte nicht die Straße überqueren oder in einen Laden gehen, ohne daß einen ein, zwei Leserinnen oder Leser mit einer Frage angehalten hätten. Man war zuständig für sie. Diese Art von Zuständigkeit ist weg. Das ist sicher in mancherlei Hinsicht ein Segen, weil man unbekümmert tun kann, wonach einem ist. Aber ich glaube, für die Gesellschaft ist es nicht so gut. Und insofern trifft es mich, wie mit Grass umgegangen wurde. Sein Bekenntnis, als junger Mensch bei der Waffen-SS gewesen zu sein, wurde mit dem Vorwurf beantwortet, daß er später überall den Mund aufgemacht und sich für alles zuständig gefühlt habe. Aber dieses Sich-zuständig-Fühlen gehört zu meinem Verständnis vom Schriftsteller. Wem der Schnabel gewachsen ist, der soll ihn auch auftun. Es ist ein Unterschied, ob ich ein stiller Buchhalter oder ein Buchschreiber bin. Da mußt du dich offenmachen für das, was die Leute um dich herum plagt. Und wenn Buchhalter sich bei dir beschweren, kann es gut sein, daß du eines Tages Autor von etlichen Buchhaltergeschichten bist.

Es sollte im Falle von Grass generell die gesellschaftliche Autorität von Schriftstellern diskreditiert werden, meinst du?

Ohne ein Vorsitzender oder ein Präsident zu sein, war er in gewisser Weise in einem Amt und durchaus gefragt, wenn die große Glocke zu läuten war. Daß Neid sich jetzt in Häme wandelt, ist psychologisch verständlich, aber nicht sehr angenehm.

Ideologische Diversion – unter diesem Generalverdacht stand in der DDR jeder normale Ost-West-Kontakt. Heute schlägt das Pendel in die andere Richtung: Es ist nicht mehr davon die Rede, daß oppositionelle Haltungen von DDR-Autoren von westlicher Seite her auch ausgenutzt worden sind.

Wer sowas leugnen will, ist weltfremd. Wenn du einen Widerpart hast, wirst du doch versuchen, Einfluß zu nehmen. Wie es allgemein für die Berieselung Einrichtungen gab, die zum Beispiel RIAS hießen, gab es selbstverständlich auch Bemühungen, sich den Bereich der Literatur an die Brust zu ziehen. Wir hatten – das nannten wir doch wohl so, wie wir uns beide schwächlich erinnern – Klassenkampf. Wir wollten zwar nicht schuld an ihm sein, aber daß es ihn gab, haben wir nicht bestritten und gesehen, wie er sich auf dem speziellen Eckchen äußerte, auf dem wir tätig waren. Bei irgendeinem Botschaftsempfang, ich glaube, es war nicht bei Gaus, wohl bei den Schweizern oder den Österreichern, wollte der amerikanische

RIAS-Direktor mit mir bekannt gemacht werden. Natürlich hatten wir uns ganz schnell in der Wolle. Er brüstete sich, sein Sender habe die Entwicklung der DDR durch Tausende von Hinweisen, kritischen Vorschlägen begleitet. Ich sagte: Doch wohl nicht zum Zwecke, einen besseren Sozialismus zu stiften? Na ja, meinte er, das ist schon wahr. Darin unterschieden sich die Leute: Die einen sagten, das ist schon wahr, und die anderen sagten, bereits ihre Großmutter sei eine begeisterte Sozialistin gewesen. Geschenkt. Dazu gehörte natürlich, daß man andauernd ausgenutzt wurde und daß alles, was abwich von der Norm, die manche Leute im Kopf hatten, unter Verdacht stand. Aber das gehört zum Normalvorgang Leben, daß jede gute Tat zur Missetat erklärt werden kann und umgekehrt.

Normalvorgang Leben: Spielte auch simpler Futterneid eine Rolle, daß Schriftsteller so eifrig bei der politischen Abrechnung mit ihren Kollegen waren, die im Westen gedruckt und gehätschelt wurden? Stichwort: Stefan Heym.

Natürlich gab es Futterneid. Man kann sogar sagen, daß die im Westen gedruckten und im Westen nicht gedruckten Autoren zwei verschiedene Gruppen bildeten, die entsprechende Gruppengefühle entwickelten, auch im politischen Sinne. Es sind auch, wie man an mir sieht, ausgesprochene Partei-Schriftsteller im Westen gedruckt worden. Dort zu publizieren, war zunächst eine Frage der Ehre und des Ruhmes, aber es war auch eine praktische des Geldes.

Bekam man, wenn man ein Buch in der BRD publizierte, das Honorar in Westmark ausgezahlt?

Nein, das erhielt das Büro für Urheberrechte, das dann Forum-Schecks ausstellte, mit denen man im Intershop oder über den Versandhandel Genex einkaufen konnte beziehungsweise Tagegelder zahlte, wenn man dienstlich in den Westen reisen wollte. Ich habe mir mal von meinem Honorar ein Kopiergerät gekauft. Da mußtest du erst für das Gerät eine Genehmigung erbitten und dann das Geld beantragen. Dann mußtest du zur

Behörde Unter den Linden, wo die Einfuhrgenehmigungen geregelt wurden. Das nervte schon ziemlich. Daß mancher da einfachere, krumme Wege gesucht hat, ist klar. Westdeutsche Verleger, ich hatte ja verschiedene, waren darauf eingerichtet, einem beim Betrügen zu helfen. Ich weiß noch, wie ganz am Anfang einer mit mir zur Bank gegangen ist, um mir ein Konto einzurichten. Ich dachte, warum nicht. Aber dann hat der Bankangestellte gefragt, welches Pseudonym ich benutzen wolle. Da begriff ich erst, die wollten ein Schwarzkonto einrichten. Ganz entsetzt bin ich aus der Bank raus. Ein anderer Verleger sagte: »Na ja, das gibt doch einiges Kleingeld für Sie. Das schicken wir Ihrer Frau Mama in Hamburg, nicht wahr.«

Mit so was wäre man ziemlich erpreßbar geworden.

Durch alle Seiten. Du darfst nicht vergessen, daß die Möglichkeit, in die BRD zu reisen und dort für Lesungen Geld zu bekommen oder auch nur Forum-Schecks vom Büro für Urheberrechte, ein Vorteil war, den die einen genießen konnten und die anderen nicht. Was letztere als große Ungerechtigkeit empfanden. Schließlich schreibt jeder Autor, so gut er kann. Er sieht: Andere sind in der BRD gefragt und er nicht. Da ist die politische Begründung schnell zur Hand, diese Leute seien wahrscheinlich dem Westen genehmer.

Stefan Heym wurde wegen Devisenvergehen verurteilt, weil er seinen Roman »Collin«, der in der DDR nicht erscheinen durfte, ohne Genehmigung des Büros für Urheberrechte in eigener Regie einem BRD-Verlag gegeben hatte.

Woraus in der DDR ein Politikum gemacht wurde. Man dachte sich wohl: Wenn man dem Heym etwas polizeilich, juristisch aufs Auge drückt, stehe er vor allen ehrlichen Leuten als Gesetzesbrecher da. Quatsch! Damit hat man ihn erst zum Vorkämpfer für das freie Wort befördert.

Er war ja schon einmal, 1969, wegen der nicht genehmigten Veröffentlichung von »Lassalle« zu einer Geldstrafe verurteilt wor-

den. Der Roman ist dann 1974 in der DDR erschienen. Da fragt man sich, wozu denn 1979 mit noch größerem Radau ein Exempel an Heym statuiert werden mußte. Warum haben die Politbürokraten in der DDR die Sache so zugespitzt? Es kann mir doch keiner erzählen, daß jene Versammlung am 7. Juni 1979 im Roten Rathaus, bei der neun Autoren aus dem Schriftstellerverband ausgeschlossen wurden, lediglich eine Angelegenheit unter Autoren gewesen ist.

Ich habe das, glaube ich, in »Abspann« recht eingehend dargestellt, daß der Schriftstellerverband unterschiedlichen Leuten sowohl im Westen als auch im Osten ein Dorn im Auge war – wegen der politischen Rolle, die ihm von beiden Seiten zugeschrieben wurde und wegen der, die er sich anmaßte. Es war kein Zufall, daß sich die meisten direkten Ost-West-Auseinandersetzungen an Bücher hängten. Auf unsere Kosten – und nicht ohne unsere Schuld – wurde ein Stellvertreterkrieg geführt.

Stellvertreterkrieg – was meinst du damit?

Daß wir in Vertretung der Herrschaften agierten, die einen kalten Krieg führten. Heute sagt jeder, wie wir uns hätten verhalten müssen. Aber damals konnte man es angehen, wie man wollte, man machte immer das Falsche. So auch in diesem Fall. Klar war Heym ausgeschlafen genug, sich nie mit dem Stück zufrieden zu geben, das er gerade erobert hatte. Hinzu kam besagter Neid und Groll der anderen. Natürlich wußten alle von dem Riesenartikel, den Fritz J. Raddatz in jenem Sommer in der Zeit veröffentlich hatte. Der lief darauf hinaus, daß es in der DDR zwei Sorten von Schriftstellern gäbe: Die talentierten würden unterdrückt und gemaßregelt und die, die nicht gemaßregelt würden, schrieben Blech. Es gehört zu den Vorwürfen, die man mir ohne weiteres machen kann, daß ich geradezu freudig darauf eingestiegen bin.

Weil du dich von Raddatz persönlich beleidigt fühltest?

Na klar! Sein Text war eine elegante Provokation, auf die ich mit aller Uneleganz reagiert habe. Im Vorstand hielt ich eine zornige Rede – und begriff zu spät, was ich damit losgetreten hatte. Meine scharfe Antwort an den Westen hat Erich Honecker und Joachim Herrmann so gefallen, daß sie das Ding von heute auf morgen ins ND rückten. Damit waren eigentlich die Weichen gestellt und der Vorsatz gefaßt, im Windschatten von Kant dieses Ausschlußverfahren zu betreiben. Die Versammlung im Roten Rathaus war eine, bei der man meine Rede benutzte, um etwas durchzusetzen, was mir so nicht vorgeschwebt hatte. Natürlich war ich mehr als wütend, aber ich wollte keine Ausschlüsse. Ich wußte ja genau, dabei kommt nichts raus, man hat nur ein paar Märtyrer mehr. Nicht aus Edelmut, sondern aus Gründen der praktischen Politik wollte ich das nicht. Ich habe mich überfahren lassen, das kann man im Protokoll nachlesen. Nie zuvor wurde von den Berlinern die Bedeutung des Präsidenten so herausgestellt wie an diesem Tag. Die Versammlung fing mit Günter Görlich an, der den Bezirksverband Berlin leitete, und hörte mit meinem Diskussionsbeitrag auf. Sie hatten klare Weisung: Benutzt seine Vorstandsrede und zieht die Sache durch. Meine Freunde, die Schlenstedts, haben mir in jenen Tagen gesagt, ich solle Kompromisse suchen. Ich habe entgegnet: Gut und schön, aber das wird wohl nichts. Nicht nur weil Heym, Seyppel und die anderen keinerlei Einlenken wollten, vor allem wollten es meine eigenen Oberen nicht. Der unausgesprochene, aber vorhandene Machtkampf Naumann-Honecker, um nur die beiden Namen zu nennen, hatte sich so zugespitzt, daß Naumann zu mir sagen konnte: Der Erich ist zu schwach im Umgang mit euch, der hat Illusionen. Und wenn ihr nicht selber klar Schiff macht, müssen wir das eben tun. Und hat mir dann diese berühmte Aufzählung vorgeführt, wie das in anderen sozialistischen Ländern gehandhabt wird mit unbotmäßigen Künstlerverbänden – die schafft man ab oder macht einen Verein von Leuten daraus, die pro Nase drei Erholungsheime haben.

Wäre das tatsächlich passiert, wenn du dich im Roten Rathaus anders verhalten hättest?

Du meinst, ich hätte sagen können: »Ich mißbillige in aller Schärfe das Verhalten dieser Autoren und fordere euch auf, einen entsprechenden Beschluß zu fassen.« Und damit wäre die Sache erledigt gewesen? Glaub mir, dann hätte der Verband sein Schlußlied singen können. Die sind nicht fähig oder nicht willens, hätte es im Politbüro geheißen, ihre eigenen Angelegenheiten zu regeln. Wenn heute ein Heym da rumspringt, springen übermorgen zehn Heyms da rum. Und ihr wißt doch, wie das in Ungarn angefangen hat, und ihr wißt doch, wie das in Prag angefangen hat. Und so weiter und so fort.

Sie hätten deine Absetzung betrieben?

Der Verband wäre in irgendeine Tiefe abgetaucht. Es hat mit meinem Ehrgeiz zu tun: Ich wollte es so nicht enden lassen. Ein Schlaumeier im Westen hat von »Frontbegradigung« gesprochen. Sie waren immer schnell mit solchen militärischen Begriffen bei der Hand. Aber da war schon etwas dran. Wenn du das jetzt hier regelst, habe ich gedacht, kann der Verband wieder seins betreiben. Daß ich mich verkalkuliert, daß ich diese Kollegen verloren und mich selbst bei vielen Leuten im Lande in Mißkredit gebracht habe, weiß ich alles. Ich habe dafür zu zahlen. Einige meiner Freunde waren danach auch nicht mehr ganz die Freunde, die sie gewesen waren. Ich sage das, um klarzustellen, daß ich mich mit der Rechnung lange befaßt habe und immer noch befasse.

Wie ist denn diese Liste der Autoren damals überhaupt zustande gekommen? Stefan Heym hatte man einen Prozeß wegen Verletzung des Urheberrechts angehängt. Doch was hatten die anderen – Kurt Bartsch, Adolf Endler, Karl-Heinz Jakobs, Klaus Poche, Klaus Schlesinger, Rolf Schneider, Dieter Schubert, Joachim Seyppel – damit zu tun?

Du hast Recht, es waren wirklich unterschiedliche Leute, die vielleicht miteinander gar nicht so viel am Hut hatten. Da hat es Schlaumeier wie Rolf Schneider ebenso wie den lustigen Adolf Endler getroffen. Aber wie so etwas geht. Der eine ruft den anderen an: Dazu müssen wir doch etwas sagen! Daraus ist dann ein Schriftstück geworden, das im Westen veröffentlicht wurde.

Ein offener Brief an Erich Honecker, in dem sie die Knebelung aufmüpfiger Schriftsteller in der DDR kritisierten.

Der Brief war den Behauptungen aus Honeckers Umgebung nach eher in den Westen gekommen als an ihn. Das hat mich aufgeregt, weil ich das schon einmal durchlebt hatte. Nein, das war nicht mein diplomatisches Meisterstück, das muß ich schon sagen, aber ich weiß bis heute nicht, wie ich es anders hätte machen sollen. Wenn ich in der Versammlung gesagt hätte, wir mißbilligen das und damit ist die Sache erledigt. Oder wenn ich gesagt hätte, wenn hier der Ausschlußantrag gestellt wird, lege ich mein Amt nieder. Oder wenn ich gesagt hätte, wir haben eben beschlossen, wir schließen diese Leute aus, nunmehr trete ich von meinem Amt zurück. All das wäre auf das hinausgelaufen, was ich schon ein paar Mal wiederholte: Man hätte entschieden, diesen Verband machen wir dicht.

Hätte man den Schriftstellerverband denn dicht machen können?

Warum denn nicht? Man hat den P.E.N. in Polen verboten, hat den Verband in der ČSSR total entmachtet, hat neben dem Verband in Ungarn eine Gewerkschaft gegründet, die ihm das Wasser abgrub. Man hat sich in jedem Land etwas einfallen lassen. In der DDR hätte man wahrscheinlich gesagt: Also dann wird der und der Präsident, und wir werden mal ein paar Ferienreisen mehr spendieren und sehen, daß endlich dieses Schriftstellerhaus in Petzow ausgebaut wird. So hätte man den Verband in die Bedeutungslosigkeit geschoben. Solch ein Desaster stand mir als Drohung vor Augen. Und ausgeschlossen werden aus der Partei, weil ich meinen Parteiauftrag, Verbandspräsident zu sein, zurückgegeben hatte, ohne die Partei zu fragen, wollte ich auch nicht.

Paul Kant als Gärtner im Hamburger Hirschpark

Mutter Luise Mitte der 70er Jahre in ihrer Küche in Hamburg

Das Haus in Parchim, wo Hermann Kant von 1940 bis 1944 in der Mansarde lebte

Die Post in Kłodawa

Warschau

Hermann Kant an der ABF Greifswald, um 1950

Kant mit einem französischen Studenten bei den Weltfestspielen 1951

Kant mit seinem Sohn Matthias, um 1960

Kant signiert »Die Aula« während der Ostseewoche in Rostock 1966

Mit Horst Schönemann und Vera Oelschlegel bei den Proben zur Bühnenfassung der »Aula« in Halle, 1968

Hermann Kant im Gespräch mit Stephan Hermlin 1973

Mit Christa und Gerhard Wolf, dem er zum Heinrich-Mann-Preis der Akademie der Künste gratuliert, 1974

Mit Stephan Hermlin bei der Kulturkonferenz der FDJ in Weimar, 1975

Mit Peter Weiss und Konrad Wolf zur Eröffnung der Peter-Weiss-Ausstellung im Berliner Marstall am 29. April 1977

Schriftstellerbasar im Palast der Republik zum 60. Jahrestag der Oktoberrevolution, 1977

Kant in New York, November 1977

Mit Konstantin Simonow, März 1978

Mit Anna Seghers 1977

Beim Besuch der VIII. Kunstausstellung der DDR am 31. März 1978 mit Konrad Wolf (li.) und dem DDR-Kulturattaché in Moskau, Gerhard Körbel

Gesichter sprechen Bände. Kant bei seiner Rede auf dem VIII. Schriftstellerkongreß 1978. Hinter ihm (v.l.n.r.) Max Walter Schulz, Joachim Herrmann, Erich Honecker und Erwin Strittmatter

Mit Ruth Werner in einer Kongreßpause

Mit Schülern der II. EOS Berlin-Mitte, die im Januar 1980 im Studiotheater eine Szenenfolge aus der »Aula« zeigten

Im Juni 1980 beim Buchbasar in Rostock

Solidaritätsaktion der Journalisten auf dem Berliner Alexanderplatz 1978

Beim 50. Geburtstag von Harald Wessel (rechts am Tisch) am 12. Februar 1980 im ND-Gebäude. Mit dabei: der stellvertretende Chefredakteur Sander Drobela, Chefredakteur Günter Schabowski sowie der Historiker und Wirtschaftswissenschaftler Jürgen Kuczynski (v.l.n.r.)

Gratulation zum 80. Geburtstag von Anna Seghers am 19. November 1980, beobachtet vom 1. Sekretär des Schriftstellerverbandes Gerhard Henniger, dem Vizepräsidenten Jurij Brezan und Hennigers Sekretärin Gisela Klauschke

Berliner Begegnung zur Friedensförderung im Dezember 1981 mit Konrad Wolf, Jürgen Kuczynski, Stephan Hermlin, Bernt Engelmann

Mit Luchterhand-Verleger Dr. Altenhein, Günter Grass und Ivan Ivanji 1982 auf der Frankfurter Buchmesse

Schriftsteller-Brüder: Hermann und Uwe Kant

Vor dem Geburtshaus (rechts) in Hamburg Groß Flottbeck zu Beginn der 80er Jahre

Bei Erwin Strittmatters (rechts) 80. Geburtstag am 14. August 1982 mit Wolfgang Kohlhaase

Beim 65. Geburtstag des Reclam-Verlegers Hans Marquardt (rechts) mit Stephan Hermlin 1985

Mit Kurt Hager 1983

Buchbasar auf dem Berliner Alexanderplatz, Mai 1985

Mit dem Zukunftsforscher Robert Jungk beim Internationalen P.E.N.-Kongreß 1986 in Hamburg

2. Oktober 1987: Kant signiert seinen neuen Prosaband »Die Summe«

Mit Stephan Hermlin und Bernt Engelmann 1987 beim Schriftstellergespräch »Berlin – ein Ort für den Frieden«

Wandel durch Annäherung: 1987 kam die Sendung »Kennzeichen D« mit Egon Bahr und Hermann Kant aus dem Palast der Republik

Marion Kant mit Sohn Myron, geboren am 16. Dezember 1986

Marions Tochter Jessica, geboren am 31. August 1974, in Kants Familie aufgewachsen

Die gemeinsame Tochter Deborah, geboren am 26. April 1982

Mit Rudi Strahl bei der Demo zum 1. Mai 1988

Frühjahr 1989: Fernsehinterview mit Günter Gaus

Beim Berliner »Sonntagsgespräch« vor dem Roten Rathaus am 29. Oktober 1989 mit Heinrich Fink

Ein Jahr später war alles anders: Hermann Kant am 9. September 1990

Porträt vom 11. September 1994

Vor dem Haus in Prälank, das seit 1994 Hermann Kants fester Wohnsitz ist

550-Jahr-Feier der Universität Greifswald 2006: Hermann Kant überreicht Prof. Dr. Rainer Westermann, dem Rektor der Universität, die arabische Übersetzung seines Romans »Die Aula«

Im Gespräch mit Irmtraud Gutschke in Prälank

Im Gespräch

Stephan Hermlin hat im Roten Rathaus eine beschwichtigende Rede gehalten. Wäre es Hermlin und dir nicht möglich gewesen, die Sache abzubiegen, zum Beispiel indem ihr gemeinsam zu Erich Honecker gegangen wäret und eure Bedenken gegen den Ausschluß überzeugend dargelegt hättet?

Ich weiß nicht mal, ob Stephan bereit dazu gewesen wäre. Zu der Zeit war er, glaube ich, schon nicht mehr von der Reformierbarkeit der Beziehungen zwischen Partei und Verband überzeugt. Er hat seine Rede gehalten, und dann ist er nach Hause gegangen. Darum habe ich Stephan immer beneidet: Er kam spät, wenn er wollte, und er ging früh, wenn er wollte. Anna hatte das auch drauf. Oft, wenn unangenehme Auseinandersetzungen anstanden, haben sie sich nach Hause begeben.

War dir klar, daß die Verbandsausschlüsse dazu führen würden, daß die betreffenden Autoren in den Westen gehen?

Nein, das habe ich so nicht gesehen. Von einigen freilich habe ich gedacht, daß sie in ihrem Innern sowieso schon im Westen waren. Es ist nicht übertrieben, wenn ich sage: Für einige war es schmerzlich, und für einige ist es der Höhepunkt ihres literarischen Lebens gewesen. Die Kameras der ARD standen an der Eingangstür zum Roten Rathaus. Blieben diese Autoren im Verband, würden sie als Sieger gefeiert, wenn nicht, als Opfer – gefeiert würden sie auf jeden Fall. Sie würden mundtot gemacht, stand es im offenen Brief. Das war Quatsch! Jeden Abend war einer von diesen Kollegen im Westfernsehen zu hören, wie er den Mund aufmachte und etwas sagte, das die falschen Leute bediente.

Aber die Befürchtung, mundtot gemacht zu werden, bezog sich doch auf die Situation im eigenen Land! »Hätten wir unsere Stellungnahme im ND veröffentlichen können?« fragte Klaus Schlesinger in dieser Versammlung, und jeder konnte sich darauf die Antwort geben: Natürlich nicht!

Und trotzdem polemisiere ich gegen die Behauptung, sie seien Opfer, die mundtot gemacht wurden. Die meisten Leute haben das Westfernsehen und nicht das Ostfernsehen genossen. Das heißt, die Mundtoten waren jeden Abend in den Wohnzimmern. So mundtot möchte man mal sein, habe ich damals gesagt. Natürlich war das eine Folge des idiotischen Umstands, daß die DDR-Führung es nicht vertragen konnte, wenn jemand eine andere Meinung äußerte als die offizielle.

Aber daß Künstler nicht bloß Rädchen und Schräubchen sein wollten für irgendwelche ideologischen Weichensteller, in diesen Unmut kannst du dich doch hineinversetzen? Dir war das doch auch zuwider?

Ja, aber darum ging es gar nicht mehr. Was die Kollegen wollten, war die Anerkennung von Sonderregelungen für ihre Person innerhalb der DDR-Gesellschaft, die eine restriktive war. Ohne Rücksicht auf andere spitzten sie die Konflikte zu. Womit sie provozierten, daß sofort alle Sturmtruppen auf uns losgelassen wurden. Ich dagegen, da komme ich mir nach wie vor wie ein Reformist und Sozialdemokrat vor, wollte keine ruckartige Bewegung der Ellenbogen.

Sondern eher vorsichtige, nachhaltige Veränderungen für alle und nicht bloß für einzelne?

Vor allem nachhaltig. Ich wollte, daß wir unsere Bewegungsfreiheit erweitern, so wie ein Mensch langsam gegen schweren Druck die Ellenbogen ausfährt. Wenn er das schafft, hat er mehr Raum als vorher. Und hat er mehr Raum, kann er mehr schaffen. Das wollte ich.

Aber das war doch mitunter so, wie Sisyphus den Stein auf den Berg hinaufwälzt. Gab den Leuten im Politbüro jemand eine Kröte zu schlucken oder lief ihnen auch nur eine Laus über die Leber, nieste jemand in Moskau, rollte der Stein zurück, beinahe über Sisyphos' Füße. Da achteten die einen auf die jeweilige

Stimmung im Politbüro, andere sagten sich: Was gehen mich die augenblicklichen Befindlichkeiten der DDR-Führung an?

Manchen galten nur persönliche Interessen und Beweggründe. Aber ich habe die Dinge immer politisch gesehen. Tatsache war, daß wir zu dieser Zeit eine absolut zugespitzte Ost-West-Konfrontation hatten. Und die Künstler waren wunderbar brauchbare Instrumente in diesen Auseinandersetzungen.

Ich habe mich mal dafür interessiert, was es 1979 in der DDR sonst noch Aufregendes gab. Da war zum einen das 3. Strafrechtsänderungsgesetz vom April, auf das ich damals, wie ich mich erinnere, so reagierte: Wenn die wollen, sperren sie jeden ein. Das politische Strafrecht wurde verschärft mit Formulierungen, die willkürlich auslegbar waren. Eine Einschüchterungsgeste gegenüber dem eigenen Volk, so hat man es wohl verstanden. Heute weiß man, daß die Strafrechtsänderung tatsächlich als Instrument für den Fall einer inneren und äußeren Krise gedacht war, die von den Machthabern befürchtet wurde. Ob das mit dem sogenannten NATO-Doppelbeschluß in Zusammenhang stand, der die Aufstellung einer neuen Generation von US-Raketen in Westeuropa ankündigte, um die UdSSR bezüglich ihrer Mittelstreckenwaffen unter Druck zu setzen? Allerdings war das erst im Dezember.

Aber Signale hat es lange vorher gegeben. Und die haben für entsprechende Irritation in der DDR-Führung gesorgt. Später zu eigenen Aktivitäten der Schriftsteller. Denk an die Berliner Begegnung zur Friedensförderung 1981, die auf Initiative Stephan Hermlins – gerühmt sei sein Name auch in diesem Zusammenhang – zustande kam. Im Gegensatz zur heutigen Gleichgültigkeit herrschte eine ungemein knisternde Atmosphäre. Ich bin andauernd von mir unbekannten Leuten auf der Straße angesprochen worden, was diese Vorgänge betraf. Das ist fast vergessen, aber damals hat es jeden bewegt, der politisch denken konnte. Wer so tut, als habe es sich bloß um Meinungsverschiedenheiten zwischen ein paar Poeten gehandelt, der weiß nicht, wie die Welt beschaffen war und wie sie heute ist. Ich kann doch nicht so tun, als sähe ich nicht, daß vielerorts auf dem Globus schwarz-rot-goldene Fähnchen stecken. Daß da Kontingente stehen, um einem anderen Volk zu ermöglichen, in Frieden mit sich selber auszukommen, ist die bestenfalls gutherzige Beschreibung dieser Situation. In Wirklichkeit befinden sich bewaffnete Truppen nicht zufällig an Orten, an denen es immer schon strategisch günstig war. Kongo oder Afghanistan – das sind keine Gegenden, wo man nur ist, um die dortige Bevölkerung zu schützen. Natürlich bin ich müde und versucht zu sagen: Was geht mich das eigentlich an? Aber vielleicht, denke ich manchmal kühn, treibt es mich heute nicht so sehr um, weil ich nicht jeden Tag in einen Schriftstellerverband laufe, in dem darüber debattiert wird, oder Zeitungen lese, in denen gefragt wird, was die Schriftsteller dazu sagen. Autoren, die sich einmischen, gibt es kaum noch; es gibt in dieser Hinsicht keinen nennenswerten Schriftstellerverband. Das ist – wenn Naumann das wüßte! – alles abgeschafft.

Meinst du, daß der Verband deutscher Schriftsteller, in der BRD erst 1969 gegründet, schon 1973 der IG Druck und Papier angegliedert wurde, war so ein geschickter Schachzug, um sich organisierter kritischer Einmischungen zu erwehren?

Weiß ich nicht, aber die Wirkung war so. Und Günter Grass, der letzte, der noch den Mund aufgemacht hat, ist jetzt diskreditiert. In den Gewerkschaften haben natürlich die Schriftsteller eine absolute Nebenrolle inne.

Aber noch mal zurück zu dieser Konfliktsituation 1979 und dem einzigen Ausweg, den du für dich sahst: zu machen, was die Parteiführung wollte, auch wenn du eigentlich anderer Meinung warst. Der 1. Verbandssekretär Gerhard Henniger teilte ein paar Tage später dem MfS deine Bauchschmerzen mit, wie aus dem Buch »Die Akte Kant« von Karl Corino zu entnehmen ist. Du hast ihm gegenüber Zweifel geäußert, ob der Ausschluß dieser neun Autoren aus dem Verband richtig war?

Sicher.

Zeigte der Druck, der auf dich ausgeübt wurde, nicht, wie verfahren das alles schon war? Konntest du ernstlich annehmen, du würdest den Rücken wieder frei bekommen? Mußtest du nicht davon ausgehen, daß eine Parteiführung, die so rüde in den Verband hineinregiert, das weiter so halten würde?

Ich dachte wirklich: Wenn ich der westlichen Seite klarmache, in Gestalt von Raddatz in dem Fall, sie sollten sich aus unseren Angelegenheiten raushalten, könnten wir im Verband ruhiger unterschiedliche Auffassungen bereden. Das war meine Vorstellung. Dem haben andere bei uns, denen solches Bereden verdächtig war, einen Riegel vorgeschoben: Schluß. Das waren keine Aktionen, auf die ich stolz wäre, aber solche, von denen ich hilflos sage: Ich wüßte heute noch nicht, wie ich mich hätte anders verhalten sollen.

Im Grunde hätte man, wenn man politisch klug gewesen wäre, sich nicht provozieren lassen dürfen. Naumann ist eben nicht politisch klug gewesen.

Auf seine Weise doch, indem er diese Schriftsteller-Sache für seinen Machtkampf gegen Honecker ausgenutzt hat. Er stand ja mit seiner Haltung nicht allein. Doch hätte er es geschafft, Honecker abzusetzen, hätte er wieder ganz andere gegen sich gehabt. Das ist sicher.

Intrigen bei Hofe. Ich bleibe dabei: Wenn es eine Ost-West-Auseinandersetzung war, in der man Schriftsteller zu Schachfiguren degradierte, wäre es im Sinne von DDR-Politik weise gewesen, die Sache nicht dermaßen hochzuspielen. Denn das wollte die Gegenseite doch nur. Die ARD-Kameras vor dem Roten Rathaus – warum lieferte man den Journalisten denn ihre Sensation?

Das kann man heute sagen. Aber dem steht unter damaligen Umständen etwas ganz Wichtiges gegenüber. So frei agieren konnte die DDR-Staatsführung nicht. Sie war im sozialistischen internationalen Konzert in der Pflicht, etwas vorzuweisen. Aus Moskau blickte man auf Berlin mit aller Aufmerksamkeit und wollte sehen, wie die deutschen Genossen solche Dinge regelten. Es hat Honecker immer begleitet, daß er aus dem Kreml Bescheid kriegte. Nein, das war alles abgekartet. Ich beklage mich nicht, aber ich stelle fest, dieser Vorgang ist inzwischen reduziert auf die Rankүne von Kant und die Unschuld der anderen.

Gab es Momente, wo du getäuscht worden bist?

Ich möchte niemanden in die Pfanne hauen. Aber ich wußte nicht, daß der Ausschluß der neun Schriftsteller zwischen der SED-Bezirksleitung Berlin und dem Vorstand der Bezirksorganisation Berlin des Schriftstellerverbandes beschlossen war. Ich war nicht dabei, als das beredet wurde, und man hat es mir nicht gesagt. Als ich ins Rote Rathaus ging, war ich wütend und auf ein anstrengendes Rededuell mit offenem Ausgang eingerichtet. Daß alles schon in Sack und Tüten war und ich nur der Ausführende, sah ich nicht. Als ich es während der Versammlung merkte, hielt ich die Richtung bei, für die ohne mich die Weichen gestellt worden waren.

Das habe ich nicht gewußt. Wenn ich mir vor Augen halte: Einen so Eigenständigen wie dich, was ja anerkannt war, zum bloß Ausführenden dessen zu degradieren, was man ohne ihn beschlossen hatte – was für eine Demütigung im Grunde! Wenn ich dich richtig verstanden habe, hättest du auch ohne den Beschluß der Berliner Parteileitung gewußt, was erwartet war. Und doch glaubtest du, frei zu sein. Nun wurdest du bloß vorgeschickt, solltest die Kastanien aus dem Feuer holen.

Das hat man deutlich genug gemacht. Als ich Heym geantwortet habe im Roten Rathaus, freihändig, nachdem er seine Rede vorgelesen hatte, wurde das loyal bis erleichtert von den Leuten in der Leitung begrüßt, nach dem Motto: Du hast die Sache aus dem Feuer gerissen. Daß das Feuer nicht von mir gelegt worden war, spielte schon keine Rolle mehr. Ich sage das nicht, um mich zu rechtfertigen. Aber es wurde nicht mit offenen Karten gespielt. Als ich hörte, jene Autoren, die sich mit ihrem offenen Brief via westliche Medien an die Öffentlichkeit wandten, hätten geklagt, in der DDR würden die Schriftsteller mehr und mehr unterdrückt, habe ich beim Staatsrat angerufen. Die Autoren behaupteten ja, sie hätten ihre Klage auch dort vorgebracht. Was mir im Leben noch nicht passiert war, passierte: Innerhalb einer Stunde kam ein reitender Bote und brachte – obwohl ich es gar nicht verlangt hatte, der Argwohn war ja gar nicht da –, den Brief mit Eingangsstempel. Es war sorgfältig vorbereitet, daß ich den Eindruck gewann: Die haben wieder mal den Westen vor dem Osten informiert. Ich bin inzwischen nicht mehr sicher, daß es so gewesen ist. Kann sein, ich bin richtig schön gelinkt worden.

Aber wer konnte denn ein Interesse daran haben?

Natürlich meinten alle, ich werde der Auseinandersetzung gewachsen sein. Wenn ich es nicht schaffte, wußten sie auch, war ich erledigt. Und wenn ich durchkäme, wäre ich das auf andere Weise auch. Was für eine Gelegenheit. Wenn dieser Nebeneffekt sich nicht eingestellt und man »bloß« den Verbandskonflikt »bereinigt« hätte, wäre man auch zufrieden gewesen. Aber mir einen Dämpfer zu geben, war schon nicht unerwünscht.

Später, in den 80er Jahren, ist es offensichtlich geworden, wie man anhand von MfS-Berichten sieht, daß es bei linientreuen Verbandskollegen Ressentiments gegen dich gab. Dein Verhalten paßte nicht ins Schema, erschien eigenmächtig, arrogant. Aber 1979 warst du doch noch gar nicht lange Präsident des Schriftstellerverbands. Gab es da auch schon solche Signale der Unzufriedenheit?

Das hat mit meinem Einsatz für Loests Buch begonnen. Ich habe dem Präsidium natürlich nicht gesagt, daß ich bei Honecker dafür mein Amt in die Waagschale geworfen hatte. Ich habe lediglich berichtet, daß ich dort war und er veranlassen werde, daß ein anderer Verlag eine Nachauflage des Romans druckt. Damit war ich bei einem Teil des Präsidiums schon unten durch. Denn was hatten sie mit diesem Loest zu schaffen. Sie verstanden nicht, daß es mir um das Prinzip des Umgangs mit Büchern und Autoren ging.

Letztlich auch zu ihren Gunsten.

Das sahen sie so nicht. Ihr Unbehagen verstärkte sich, nachdem die Leiterin der Kulturabteilung im ZK die 1. Sekretäre der Künstlerverbände und einige andere Leute in ihrem Beratungsstab zusammengerufen und in einer empörten Rede darüber informiert hatte, zum ersten Mal in der Geschichte der DDR habe ein Verbandspräsident dem Generalsekretär des ZK der SED die Alternative aufgemacht: Entweder das und das geschieht, oder ich trete zurück. Das war das Unerhörteste, was sie sich vorstellen konnte. Ich wüßte nichts davon, wenn es mir nicht jemand aus der Kulturabteilung gesteckt hätte. Auch von Kulturminister Hans-Joachim Hoffmann habe ich erfahren, was für eine Empörung da herrschte. Von da an hatte ich immer mit dem Vorfall zu tun. Ich mußte mich daran gewöhnen, daß die Hirten aus dem Präsidium, ob Gerhard Holtz-Baumert, Günter Görlich, Rainer Kerndl oder Gerhard Henniger, maulend herumsaßen, weil ich eine bestimmte Tonart nicht mitmachte. Da hatte ich keine Illusionen, das gehörte dazu. Als sich erwiesen hatte, nach Anna konnte jemand anders kommen, war genauso klar, dann konnte es auch jemand anderes sein.

Du meinst, es haben einige dieser »Hirten«, wie du sagst, für sich selber den Präsidentenposten erhofft?

Selbstverständlich. Jurij Brezan hat es sich gewünscht und das deutlich gesagt. Günter Görlich hätte sich wohl auch zum Präsidenten der Republik ernennen lassen. Und Gerhard Holtz-Baumert ist, wie gesagt, während meiner Krankheit amtierender Präsident gewesen und hat sich aufgeführt wie ein durchgedrehter Patriarch. Was ich ihm nie zugetraut hätte. Bis heute ist es mir rätselhaft: Wie kommt ein bis eben noch freundlicher Freund – wir haben uns wirklich gut verstanden – auf die

Idee, plötzlich den King zu geben? Na ja, da kannst du Überraschungen erleben. Insofern war es nicht langweilig.

Hatte Raddatz mit seinem Artikel nicht doch recht, daß es diese Kluft zwischen den DDR-Autoren gab? Diejenigen, die treu der Parteilinie folgten, hielten es für eine große Ungerechtigkeit, daß nicht sie, sondern die anderen Westauflagen und Westreisen hatten, daß gerade die »politisch Unzuverlässigen«, wie sie es verstanden, auch im eigenen Lande insgeheim im Rufe standen, große Künstler zu sein, während sie selber nur die Literaturarbeiter waren. Auch wenn es bei dir und Strittmatter anders war: Ihr vereintet in eurer Person die Eigenschaft, gute Genossen und hoch angesehene Schriftsteller zu sein.

Das war die Ausnahme.

Und die Literaturkritik in der DDR hat das falsche Spiel mitgemacht, »linientreue« Autoren durch Lob zu belohnen. Alle Maßstäbe wurden verschoben. Das mußte zu Größenwahnsinn führen. Viele kannten ihre Grenzen nicht.

Nun, diesbezüglich darfst du von Schriftstellern nicht zu viel Realitätssinn verlangen. Wenn du nicht überzeugt bist von dem, was du machst, kannst du nicht schreiben.

Das ist auch heute nicht anders. Aber in der DDR herrschte ein schizophrenes Klima bezüglich der Beurteilung von Literatur, weil das Wesen von Kunst und die ihr von den Machthabern zugemessene Rolle im Widerspruch zueinander standen. Das brachte die Literaturkritik ins Dilemma. Veröffentlichte und persönliche Meinung wichen voneinander ab. Mit solcherlei hat sich die Obrigkeit nicht gequält. Im Parteiapparat glaubten nicht wenige, man könne doch gut mit dem Kreis der getreuen Autoren auskommen und die unbequemen in den Westen gehen lassen.

Das dachten nicht nur Funktionäre. Obwohl mich eigentlich nichts mehr hätte verblüffen dürfen, habe ich gestaunt, wie unverfroren manche Leute im Verband, darunter eine bekannte

Autorin, gesagt haben: Wenn die und die nun weg sind, dann könnte der Ruhm doch neu verteilt werden auf die und die. Sie haben sich allen Ernstes eingebildet, es sei nur eine Frage ungerechter Verteilung, daß etwa Günter Kunert berühmter war als sie.

Aber du selber hast, was literarische Qualität betraf, wohl zu unterscheiden gewußt.

Gewiß doch.

Weshalb sich manch einer von dir mißachtet fühlte. Und so ein Groll ist wahrscheinlich der schlimmste. Du würdest um die Gunst oppositioneller Kräfte buhlen, hieß es in einem Bericht ans MfS.

Ich habe mich auch für die, die ich nicht leiden konnte, eingesetzt. Zum Beispiel für Rolf Schneider. Als ich hörte, sie wollen ihn nicht mehr drucken, habe ich im Präsidium gesagt: Diese Leute sind aus dem Verband ausgeschlossen, nicht aus der Literatur. Das hat man mir sehr verübelt, weil andere dachten, wenn die aus dem Verband, also auch aus der Literatur ausgeschlossen sind, ist mehr Platz für sie.

Du hast immer auf mich den Eindruck gemacht, daß dir niemand so leicht was anhaben konnte. Aber wie war es in Wirklichkeit? Konntest du Konflikte mit Kollegen an dir abprallen lassen?

Ich bin doch nicht seelenlos! Natürlich hat es mich beschäftigt. Mich haben bestimmte Dinge mehr aufgeregt, als ich mir habe anmerken lassen, vor allem, wenn es um Leute ging, von denen ich was hielt. Ich finde immer noch Quatsch, was Günter Kunert über mich erzählt, und kann Sarah Kirsch in ihren Ansichten über mich immer noch nicht begreifen.

Hast du mal versucht, dich heute an diese Autoren zu wenden, ihnen mal zu schreiben?

Nein, ich akzeptiere, was ist. Aber ich bin auf eine blödsinnige Weise traurig, gerade weil ich den Unterschied sehe zwischen dem, was diese Leute verfassen und was die Mehrheit so anfertigt. Ich sehe Qualität und habe das romantische Bedauern in mir, daß wir einander nicht mehr gut sind.

Aber konntest du denn nicht die Hand über sie halten?

Wollte ich in bestimmten Situationen auch nicht. Wenn Sarah Kirsch sich Reisefreiheit zu erzwingen gedachte, indem sie zu Honecker sagte – das hat er jedenfalls behauptet –, sie wohne im 14. Stock, hat mich diese Drohgebärde mehr als verärgert.

Hat sie damit gemeint, daß sie notfalls aus dem Fenster springt? Und wenn sie wirklich in so einer verzweifelten Stimmung war?

Ich habe auch hin und wieder Stimmungen dieser Art, aber ich kann das nicht zur großen nationalen Geste machen. Daß Sarah Kirsch ein großes Talent ist, stand für mich nie in Zweifel, auch nicht, daß sie für sich daraus Rechte ableitete. Aber sie setzte immer noch eins drauf. Oder Günter Kunert: Wie ein händeringender Bittsteller habe ich bei ihm rumgesessen und gebarmt: »Günter, sei so gut und bleibe hier!«

Was damals nicht allgemein bekannt war: Es gab für DDR-Schriftsteller, die im Westen leben wollten, neben der Möglichkeit des Ausreiseantrags, was oftmals mit Pressionen verbunden war, noch eine komfortablere Variante: das Dauervisum. Sarah Kirsch wollte offenbar letzteres, so wie Jurek Becker, der 1977 mit einem Zweijahresvisum die DDR verließ, das 1979 auf zehn Jahre verlängert wurde. Das bedeutete ja praktisch, daß man sich zwischen Ost und West bewegen konnte, als ob es keine Grenze gäbe.

Wenn Honecker das zugestanden hätte – er hat ja manchmal den Kompromiß gesucht –, hätte sich gleich ein Regiment von Autoren erhoben, die das für sich auch verlangt hätten. Sarah Kirsch ist nicht besser als wir, hätten sie gesagt. Was nicht stimmt. In der Literatur gibt es unterschiedliche Ranghöhen.

Aber selbst wenn es sich um einen Nobelpreisträger gehandelt hätte, wäre gewütet worden. Ich hatte bei diesen Verbandskämpfen doch nicht nur mit Leuten zu tun, die anderer Ansicht waren als ich, sondern auch mit solchen, die darauf warteten, plump meiner Ansicht zustimmen zu können. Das hat mich manchmal mehr gestört als ein Widerwort.

Wobei die Bewegungsfreiheit eines Jurek Becker doch eigentlich das Normale gewesen wäre.

Ja sicher, ich erinnere mich, wie wir uns einmal am Checkpoint Charlie getroffen haben. Ich fuhr zu Ingrid Krüger vom Luchterhand-Verlag nach Westberlin wegen meines Buches, und auf der Einreisespur mir gegenüber stand das Auto von Jurek Becker, der zu Hinstorff nach Rostock wollte. Weil wir warten mußten, haben wir uns in diesem wenig anheimelnden Milieu freundschaftlich unterhalten. Schriftsteller konnten reisen, was andere DDR-Bürger blutenden Herzens sahen. Da ärgerte es mich, wenn manche ihre Privilegien als selbstverständlich nahmen und immer mehr davon wollten, während andere froh gewesen wären, wenigstens etwas davon zu haben. Ich wollte für den Verband dieses »wenigstens etwas«. Alles war nicht zu haben, jedenfalls keineswegs auf einmal.

Wie ihr euch am Checkpoint Charlie begegnet seid – du fährst nach Westen, Jurek Becker nach Osten – ist doch ein Bild dafür, wie schön es hätte sein können, wenn alle hätten reisen dürfen.

Die Sache war die, daß wir unsere Ausritte selber bezahlten mit den Einnahmen aus Lesungen oder aus Buchhonoraren. Wer solche Einnahmen nicht hatte, mußte sich betrogen fühlen, wenn man ihm sagte: Du hast kein Geld, und wir haben auch keines, also geht es nicht. Bei diesen pekuniären Fragen hörte jede Verständigung auf. Die Theorie lautete: Wenn uns nicht so viele Leute weggelaufen wären, hätten alle normal hin- und herlaufen können. Für die Praxis wurde daraus nichts gewonnen.

Sarah Kirsch wurde das Privileg dieses Dauervisums verweigert. Andere haben es ohne Probleme bekommen. Ich denke an Wolfgang Hilbig, an Uwe Kolbe, bei Irina Liebmann ist es wohl auch so gewesen.

Das war schon in den 80er Jahren. Da sah die Parteiführung der DDR darin einen Weg, solche Leute loszuwerden ohne großen Ärger. Sie machte sich aber keine Vorstellung von der Kettenreaktion. Plötzlich wollten viele auf die Bahn. Der Ausweg wäre gewesen, zu sagen: Schriftsteller, das ist so ein komischer Reiseberuf, diese Leute kriegen alle automatisch einen Reisekaderbescheid. Nur hätten dann noch mehr Schreiber in den Verband gewollt.

Hattet ihr in Visa-Angelegenheiten ein Wörtchen mitzureden?

Ich hatte die Abmachung mit Hager, daß alle Visa-Anträge, die wir befürworten, genehmigt würden. Da habe ich mitunter geschwitzt: Was wird der wohl anstellen da drüben? Einmal kam ein Autor, ich weiß den Namen nicht mehr, und sagte: »Ich will an die Biskaya, ich will endlich mal an die Biskaya.« Ich sagte, er solle doch wenigstens sagen, er wolle ein Buch über die Biskaya schreiben. Aber das war schon unter seiner Würde.

Davon hat die Öffentlichkeit damals gar nicht so viel mitbekommen. Du meinst, sie wollten ein völlig anderes Leben führen, als es DDR-Bürgern sonst möglich war?

Was man sicher unterschiedlich bewerten muß. Heym ist nie auf eine andere Idee gekommen. Er hatte gegen Hitler gekämpft und wollte entsprechend frei sein. Das konnte ich verstehen. Aber wenn andere die gleichen Privilegien verlangten, von denen ich mir nicht vorstellen konnte, mit welcher literarischen Begründung man sie überhaupt in den Verband aufgenommen hatte, da machte ich nicht mit.

Sich dachten, im Westen würden sie besser leben, könnten reisen …

Und gleich einen Literaturpreis bekommen, davon konnten sie ausgehen. Man kümmerte sich um Autoren, die aus dem Osten kamen.

Da wird mir klar, daß du dir bei weitem nicht nur aus politischen Gründen Feinde gemacht hast. Es reichte, daß du schwer hörtest, wenn jemand ein Reiseansinnen hatte. Und da Gerhard Henniger gewöhnlich solche Anträge entgegennahm, brauchte der negative Bescheid nicht mal von dir gekommen zu sein.

Gewiß doch.

Andererseits, wenn nun mal einer, ob nun Schriftsteller oder nicht, den Wunsch hatte, die DDR zu verlassen – aus welchen Gründen auch immer – kann man doch seinen Zorn verstehen, wenn man ihm die kalte Schulter zeigt, ihn gar mit allem möglichen Druck daran hindert?

Ich muß doch nicht beteuern, daß ich das schlimm finde und fand. Peinlich dazu, zumal wir, die wir Privilegien hatten, von vielen Mitbürgern scheel angesehen wurden.

Aus heutiger Sicht betrachtet: Hat ein Land, dessen Existenzgrundlage die Abschottung ist, nicht überhaupt nur eine kurze Lebenserwartung?

Natürlich nicht nur aus heutiger Sicht. Ein Staat, der seine Bürger einschließt, damit sie ihm nicht weglaufen, kann nicht auf Dauer gedeihen. In meinen Unterlagen müßte stehen, wie oft ich gesagt habe, ich wünsche mir in der DDR Verhältnisse, die niemand gegen andere eintauschen will.

Im Juni 1979 hast du dir gesagt, du müßtest alles dafür tun, damit der Verband unter deiner Leitung fortbesteht. Und knapp zwei Jahre später wolltest du selbst das Handtuch schmeißen. Warum?

Es hat mehrmals solche Situationen gegeben. Richtig ernst wurde es 1988. Dabei mag der Anlaß aus heutiger Sicht gering erscheinen: ein Artikelchen im damaligen Sonntag, in dem es eine Serie über bekannte Leute gab. Darin wurde ich dargestellt als einer, den sich keiner zu kritisieren traut.

Wer hat den Artikel verfaßt?

Der stellvertretende Chefredakteur. Ich wurde als ein Mensch geschildert, der nur auf Grund seiner Stellung den Ruf genießt, ein guter Schriftsteller zu sein, und der alle niedermacht, die das in Zweifel ziehen. Es war ein für DDR-Verhältnisse ungewöhnlicher Artikel. Überhaupt über jemanden, aber über mich schon gar. Es konnte nur eine Absicht dahinter stecken. Ob das nun aus der Agitationsabteilung von Joachim Herrmann kam oder von wem auch immer, auf jeden Fall war klar, das hatte nicht der Pförtner veranlaßt und das hatte sich nicht der Sonntag ausgedacht. So was druckte man nicht ohne höhere Weisung. Natürlich war ich fuchsteufelswild. Später hieß es, ich hätte mich beschwert, und daraufhin hätte es Eingriffe in die Redaktion gegeben. Das stimmt nicht, ich habe mich nicht beschwert. Mir wurde mitgeteilt, die Redaktion werde einer Prüfung unterzogen. Was wiederum auf ganz andere Pläne deutete. Der Sonntag war ja nicht in Joachim Herrmanns, sondern in Kurt Hagers Bereich, unterstand der Abteilung Kultur und nicht der Agitation, die immer in Konkurrenz miteinander lagen. Wer den Artikel gebracht hat, der meinte nicht nur mich, sondern wollte Hager eins überdreschen. Kurz, eine Intrige.

Schlag den Sack und mein den Esel.

Ich habe etwa vier Wochen gewartet, dann bin ich in den Sonntag gegangen und habe gefragt, ob es zu diesem Artikel Leserbriefe gebe. Man sagte, es habe keine Reaktion gegeben. Da habe ich Honecker geschrieben, daß ich meine Funktion niederlege, weil offensichtlich alle Leute glauben, was in dem Artikel steht: Daß ich ein Machtmißbraucher bin, der seinen Ruf nur aus seinen Ämtern zieht. Daraufhin hat mich Honecker aus Dierhagen angerufen. Er müsse sich operieren lassen, aber wenn er wieder auf den Beinen sei, würden wir darüber reden. Das habe ich natürlich verstanden. Er wurde operiert, aber nicht wieder gesund.

Kleinliche Palastintrigen. Was alles faul war in diesem Lande, du hast es doch viel besser als andere gewußt. Und während der ganzen 80er Jahre, sozusagen bis zum Ende der DDR, geglaubt, es ließe sich irgendwie richten?

Ich bin nicht auf die Idee gekommen, daß es mit der DDR den Bach runtergeht. Aber jeden Tag hat mich beschäftigt, welcher Mist gemacht wurde. Ich habe nicht sehr viel geschrieben in den 80ern. Allerdings hat Heiner Müller später »Bronzezeit« als schärfste Satire bezeichnet, die er in den letzten Jahren gelesen habe. Einer, der aussteigen will, bedient sich des Personenkults, um als untauglich zu gelten. Auch »Die Summe« ist die Geschichte eines Mannes, der die Schnauze voll hat ... Das kannst du nur verstehen, wenn du weißt, daß ich immer dachte: Wir kriegen das schon noch hin. Daß es nicht mehr hinzukriegen war, habe ich erst im Sommer 89 begriffen. Spät, aber so war es nun mal. Es ist auch nicht so, daß ich mich dafür verdamme. Was sehe ich denn heute für eine Welt? Was sehe ich denn für Figuren, die über Leben und Tod bestimmen? Insofern sage ich nicht: Wir waren die Falschen und die sind die Guten. Nein, aber wir waren nicht gut im Betreiben einer guten Sache.

VI.

»Ich will, wie lustig von mir, Herr über mein Leben sein.«
Hermann Kant: »Okarina«

Was soll überhaupt so ein Interviewband, hast du gesagt, bevor wir damit begonnen haben. Es steht doch alles in meinen Büchern. Aber ist, über ein Leben zu reden, nicht doch etwas anderes, als aus diesem Leben Literatur zu machen?

Das handhaben Schriftsteller unterschiedlich. Anna Seghers zum Beispiel ist, ausgenommen vielleicht im »Ausflug der toten Mädchen«, ganz karg gewesen mit dem, was sie von sich preisgab. Ich dagegen sah nicht ein, wozu ich mir was ausdenken soll, wenn ich den Kopf voller erlebter und nicht aufgeschriebener Geschichten habe. Allerdings fragt man sich im nachhinein doch, was da auch verloren gehen kann – der Gewinn ist unbenommen –, wenn aus Leben Literatur werden soll. Es beginnt schon damit, daß man vielleicht etwas nicht mehr genau in Erinnerung hat. Da hat mich Grass' späte Enthüllung seiner SS-Vergangenheit dazu gebracht, an die Wehrmachtsauskunftsstelle zu schreiben: »Ich habe bisher nach bestem Wissen und Gewissen angegeben, daß ich dann und dort Soldat geworden und dann und dort in Gefangenschaft gekommen bin. Bitte das zu überprüfen.« Vorige Woche kam ein Anruf von dieser Dienststelle. Eine Dame mit polnischem Akzent sagte: »Herr Kant, Sie haben leider vergessen, Ihr Geburtsdatum zu nennen.« Ich: »Ach du lieber Gott, das ist ja die Hauptsache bei einer solchen Untersuchung.« Ich nannte es und fügte hinzu: »Wenn wir schon davon reden, weise ich Sie auf folgendes hin. In meinen Ausweisen und Papieren steht, daß ich in Groß Flottbeck geboren bin, aber in meinen Lebensläufen, daß ich aus Hamburg stamme. Das erklärt sich so, daß Groß Flottbeck eine Gemeinde in Pinneberg war, in Holstein, und 1927 eingemeindet wurde nach Hamburg.« Ja, sagte sie, das sei kein Problem. Und fügte hinzu, als ob es der Wappenspruch ihrer Behörde wäre: »Wir werden Sie schon finden.« Fand ich großartig.

Wozu brauchst du denn so eine Überprüfung?

Ich möchte eine Bestätigung meiner Erinnerungen gern im Regal haben, da ja nun meine Generation unter Generalverdacht steht.

Das Bekenntnis von Grass, meinst du, habe noch einmal diesen – immer schlummernden – Generalverdacht geweckt?

Gewiß. Jetzt denke ich über alle meine näheren Bekannten nach, die in diesem Alter sind. Von Günter Ebert war bekannt, daß er SS-Mann war. Von Rainer Kerndl wußte ich es auch. Aber kürzlich bin ich über einen Artikel im Tagesspiegel gestolpert – über einen dieser Richie-Boys …

Das ist doch diese geheime Einheit der US-Army. Deutsche Exilanten sind im Camp Richie, Maryland, zu Experten in psychologischer Kriegsführung ausgebildet worden, haben Flugblätter verfaßt, Verhöre deutscher Kriegsgefangener durchgeführt. Auch Stefan Heym gehörte dazu …

Klaus Mann ebenso und andere Berühmtheiten. In dem Artikel jedenfalls ging es darum, daß einer dieser Richie-Boys nach dem Krieg in einem Lager bei Ludwigslust, wo 2000 junge SS-Männer einsaßen, die Befragungen durchgeführt hat. Da fiel mir ein, daß Gerhard Holtz-Baumert in seinen Erinnerungen »Meine bucklige Verwandtschaft« geschrieben hat, er sei bei Ludwigslust in Gefangenschaft gewesen. Und dann fiel mir auch noch ein, wie ich damals bei Honecker war und ihm sagte, ich sei im Präsidium nicht alleine der Meinung, daß der Loest-Roman unverändert weitergedruckt werden solle, auch Gerhard Holtz-Baumert sehe das so. Woraufhin Honecker mit nur zwei Worten antwortete: »Der muß.« Das klang, als ob Holtz-Baumert etwas zu tun hatte, ob er wollte oder nicht.

Du meinst generell, daß Wissen um die Vergangenheit des einzelnen auch zu erpresserischen Zwecken genutzt worden ist?

Selbstverständlich. Die werden gesagt haben: »Sie sind reif zum Erschießen, aber Sie haben auch eine andere Möglichkeit.« Nein, es ist schon richtig, von Generalverdacht zu sprechen. Gegen die Kriegsgeneration. Die Jüngeren sind davon frei.

Wenn man jetzt einen 80- oder 90jährigen SS-Mann enttarnt, der nachweislich Verbrechen gegen die Menschlichkeit begangen hat, was meinst du, soll man den jetzt noch einsperren, ihn hinrichten gar wie Adolf Eichmann in Israel?

Juristisch ist es wohl so, daß solche Leute ausgeliefert werden und Verurteilungen stattfinden müssen, auch wenn der Strafvollzug ausgesetzt wird. Aber wenn ich an die vielen damals ganz jungen SS-Leute wie Grass denke, muß man doch in Betracht ziehen, wie einer sich seither verhalten hat. Grass hat wirklich in tätiger Reue seine Schuld abgetragen. Bei einem Mann, der nicht wie er im Licht der Öffentlichkeit steht, hätte kaum einer ein Wort darüber verloren. Angesichts des Geschreis um Grass warte ich immer noch auf diejenigen, die zugeben: Ja, wir haben solche Jungs wie Grass dahin geschickt. Anderen haben sie gesagt: Entweder du gehst zur Strafkompanie oder du gehst zur hehren Waffen-SS. Diese Leute sind nie zur Rechenschaft gezogen worden. Überhaupt ist das eine sehr durchwachsene Angelegenheit. Wenn du über einen Acker gelaufen bist und am Waldesrand lagen MG-Schützen, die ballerten auf dich, hast du versucht, die zu treffen, ist ja logisch. Es ging um dein Leben. Aber zu den Leuten, die ein

Gewehr in der Hand hatten, hat sich nie einer gefunden, der gesagt hat: Ich habe denen das in die Hand gedrückt.

Eine verratene Generation.

Der Verrat ging früher los. Er beginnt damit, daß es sich eine Gesellschaft zur Sache des Ruhmes und der Ehre macht, dir, wenn du alt genug bist, eine Flinte in die Hand zu drücken, um andere totzuschießen. Die heutige Gesellschaft ist im Prinzip nicht so. Aber unsere, in der wir beide gelebt haben, hat auch den Waffendienst zu einer Angelegenheit der Ehre gemacht.

Als die NVA gegründet wurde, war ich sechs Jahre alt. Da gab es bei meinen Eltern Riesenstreit. Meine Mutter hat gesagt: Wenn ihr jetzt wieder damit anfangt, nehme ich meine Kinder und gehe nach Ostfriesland. Und mein Vater: Na, in Ostfriesland bist du mit den Kindern auch nicht sicher vor einem Atomkrieg. Das hat mir ziemliche Angst gemacht.

Wie kam deine Mutter auf Ostfriesland?

Weil sie sich dort schon einmal in Sicherheit gefühlt hatte in den letzten Kriegstagen. Vorher war sie bei der Wehrmacht gewesen, als Funkerin.

Wie meine Schwester auch.

Wie hast du die Gründung der NVA erlebt?

An der NVA habe ich mich sehr elegant vorbeigedrückt. Einer wollte mich allen Ernstes noch dahin schaffen, einer, von dem man das gar nicht glaubt.

Erzähl mal.

Kantorowicz, bei dem ich Assistent war, kriegte eines Tages Besuch vom Chef der Offiziershochschule Dresden. Da ließ er mich rufen und sagte: Dieser Genosse sucht für seine Hochschule einen Deutsch-Dozenten. Willst du nicht? Er hatte mich schon beinahe verkauft. Ich habe ziemlich heftig reagiert: Nein, tut mir leid, ich bin dafür versaut, ich war vier Wochen Soldat (sechs waren es, aber das machte sich als Spruch immer gut) und bin vier Jahre in Gefangenschaft dafür gewesen. Mir reicht diese Art Beschäftigung.

Sahst du dich als Pazifist, der man in der DDR eigentlich nicht sein sollte?

Ich erinnere mich an eine Lesung bei der Volksmarine. Da saßen sie vor mir in Uniform, mit ihren weißen Mützen auf den Knien und dem Dolch auf dem Schoß, und nahmen meinen Text entgegen. Danach wurde manierlich diskutiert, bis einer aufstand und sagte, er habe einiges von mir gelesen und den Eindruck gewonnen, daß ich Pazifist sei. Das war damals nicht gerade ein Ehrentitel. Ich habe geantwortet: Ihr Eindruck kommt daher, daß ich vier Wochen Soldat gewesen bin und dafür vier Jahre in Polen in Gefangenschaft sitzen durfte. Die hartgesottenen Offiziere haben genickt und es akzeptiert.

Die Bewegung »Schwerter zu Pflugscharen« war der Staatsmacht in der DDR ein Dorn im Auge. Ich habe mal gehört, du habest dich dafür eingesetzt.

Moment, das ist komplizierter. Ich habe mich weniger für diese Parole eingesetzt, sondern gegen die Verfolgung der Leute, die ihr folgten. Als das losging, war ich in Düsseldorf und bin dort von einer recht bekannten Frau zu einem Interview gebeten worden. Sie kam sofort darauf zu sprechen, und ich habe, ohne mich darum zu scheren, was die zu Hause dachten, in etwa gesagt: Ich habe kein Verständnis für solche Empörung, denn das ist doch unsere eigene Losung. Ich bin nicht zuletzt deswegen in die Partei eingetreten, weil ich Schwerter zu Pflugscharen machen wollte und will. Sie hat das sehr beglückt aufgeschrieben und veröffentlicht. Natürlich wurde es in der Heimat dann ausgewertet. Kurz danach sah ich auf dem Flughafen Schönefeld Manfred Feist, Abteilungsleiter für Auslandsinformation im ZK stehen, den Bruder von Margot Honecker. Der kam begeistert auf mich zu: »Mensch, Hermann, du Meister der Agitation!« Mit meiner Formulierung waren sie selber aus einer Klemme rausgekommen.

Aber warum haben sie sich denn so vehement gegen die Parole gewehrt?

Ich vermute, daß sich Verteidigungsminister Hoffmann auf den Schlips getreten fühlte. Der war in dieser Beziehung ganz vernagelt. Ich habe das erlebt, als ich mit ihm in einer Delegation zum Start von Sigmund Jähn nach Baikonur geschickt wurde. Dabei waren noch der Chef der Luftverteidigung, der Generalsekretär der Akademie der Wissenschaften und der Minister für Wissenschaft und Technik. Abends haben wir zusammen gesessen, und es wurde schwer gebechert. Bei der Gelegenheit hat mir Hoffmann dargelegt, daß er das Symbol der Friedenstaube in den Kasernen der NVA verboten habe, weil sich Pazifismus nicht mit dem Auftrag der Volksarmee verträgt. Ich hatte Riesenrespekt vor jedem Spanienkämpfer und vor ihm schon gar, der schwer verwundet worden war. Aber das war eine Situation, in der man sich fragt, ob das Ganze noch stimmt.

Das Ganze ändern: Umbau, Perestroika. Da gibt es in deinem Roman »Kormoran« von 1994 eine tolle Formulierung: »Der Mann ist pure Literatur. Vielleicht die tragischste Figur in der neueren Geschichte. Wird Kaiser, stellt sich auf den Thron und sagt, der gehört abgerissen. Was sage ich Literatur, in die Schicksalsoper gehört dieser Mensch. Doch fürchte ich, man wird der Sache im Musical begegnen.« Das klingt, als habe der Machtantritt Gorbatschows 1985 für dich überhaupt nichts Verheißungsvolles gehabt?

Na, hör mal: Ich war von ihm angetan. Das erste Mal habe ich ihn 1987 beim Moskauer Friedensforum im Kreml erlebt.

Da sind Gregory Peck, Claudia Cardinale, Max Frisch, Friedrich Dürrenmatt und was für Größen alles noch aufgetreten. Und Gorbatschow hat freihändig eine Stunde lang gesprochen. Das fand ich toll: Wie schön, daß wir wenigstens so einen haben! Ich hatte doch schon etliche Besuche in der Sowjetunion hinter mir mit blödsinnigen Reden. Und nun kam einer, der faszinierte. Da war ich irre froh. Das erste, was mich erschüttert hat in meiner Begeisterung, war diese Schnapsgeschichte. Nicht meinetwegen, ich komme ohne Schnaps aus. Es war mir auch klar, daß der Alkoholismus ein Hauptproblem des Landes war. Aber durch administrative Maßnahmen kann man es nicht aus der Welt schaffen. Die eigentliche Skepsis brach durch, als ich seine Mitarbeiter sah. Was für Leute er überall hinsetzte! Allein schon im Schriftstellerverband. Georgi Markow als Verbandsvorsitzender, das haben sogar die Kritischsten gesagt, hat sich sehr für seine Kolleginnen und Kollegen eingesetzt, natürlich Parteidisziplin geübt, wie es verlangt war. Und er hat noch einigermaßen lesbares Zeug geschrieben, urälteste sowjetische Realismusschule, aber immerhin. Sein Nachfolger, Anatoli Iwanow, hatte jedoch nur irgendwelche Jagdgeschichten aus dem KGB-Milieu vorzuweisen. Von den Sekretären des Verbandes blieben die schwächsten, die anderen flogen raus. So fing das an. Und dann habe ich langsam gesehen, was los war. Gorbatschow hat tolle Reden gehalten, und die »große ruhmreiche Sowjetunion« hat ihm nicht mehr zugehört.

Hast du bloß abgewinkt – der packt das nicht –, oder hast du dir gesagt, der reitet uns alle rein?

Ich habe das in anderen Zusammenhängen schon den Widerspruch zwischen Gorbatschow und Gorbatschow genannt. Ich weiß nicht, ob er sich bis zuletzt eingebildet hat, er schafft das schon – ein Gefühl, daß mir sehr naheliegt –, oder ob er gewissermaßen resigniert hat. Eine über 70jährige Kommandowirtschaft läßt sich nun mal nicht lediglich auf ein anderes Kommando hin verändern. Daraus entstanden ganz merkwürdige Konstellationen. Ich meine ja, daß der Widerwille gegen

Gorbatschow im SED-Politbüro, speziell bei Honecker, zunächst schon aus dem Altersunterschied kam: Was hat uns dieser junge Spund zu sagen, uns, die wir für unsere Überzeugung im Zuchthaus gesessen haben! Glasnost und Perestroika, das waren ihnen geradezu unheimliche Begriffe, weil dies auch zu Hause einen Machtwechsel ahnen ließ. Zudem hat der Westen das natürlich mit ungeheurer Begeisterung aufgegriffen. Da bleibe ich bei meiner Formulierung in einer Verbandsrede, daß viele im Westen gerade mal zwei Vokabeln können und uns nun erzählen wollen, wie das mit dem Russischen sei. Die Kehrseite war: An manchem hat man viel zu lange festgehalten, einfach, weil die anderen es abschaffen wollten. Es ließ sich auch ziemlich gut einkalkulieren, wie östliche Dogmatiker – oder halbwegs liberale Dogmatiker wie ich – auf etwas reagieren könnten. Ein Mann wie Egon Bahr hat eine ganze Truppe unterhalten, in der das alles durchgespielt wurde. Da kommen einem viele Überlegungen. Ich bin auch davon überzeugt, daß der Gedanke, die DDR zu opfern, im Zuge einer Frontbegradigung, hier paßt der Ausdruck »Vereinigt euch, laßt uns aber dann in Frieden«, schon früh im Spiel war, nicht erst bei Gorbatschow. Der kleine Wirtschaftsvorteil, den es brachte, daß wir eine technisch begabte Abteilung des Sozialismus waren, hat die dauernden Schwierigkeiten, etwa mit Westberlin, nicht wettgemacht. Nun, um das zu durchschauen, war ich weder damals genügend eingeweiht, noch bin ich es heute. Ich habe mir über all das Gedanken gemacht und konnte mit manchen Leuten darüber sprechen, mit anderen nicht. Aber ich habe nicht versucht, ein Geheimleben zu führen. Sollten sie doch wissen, was sie an mir hatten und was nicht.

Hätte denn das sozialistische Lager mit einer polnischen Westgrenze weiter existieren können?

Eine Weile schon. Denn auf UdSSR-Kommandohöhen hatte man sich damit abgefunden, daß die Armut unverändert bliebe bzw. noch größer würde. Kriegsfolgen – mit dieser Erklärung konnte ich mich nie zufrieden geben. Sie schafften es nicht, daß es den Leuten gut ging, und irgendwie war es ihnen auch schnurz. Das hätte sich nicht geändert, wenn sie die Sache nun wieder ab Brest betrieben hätten. Diese kaltschnäuzige Haltung gegenüber dem eigenen Volk ist das Schlimmste, was man dem sowjetischen System, mit dem wir immer in einer Bewegung waren, vorwerfen muß. Manchmal sind es ja nur Kleinigkeiten. In Moskau gab es wenigstens noch den Mittelstreifen, auf dem man als Delegation mit 130 dahinjagte. Aber in Leningrad oder Taschkent rasten sie mit ihren Tschaikas los, und die Leute hatten, rette sich wer kann, beiseite zu springen. Nicht etwa nur bei irgendwelchen verrückten Natschalniks, es war so Usus. In einem unserer Gespräche habe ich ziemlich geschimpft auf Hager. Aber andererseits ließ er sich auch was sagen. Willi Sitte und ich sind hingegangen zu ihm in Leningrad: Du, das machen wir nicht mit. Wir nehmen ein Taxi oder irgendwas, aber daß wir durch die Stadt rasen mit der Fahne der DDR und die Leningrader müssen beiseite springen, das geht nicht. Erst hat er gesagt: Na ja, das ist hier so Brauch, aber dann hat er es vorgetragen, und man fuhr behutsamer mit uns. Da mag er schon ins Schwitzen gekommen sein, wie er Zar Romanow so was sagen soll – der damalige Parteioberste von Leningrad hieß Romanow. Ich will die Dinge bei uns nicht beschönigen, aber daß es etwas anders war als dort, ist unsereinem eine große Erleichterung gewesen. Und die sowjetische Seite meinte, daß es bei uns doch bedenklich liberal zuging.

Dann kam plötzlich Gorbatschow und wollte die DDR diesbezüglich überholen. Das fanden Honecker & Co. beleidigend.

So ist es wohl.

Hat dich das Ende der DDR überrascht, oder hast du das vorausgesehen?

Hätte man mir das Anfang 1989 prophezeit, hätte ich entgegnet: Reine Panikmache. Daß wir schweren Turbulenzen entgegengehen, habe ich allerdings schon früher gesagt. Jeder sah es doch, der von einer Westreise nach Hause kam. Allein schon am Anblick der Bahnschneisen nach Überquerung der Grenze gen Osten. Daß sie verwildert waren wie ein Urwald, war nicht einfach mit Armut zu erklären. Dabei folgten die Ereignisse 1989 lediglich einem klassischen Schema: Es geht alles sehr lange gut, Fehler auf einzelnen Gebieten werden verdaut durch das Ganze. Aber wenn jedes einzelne Gebiet starke, das System berührende Fehler hat, wird das System irgendwann als fehlerhaft erkannt und irreparabel. Das ist mir im Laufe des Sommers 89 klar geworden. Wobei diese Wahrheit für mich keine Befreiung war, so wie ein anderer Untergang eine Befreiung gewesen ist. Die wollten uns wiederhaben, und nun kriegten sie uns wieder. Das war in diesem Sommer klar, zumal uns angesichts der Lage überhaupt nichts Vernünftiges einfiel. Da hat mich Egon Krenz, mit dem ich ganz gut zurecht kam, obwohl ich ihn nicht als idealen Nachfolger Honeckers empfand, tatsächlich während der 9. ZK-Tagung am 18. Oktober gefragt: Ich muß heute nachmittag sprechen, kannst du mir mal ein paar Sätze aufschreiben. Da habe ich habe ihm tatsächlich etwas formuliert, so als ob ich selber im Lustgarten stände und eine Ansprache halten müßte. Dann habe ich zugeschaut, wie er abends im Fernsehen diese Rede hielt. Unbemerkbar für andere hat er meine Sätze eingeflochten. So was wie: Ich höre hier immer Vorschläge, die alle Geld kosten. Ich würde ganz gerne mal welche hören, die Geld bringen. Solche Sprüche hatte ich ihm aufgeschrieben, geholfen hat das natürlich nicht. Übrigens, seit seinem Knastaufenthalt sind wir Freunde.

Ich sehe dich noch vor mir bei einer Versammlung des Schriftstellerverbands im November 89, wie du knapp und düster sagtest: »Die hier sitzen werden bald erleben, daß die Dinge schärfere Konturen bekommen.« Was meint der damit, habe ich mich damals gefragt. Was weiß der, was ich nicht weiß?

Daß alles vorbei war, ganz einfach. Ich habe zwar bei einer Vorstandssitzung meinen Rücktritt angeboten. Und sechzig stimmten dafür, daß ich bleibe. Nur zwei Gegenstimmen gab es. Danach war ich in einer Kneipe Ecke Friedrichstraße/Unter den Linden verabredet mit Günter Gaus und mit Heinrich Senfft, meinem Hamburger Anwalt und späteren Freund. »Na, wie war's?« fragte Senfft. »Ja, Gott, ich bin wieder gewählt, 60 zu 2«, antwortete ich. Mit gestärktem Rücken zur Wand.

Verhältnis 60 zu 2 – es waren doch nicht 62 Leute im Vorstand?

Es kamen die Bezirksvorsitzenden hinzu, weil ich die Vertrauensfrage stellte. In der Diskussion habe ich freundliche Worte zu hören bekommen. Volker Braun war einer der heftigsten und natürlich gediegensten Formulierer der Meinung, daß ich bleiben solle. Aber ich war völlig ohne Illusion: Es war vorbei.

Ich spreche von einer Versammlung des Berliner Verbandes, nach der Günter Görlich mit Tränen in den Augen auf mich zu kam und sagte, er habe doch alles gut gemeint. Vorher hatten wir über irgend etwas abgestimmt, was der Schriftstellerverband gar nicht entscheiden konnte, ich weiß nicht mal mehr, worüber. Es wurde nicht groß diskutiert, es war in dem Moment wohl eine Art Mutübung, vor ZDF-Kameras, und ich habe auch die Hand gehoben. In der Nacht bin ich wach geworden mit einem unguten Gefühl. Angst? Schwer zu sagen. – Hast du eigentlich manchmal Angst gehabt in der DDR?

Nein, ich bin relativ schwer in Angst zu versetzen, eigentlich nur durch Privates. Wenn meine Kinder krank waren, war ich beinahe verrückt vor Angst. Oder wenn es um Liebesbeziehungen ging. Aber im Politischen hatte ich schon zu viel erlebt. Was mich wirklich bedrückte, das waren die Auseinandersetzungen mit Marion. Die hörte von ihren Kolleginnen und Kollegen in der Akademie der Künste: Sag mal deinem Kerl, er soll das und das anders machen. Was leicht gesagt und schwer getan war. Jedenfalls wurde ich dann gefragt: Was habt ihr denn da wieder für eine Idiotie angestellt! Das meinte gar nicht mal immer mich, sondern die große Politik. Wenn ich erwiderte, das finde ich auch, fragte sie: Wieso machst du das mit?! Und verlangte wieder mal, daß ich alles hinschmeiße.

Aber Hinschmeißen war meine Sache nicht. Also wirkliche Angst habe ich gehabt vor diesem Krach zu Hause.

Sie hat dich in Verantwortung genommen: Solltest dich abwenden von der Parteiführung oder für sie geradestehen.

So etwa. »Deine idiotische Partei« war so ein Ausdruck von ihr. Und wenn ich sagte, meine Partei sei nicht idiotisch, aber es gäbe Idiotien in dieser Partei, die ich aber nicht ändern könne, waren wir wieder da, wo wir schon immer gewesen waren.

Im nachhinein scheint es, als ob der Zusammenbruch der DDR durch die Rivalität verschiedener Gruppen beschleunigt worden sei.

Dies war Produkt einer langen Entwicklung. Ein Gebilde wie die DDR, die auf die Welt kam, begleitet von den Flüchen vieler nicht unwichtiger Leute aus allen Richtungen, mußte immer gekennzeichnet sein durch das Tendieren zu Gruppenbildung. Darin lag nicht von ungefähr eine der Hauptängste der Parteiführung. Gruppenbildung, Fraktionsmacherei waren so ziemlich die größten Teufel, die bei uns an die Wände gemalt wurden. Das hatte einfach damit zu tun, daß jeder Tag zumindest eine, meistens aber 50 Entscheidungen erforderte, bei denen man diesen oder jenen Weg gehen konnte. Das hätte man gerne störfrei gemacht, wie der schöne Ausdruck hieß. Aber störfrei, das geht bestenfalls im Labor. Die DDR war von vornherein mit großen Widersprüchen behaftet. Ich habe es nicht von ungefähr als immensen Fehler bezeichnet, daß man immer nach der staatlichen Anerkennung gierte und, als sie formal in Gang kam, allen Ernstes glaubte, nun hätte man gesiegt. Aber bei jenen, die uns ganz einfach nicht akzeptierten, von Anbeginn nicht, war der Zorn dadurch nur größer geworden, sie haben nur nach schlaueren Wegen gesucht. Wir haben uns vorgemacht, es könne sich in der westlichen Welt etwas durch Erhebungen und dergleichen verändern, das bezog sich aber immer nur auf entlegene Teile der Welt. Während die Gegenseite daran gearbeitet hat, bei uns die Bewegung in Gang zu setzen, und sei es die mit dem schönen Namen Bürgerrechtsbewegung. Das sind lauter in ihrer Widersprüchlichkeit längst noch nicht erforschte Prozesse.

Aber du bezweifelst doch nicht, daß es der DDR an der Verwirklichung demokratischer Bürgerrechte mangelte und Menschen deshalb auch ganz von sich aus gegen Druck und Ängste aktiv geworden sind?

Selbstverständlich waren für alle Leute, die sich als aufgeklärt verstanden, die Beschlüsse der KSZE ungeheuer wichtig. Man mußte nicht fünf Mal an Wahlen teilgenommen haben, um den Wahnsinn zu sehen, daß man sich selber in die Tasche log. Aber das Hauptproblem war, daß unsere Verhältnisse vielen nicht attraktiv erschienen, was ich auch öffentlich angemerkt habe. Das ging schon damit los, wie man den Leuten ihre Sache verordnete, statt sie sich wirklich zu Verbündeten zu machen. Was Offenheit eingeschlossen und manche Privilegien damit unmöglich gemacht hätte. Einiges hatten wir, von dem sich andere eine Scheibe hätten abschneiden können. Unser Bildungssystem war, obwohl mit idiotischen Verordnungsnetzen überspannt, immer noch großartig. Mit Blick auf das, was gut war, dachte man eben, das Übrige auch noch zu erreichen.

Was vielleicht auch eine Generationshoffnung war. Die Jüngeren meinten, wenn sie von den Älteren die Macht übernähmen ...

... würden sie vieles anders machen. Aber es ging weiter so, egal, ob Honecker oder Hartmut König das Wort führte. Und Margot Honecker ist ja früher auch mal ein ganz lustiges Mädchen gewesen. Wir haben Parteitage abgehalten, auf denen die unverfrorensten Entstellungen der Wirklichkeit die erwünschtesten Beiträge waren. Nebenbei gesagt, es hat niemand mal meine verfluchte Parteitagsrede von 1986 analysiert. Da kriegte ich Bescheid, ich soll ins ZK, und es gab Mord und Totschlag bei uns in Hessenwinkel; es war zwischen Marion und mir schon fast zu Ende. Wir haben drei Varianten bedacht.

Die schlimmste: Ich komme nicht zum Reden und werde gewählt. Die zweite Variante: Ich rede und werde nicht gewählt. Oder: Ich rede und werde gewählt. Letzteres ist geschehen. Harry Tisch hat am folgenden Tag in seiner Analyse erklärt, es sei eine Rede aus lauter Zweideutigkeiten gewesen, womit er Recht hatte. Ich habe immer versucht, bestimmte Formeln zu vermeiden und eine andere Sprache zu finden. Die Delegierten haben darauf geradezu erlöst reagiert.

Diese stereotypen Wiederholungen, diese Formeln – für den kleinen Kreis der Mächtigen waren sie wie eine magische Beschwörung ihrer Macht. Für sie war es eine Art Zauberkreis, in dem sie sich sicherer wähnten, doch alle übrigen Menschen fühlten sich dadurch wie unter einer Glocke aus Dumpfheit und Lüge.

Das Schlimme war, daß die Partei sich selber schon längst nicht mehr als eine Organisation verstand, die etwas wollte oder nicht wollte. Es war der Generalsekretär, der alles bestimmte. Das war schon so eingefahren in den 80er Jahren, daß es sich höchstens noch irgendwie unterlaufen ließ. Um das nicht mitzumachen, hätte ich so wie Zwerenz werden müssen: Das heißt sehr früh weglaufen. Zwerenz hat mir ja über Jahrzehnte überhaupt nicht gefallen. Er war für mich der Inbegriff eines törichten Überläufers. Ich habe mal die böse Formulierung für ihn benutzt: ein junger Mann, der Marx in Mißkredit zu bringen sucht, indem er sich ständig auf ihn beruft. So böse war ich mit ihm. Er entsprechend mit mir. Daß wir uns heute in wichtigen Dingen sehr gut verstehen, halte ich für ermutigend. Es gibt eben doch Klärung, die ein bißchen die Niederlage mildert.

Meinst du, mit einem anderen Führungspersonal aus einer jüngeren Generation wäre eine wirklich demokratische sozialistische Republik möglich gewesen?

Das ist, wenn du so willst, die Frage der Fragen. Und ich neige mehr und mehr dazu, es nicht zu glauben. Wenn man sich vorstellt, die DDR wäre wenigstens 1989 autonom, autark in politischer und allen übrigen Hinsichten gewesen und hätte über sich mal nachdenken können, dann gut. Aber das war nicht der Fall. Wer sie im Westen nicht wollte, hätte auch eine reformierte DDR nicht gewollt. Eine andere Führungsmannschaft mit verträglicherem Umgang hätte ihnen die Verhandlungen weniger anstrengend gemacht. Aber je nachgiebiger du bist – das bestätigt sich leider immer wieder, und jeder Dogmatiker bezieht daraus seine Rechtfertigung –, um so kräftiger drückt der andere zu. Das war ein Kampf der Systeme, so unerträglich einem diese Formulierung sein mag, und zwar mit der Betonung auf Kampf. Wenn das eine System sich reformieren wollte, war das für das andere System die Gelegenheit, daraus seinen Vorteil zu ziehen.

Hätten deiner Meinung nach also die alten Männer im Politbüro Recht gehabt, wenn sie sagten: Schotten dicht. Nichts ist mit Glasnost und Perestroika. Wir machen weiter, bis wir umfallen, und geben nichts ab an Macht, weil wir Stabilität garantieren?

Sie hatten nicht Recht, aber sie sind zu verstehen. Es war natürlich eine kindische Reaktion. Aber es war nicht aus der Luft gegriffen, daß sich andere auf Kosten der DDR einigen könnten. Eines Tages hätte in der Zeitung gestanden: In Jalta oder anderswo trafen sich folgende lustige Leute und taten so, als gäbe es die DDR gar nicht. Diese Befürchtung spielte überall und immer eine Rolle. Viele haben sich aufgeregt über die blödsinnige Erklärung der Volkskammer, die sich solidarisch zur chinesischen Führung bekannte nach dem Desaster auf dem Platz des Himmlischen Friedens. Ich bin in der Pause zu Egon Krenz gegangen: »Sag mal, warum mußte das denn nun sein?« Da hat er geantwortet: »Weil uns Moskau keinen Beutel Grütze mehr schickt.«

Was hieß das im Klartext?

Sie haben ihre Energie-Versorgungsverträge gekündigt. Unter dem Motto »Genossen, ihr müßt verstehen, wir sind in großen Schwierigkeiten«. Natürlich haben sie nicht gesagt: Wenn ihr nicht spurt, kriegt ihr nichts mehr. Sie haben die Lieferung einfach gestoppt. Wir waren in einer absoluten Versorgungsklemme, hat mir Egon später gesagt. Moskau hat gesagt, sie können nicht. Doch China hat gesagt: Wir können!

Die Demonstrationen auf dem Platz des Himmlischen Friedens waren im April/Mai, als die Grenze in Ungarn noch gar nicht offen war.

Das hat nichts mit der Grenze zu tun, sondern mit der Erfüllung von Wirtschaftsverträgen. Krenz' Besuch in Peking wurde unter der Hand kritisiert als Drohmaßnahme gegen das eigene Volk. Aber vor allem ging es um eine Hinwendung zu Peking, weil eine Abwendung Moskaus erkennbar war.

Die Abwendung Moskaus als Strafmaßnahme, weil sich die DDR der Perestroika-Politik nicht anschloß?

Natürlich hat es ihnen nicht gefallen, daß Gorbatschows neuer Kurs abgelehnt wurde. Da herrschte schon ein mittlerer Krieg zwischen uns.

Konnte man denn in Moskau sicher sein, daß Glasnost und Perestroika in der DDR und in der Sowjetunion zu einer Stabilisierung des sozialistischen Lagers beitragen würden?

Anfangs werden sie es wohl angenommen haben. Das ist oft so: Du hast die Überzeugung, eine Veränderung müßte was bringen, dann stellst du fest: Um Gottes willen, nun läuft ja alles aus dem Ruder. Aber da ist es zu spät.

Selbst wenn »nur« wirtschaftliche Schwierigkeiten der UdSSR die Ursache waren, daß Lieferverträge nicht eingehalten wurden, muß das doch für die DDR-Führung ein Signal tödlicher Gefahr gewesen sein, denn die Abhängigkeit von sowjetischen Rohstofflieferungen bestand absolut. Wenn zu allen übrigen Problemen Konflikte mit Moskau hinzukamen, wurde denen, die Durchblick hatten, doch der Gedanke nahe gelegt, daß man sich anders orien-

tieren sollte? Du sprachst von einer Hinwendung zu China. Aber konnte so ein sowjetischer Lieferstopp nicht auch der Einsicht dienen, daß die DDR nur in einer Art Konföderation mit der BRD eine Zukunftschance hätte? Wozu auch ein anderes Führungspersonal nötig gewesen wäre. Im Band »Herbst 89« schreibt Egon Krenz, daß Gerhard Schürer, Kandidat des Politbüros, Vorsitzender der Staatlichen Plankommission und Stellvertretender DDR-Ministerratsvorsitzender, mit ihm schon im Februar über eine notwendige Absetzung Honeckers sprach.

Vielleicht war die DDR zu dieser Zeit auch schon längst verkauft. So interessant es ist, herauszufinden, was einzelne Persönlichkeiten in der DDR dachten und wollten, das war auch eine Sache der großen Weltpolitik.

Waren die Gespräche Kohl-Gorbatschow im Herbst 88, die zum Teil unter vier Augen stattfanden und mit wirtschaftlichen Zusicherungen seitens der BRD verbunden waren, dafür ein Signal? Der neue US-Botschafter in Bonn, Vernon A. Walters, einst operativer Leiter der CIA und Planer von offenen wie verdeckten Aktionen, soll im April 1989 anläßlich seines Antrittsbesuchs bei Wolfgang Schäuble erklärt haben, daß die Wiedervereinigung bevorstünde. Davon weiß man allerdings erst heute.

Man muß es nicht einmal in einem so engen zeitlichen Rahmen sehen.

Meinst du, daß die Sowjetunion und die BRD oder die Sowjetunion und die USA schon viel früher auf dem Sprung gewesen sind, sich auf Kosten der DDR zu einigen?

Das trug früher andere Namen und sollte erst einmal nur Konfrontationen entschärfen. Die Teilung Deutschlands war für die Leute, die nichts weiter als ihren Machtbereich erweitern wollten, natürlich ein Gewinn. Aber was hast du davon, wenn du ein ganzes Volk gegen dich aufbringst? Nur wir überzeugten Sozialisten haben uns damit abgefunden. Die deutsche Frage hatte man in der Sowjetunion immer in Reserve, um ge-

gebenenfalls für sich einen Vorteil herauszuholen. Sie würden gestärkt und weniger behelligt, und die Deutschen wären zufrieden. Die DDR existierte, weil wir 40 Jahre lang der UdSSR immer noch mehr Vorteile boten als Nachteile. Dadurch hatten wir 40 Jahre Zeit für unseren Versuch.

Aber mit dem Untergang der DDR ist doch auch die UdSSR untergegangen?

Wer hier wen hat untergehen lassen, weiß ich nicht so genau. Auf jeden Fall hat der von der Sowjetunion in Kauf genommene Untergang der DDR ursächlich zum Zerfall der Sowjetunion beigetragen. Wenn du in einer monolithischen Einheit plötzlich ein wesentliches Stück aufgibst, darfst du dich nicht wundern, wenn du dich insgesamt langsam aufgeben mußt. Das war klar mit dem ersten Loch im Zaun. Ohne Zaun konnte die DDR nicht sein.

Dann hätte die Sowjetunion die DDR nur halten können durch Waffengewalt. Wollen wir doch froh sein, daß es nicht dazu kam!

Aber um Gottes willen! Da würden wir hier nicht so ruhig zusammensitzen. Ich habe schon sowjetische Panzer in Berlin auf die Kochstraße zufahren sehen.

Meinst du 1953 oder 1961?

1961. Die Panzer auf beiden Seiten haben einander beinahe mit den Rüsseln berührt. Einer kopflos, was wäre dann losgegangen! Bloß darf man nicht vergessen: Die SU war 1988/89 auch alles andere als ein monolithischer Block. Ich weiß nicht, welche Gruppierung in der Sowjetunion es zum Beispiel gewesen ist, die den Honecker-Sturz so favorisiert hat. Eines Tages ist ein Mensch aus dem diplomatischen Bereich bei mir erschienen mit dem Ansinnen, doch zu unterstützen, daß Honecker zurücktritt. Waren das Jelzins frühe Kohorten oder waren es Gorbatschows späte Kohorten ...

Könnte es so gewesen sein, daß die Absetzung Honeckers im Interesse mehrerer sowjetischer Gruppierungen lag, die für die Zeit danach Unterschiedliches planten, wobei noch die verschiedenen Vorstellungen aus dem DDR-Machtbereich hinzukamen?

Natürlich.

Markus Wolf, Günter Schabowski – das waren divergierende Konzepte. Hinzu kamen besagter Gerhard Schürer, Hans Modrow, Egon Krenz, Siegfried Lorenz, der 1. Sekretär der SED-Bezirksleitung Karl-Marx-Stadt und wer weiß noch alles.

Es gibt eine Gemengelage aus der Einsicht, daß es so nicht mehr weitergeht, und der Abhängigkeit von einer gegebenen Überzeugung, man nennt es Loyalität. Was du jetzt aufgezählt hast, ist die kümmerliche personelle Ausformung von Widersprüchen, die schon lange existierten. Im Politbüro bei allen möglichen Entscheidungen hat sich der eine das, der andere jenes gedacht. Nach der Sitzung, wenn sie ihre Bulette verzehrt haben, hat vielleicht einer zum anderen gesagt: Ob das wohl gut geht! Das gab es immer. Daß sie trotzdem zusammengehalten haben, beruhte auf der Erfahrung aus der Parteigeschichte, daß jede Fraktion früher oder später etwas auf den Kopf gekriegt hat. Fraktionsbildung war, wie gesagt, eine der größten Verbotszonen überhaupt. Ich kann bis heute nicht sagen, wer wessen wirklicher Verbündeter war und wer nur taktisch agierte. Als ich von sowjetischer Seite gebeten wurde, meinen Einfluß geltend zu machen, daß unverzüglich das Zentralkomitee zusammentritt, habe ich nur wiederholt, was ich in einem Einzelpapier bekundet hatte. Ich hatte vorher schon an Honecker geschrieben, er soll das ZK einberufen.

Ein persönlicher Brief an Honecker in dieser Sache? Ein Schreiben allein in deinem Namen?

Ich bin ins ZK gegangen und habe in seinem Vorzimmer den Brief abgegeben. Damals, als es anfing mit den Zügen und den Ausreisen, haben etliche Mitglieder des ZK gesagt: Darüber müssen wir im ZK reden. Aber im Statut ist festgelegt: Das ZK wird einberufen, wenn der Generalsekretär es will. Die Bestrebung, ihn zu kritisieren und womöglich abzusetzen, bedurfte seiner Genehmigung. Eine schlaue Konstruktion. Mein Zettel muß irgendwo bei den Akten liegen. Ich habe handschriftlich geschrieben: Unter Hintanstellung aller anderen Gründe ersuche ich ihn, also Honecker, in seiner Eigenschaft als Generalsekretär das ZK einzuberufen.

Das war bereits im Sommer?

Ja. Es gab dann noch einen ausführlicheren offenen Brief, den ich am 1. Oktober verfaßt habe und der am 9. Oktober in der Jungen Welt erschienen ist.

Dieser Brief war insofern ein Signal, als damit erstmals öffentlich die Krise in der DDR angesprochen wurde, und das von einem ZK-Mitglied in aller Deutlichkeit.

Auf den Brief hin hat mich Schabowski angerufen und gesagt: Das war der letzte Anstoß, der nötig war, am Dienstag kippen wir die Sache. Daran hatten sie schon lange Zeit gearbeitet. Ob sie sich untereinander grün waren, wage ich zu bezweifeln. Spätestens, als Honecker wichtige Posten mit lauter ehemaligen FDJ-Sekretären besetzte, hat natürlich bei anderen die Überlegung eingesetzt – bei Modrow, früher bei Naumann, bei Lorenz – wieso eigentlich nicht ich, ich würde das vielleicht besser machen. Mit diesem Ehrgeiz waren sie doch alle ausgestattet. Honecker sowieso. Der konnte sich gut erinnern, wie er selber daran gedreht hat, um an Ulbrichts Stelle zu kommen. Nebenbei gesagt: Egon war noch der harmloseste in diesem Bösewicht-Theater.

Er war auch nur als Übergangskandidat gedacht.

Sicher doch. Bevor der Machtkampf entschieden ist, muß immer eine Übergangsregelung her.

Daß »bürokratische Gängelung, allwaltender Pädagogismus, verordnete Abstinenz gegenüber Gütern, die anderswo als Normbestandteile des 20. Jahrhunderts gelten, mangelnde Freizügigkeit von Ideen im eigenen Lande und ein Trichterbegriff von Agitation« der DDR an die Substanz gehen, hast du in deinem offenen Brief betont. Der gipfelte in der Behauptung, das Schlechteste an der DDR sei, »daß es sie so wie derzeit gibt«. Konntest du wirklich davon ausgehen, daß so was in der Jungen Welt veröffentlicht wird? Honecker war ja noch an der Macht.

Nein. Ich dachte: So was können die nicht bringen. Aber ich mußte das schreiben, nicht nur um vor mir und Marion Ruhe zu haben. Und ich wußte, daß der Meister mit diesem Brief sofort zu Egon läuft.

Du meinst, der damalige Chefredakteur Hans-Dieter Schütt würde diesen Brief zu Egon Krenz bringen. Stattdessen hat er den Brief veröffentlicht.

Neun Tage später. Angeblich, weil man so was vor dem DDR-Geburtstag nicht macht.

Warum hast du den Brief nicht beim ND abgegeben?

Meine Überlegung war: Schütt kann diesen Brief nicht publizieren, aber auch totschweigen kann er ihn nicht. Also muß er melden: Genosse Egon, ich habe ein Problem. Genosse Egon hat natürlich gesehen, hier steht mehr drin, als er für seinen Bereich verantworten kann, und hat seinerseits gesagt: Du, Hans, komm doch mal. Er würde seinen Zirkel mit diesen Überlegungen versehen. Mein Brief ist selbstverständlich nach Abwägung von Leuten, die sozusagen den Staatsstreich probten, veröffentlicht worden. Das haben weder Schütt noch Krenz auf die eigene Kappe genommen. Es war ja ein Aufstand. Im Laufe der Wochen sind 300 Briefe bei der Jungen Welt gelandet. (Insgesamt wurden es mehr als 500.) Der Abteilungsleiter Wissenschaft hat mich begrüßt mit den Worten: Da kommt ja der Genosse, der das Zentralorgan der FDJ zum Zentralorgan der Partei gemacht hat. Das hieß: So geht es eigentlich nicht. Hanna Wolf hat es nicht zugeben wollen, aber sie hat den Antrag gestellt, mich aus dem ZK auszuschließen. Ich wußte vorher: Wenn das veröffentlicht wird, bedeutet es eine grundsätzliche Wende. Schütt hat mich angerufen am Sonntag und hat gesagt: Wir veröffentlichen morgen den Brief. Mir blieb die Luft weg, weil ich das nicht für möglich hielt. Dann hat er gesagt, es gibt zwei, drei unwesentliche Kürzungen, die in der Tat absolut unwesentlich waren, weil sie sich auf Ereignisse bezogen, die sich erledigt hatten. Kleinigkeiten. Ich war sehr froh, weil ich wußte: Wenn sie es nicht veröffentlichen und die Falschen kriegen das Sagen, werden sie dir diesen Artikel ins Maul stopfen, daß du daran erstickst.

Nochmal: Warum hast du den Text nicht ins ND gebracht? Hättest du ihn Harald Wessel gegeben, den du schon lange kanntest, der hätte auch was damit angefangen.

Ich weiß nicht, ob er damit was angefangen hätte. Wir standen damals nicht gut miteinander. Harald war derjenige, mit dem ich wegen seiner ablehnenden Haltung zu Perestroika und Glasnost böse ins Gericht gegangen bin. Wir haben uns erst später langsam wieder vertragen. Ich habe ja den ganzen Sommer überlegt, als es immer mulmiger wurde, was man machen könnte. Bei meinen Lesungen in Westdeutschland habe ich kein Blatt vor den Mund genommen. Die Junge Welt bot sich für den Brief auch deswegen an, weil sie mit einer meiner Formulierungen Schindluder getrieben hat. Dieses »wir haben uns ihnen weggenommen, sie wollen uns wiederhaben« war in der Jungen Welt aus dem Zusammenhang gerissen worden, zur Freude der Dogmatiker. Daraufhin wurde es in etlichen Schulen – von einer wußte ich es ganz genau – zum Aufsatzthema ernannt. Du kannst dir nicht vorstellen, wie peinlich mir das war, als Marion mit dieser Nachricht aus der Akademie kam. Da kriegte ich privat erst einmal was über die Nase. Ich habe mir dann besorgt, was die Schüler schreiben mußten. Daraufhin dachte ich, jetzt sagst du dem Schütt, was er mit diesem Aus-dem-Zusammenhang-Reißen angerichtet hat. Ich habe den Brief begonnen, und dann geriet mir das zu einer Generalattacke. Meine persönliche Sache zunächst, doch für Leute, die schon eine Weile versucht hatten, den Generalsekretär zu bewegen, das ZK einzuberufen, war das ein öffentlicher Beitrag zum heimlichen Vorgehen, das sie betrieben. Und heute sage ich mir: Du hast zu deiner eigenen Abschaffung auch ganz hübsch beigetragen. Aber da war ja eigentlich nichts anderes möglich.

Wie bewertest du in diesem Zusammenhang Günter Schabowski?

Das war ein, im Unterschied zu anderen, sehr ausgeschlafener Mann. Witzig, tüchtig, er begriff bestimmte Sachen viel schneller als andere. Und wir dürfen nicht vergessen, er war der einzige in diesem Dienstrang, der sich auf den Alex gestellt und mit den Leuten diskutiert hat. Was er heute für einen Mist von sich gibt, ändert nichts daran, daß ich ihn damals für den Klügsten hielt im Politbüro.

Schlau, aber ein bißchen weltfremd doch, wenn er annahm, Erich Honecker ablösen zu können?

Das haben die doch alle gedacht. Und er muß sich von seiner Intelligenz her natürlich entschieden höher taxiert haben als andere. Wenn sich die Frage stellt, daß es nicht mehr so weitergeht, daß Honecker abgelöst werden muß, sagte er sich wahrscheinlich: Warum nicht durch mich?

Sicher. Schabowski – ich habe ihn ja noch als ND-Chefredakteur erlebt – war gewitzt, durchaus fähig zu eigenständigen Entscheidungen, wo andere nur Befehlsempfänger waren. Aber was hätte sich mit ihm an der Spitze des Staates wirklich geändert? War er nicht genauso ein Kommandotyp wie die anderen? Hätte er das restriktive System nicht bloß ein bißchen schlauer weitergeführt?

So ist es. Das ist dann schon eine Systemfrage. Da kommst du nicht raus. Du sitzt in einem Zug, und deine Grundgeschwindigkeit ist die des Zuges. Später hat sich Schabowski dann, wie ich erfuhr, bei den Berliner Wasserwerken beworben als Pumpenwasserprüfer. Sie haben ihn nicht genommen. Du mußt dir mal vorstellen: Eben noch bist du einer der 20 mächtigsten Männer in der DDR, die Großmächte haben mit dir zu rechnen, und kurz darauf bist du nicht mal gut genug dafür, von Pumpe zu Pumpe zu gehen und zu gucken, wie das Wasser aussieht. Wenn du da nicht durchdrehst …

Und das dem Mann, der die Grenze öffnete. Wirklich eine Ironie der Geschichte.

Aber, das darf er doch nach wie vor nicht zugeben! Anfangs hatte er sogar noch Angst, irgendwelche Leute bringen ihn um. Es gab genügend, die dachten: Hätten wir den Schlüssel behalten und nicht aufgemacht, wären wir noch auf unseren Posten. Was mich betrifft, es ist nur eine Ahnung, doch ich glaube nicht, daß es ein Versprecher war, als er am 9. November auf jener Pressekonferenz über das noch nicht einmal vom Ministerrat beschlossene neue Reisegesetz informierte und auf die Frage nach dem Inkrafttreten antwortete: »Sofort, unverzüglich!« Ich habe ihn doch x-mal erlebt, wie schlau er war. Er wird sich mit aller Schläue »verhaspelt« haben.

Und wie bewertest du die Rolle von Markus Wolf in diesem Zusammenhang? Er hat in seinem Interview mit Hans-Dieter Schütt den Gedanken von sich gewiesen, er könnte für eine Veränderung in der DDR Konzepte, personelle Vorstellungen und Mitstreiter gehabt haben.

Da kann ich nur naiv sagen: Ich glaube das nicht. Einer der ganz Großen des sozialistischen Geheimdienstes sollte plötzlich unter dem Motto »Ach, ich fühl mich nicht mehr« seinen Hut genommen haben? Damit fängt es ja schon an. Der erfolgreichste Kopf seit langem im Bereich Auslandspionage soll einfach so nach Hause gegangen sein?

Er hat ja in dieser Zeit sein Buch »Die Troika« geschrieben. War er eigentlich auch Mitglied des Schriftstellerverbandes?

Nein. Irgend jemand hat ihn damals danach gefragt, und er hat erklärt: »Nein, Hermann Kant hat gesagt, es werden nur Leute aufgenommen, die zwei Bücher veröffentlicht haben.«

Das muß ihn ziemlich verletzt haben. Aus Gesprächen mit ihm glaube ich zu wissen, daß die Arbeit am Buch für ihn sehr wichtig war, daß er es gerne gemacht hat, daß ihm dieses Schriftstellersein gut tat, daß es ihm gefiel.

Das verstehe ich nur zu gut.

Den Gedanken »das mache ich, das schaffe ich« – den kennst du ja auch. Markus Wolf hat im Gespräch mit Hans-Dieter Schütt gesagt, daß es ihm nicht in den Sinn gekommen wäre, ein Ex-Stasi-General könne zum Hoffnungsträger im unmittelbaren politischen Sinne werden. Aus heutiger Sicht kann man dem nur zustimmen. Aber Ende der 80er Jahre, denke ich, war Markus Wolf durchaus jemand, dem viele die Kraft zutrauten und den Willen, das, was in der DDR unerträglich war, zu verändern.

Ja sicher. So hat man es ja auch bei Juri Andropow empfunden, der Ende 1982 Generalsekretär des ZK der KPdSU wurde und Anfang 1984 starb.

Hättest du dir vorstellen können, in einer neuen DDR-Führungsriege eine höhere Position zu bekleiden als die des Verbandspräsidenten?

Nein. Natürlich wurde mir hin und wieder gesagt, daß dies eine Möglichkeit sei. So hat Rudi Strahl im Sommer 89 in einer Verbandsversammlung erklärt: Du mußt ins Politbüro. Dabei hatte ich schon die Schnauze voll von der ZK-Berufung, weil Marion das nicht akzeptierte. Wenn ich nach Hause gekommen wäre und hätte gesagt, jetzt bin ich auch noch Politbüromitglied, hätte sie sofort ihre Koffer gepackt. Nein, schon aus sehr privaten Gründen war eine solche »Karriere« unmöglich. Obwohl man sich mitunter einbildet, man sei schlauer als andere und brauchte bloß noch die Schlauheit, zum Zuge zu kommen.

Ich komme noch mal auf »Das Impressum« zurück. Ein David Groth, der Minister geworden wäre, hätte in diversen Einengungen gelebt. Was war ein Minister schon in der DDR. Aber ein Hermann Kant, der im Politbüro für Kultur zuständig gewesen wäre?

Darüber sollte man sich nichts vormachen. Kant hätte einiges modifizieren können: Tonlagen, Einzelentscheidungen. Aber wenn du erst einmal so weit bist, sitzt du auf dem Schlitten, der fährt zu Tale. Da änderst du nicht mehr viel. Du kannst deinem Steuermann zurufen: Paß auf bei der nächsten Kurve. Aber das ist alles. Es wäre auch das erste Mal in der Weltgeschichte gewesen, daß einer nicht von diesem elendigen Gift der Macht ergriffen, angesteckt, verdorben worden wäre.

Eine treffende Formulierung, »der Schlitten fährt zu Tale«. Dabei hast du doch immer gedacht: Das schaffe ich schon. Ab wann verlorst du die Hoffnung, durch dein Bemühen etwas zum Besseren wenden zu können?

Da bilde ich mir überhaupt nichts ein. Ich habe in meiner einflußreichen Stellung im Schriftstellerverband gemerkt, daß ich einiges aufhalten, abbiegen und in Gang setzen konnte. Die Betonung liegt auf einiges. Wenn ich mir jetzt vorstelle – ich war ja einige Male im Politbüro –, ich hätte Seit' an Seit' mit den dort versammelten Kolleginnen und Kollegen, es waren ja vor allem Männer, die Dinge der Kultur vertreten sollen, das wäre sehr bald nichts geworden. Weil die alle, wir haben das schon ein paar Mal berührt, die Kultur als eine Sache betrachteten, die man per Ukas regulierte.

Noch mal: Eine andere, klügere, jüngere Führungsmannschaft, die so möglicherweise gar nicht vorhanden war, hätte die DDR nicht gerettet?

Du sagst richtig: Sie war gar nicht vorhanden. Kadernachwuchs stellt sich nicht plötzlich ein. Die Übergänge in neue Funktionen waren in der DDR sehr lange vorbereitet und dadurch geprägt von dem, was die Älteren wollten.

Mit welchen Empfindungen hast du die Zeit zwischen Oktober 1989 und März 1990 erlebt: Mit Erschrecken, Irritation oder vielleicht sogar mit Neugier, was denn nun passiert?

Das habe ich mir neulich erst wieder vergegenwärtigt. In meine Kalender schreibe ich immer ein, was ich tagsüber gemacht habe. So weiß ich später ungefähr, was los war. Obwohl ich 1989/ 1990 immer gewußt habe, daß nun große, für mich persönlich eine Niederlage bedeutende Veränderungen passieren, war ich in manchem erleichtert. Es war ungefähr so, wie ich erleichtert war, als ich in Gefangenschaft geriet. Ich wollte um Gottes willen nicht in Gefangenschaft, und eine ganze Weile ist es einfach nur gräßlich gewesen. Dennoch war die Erleichterung da: Jetzt muß ich nicht mehr auf andere schießen. Das habe ich als Befreiung aus einer schlimmen Zwangslage empfunden. So ähnlich habe ich die schrittweise Auflösung des bisherigen stabilen Käfigs begriffen.

Als Neubeginn?

Die Zeitschrift Capital hat mich gleich, nachdem wir Bundesbürger geworden waren, aufgefordert, eine Kolumne zu schreiben. Sie war als Anfang einer Serie geplant, daraus ist aber nichts geworden. Wie man sich nun in der neuen Gesellschaft fühle, sollte ich erklären. Ich habe das auf den Kernsatz gebracht: Nach 40jähriger Flucht sei ich zurück in den Pferch des Kapitalismus gebracht worden. Das habe ich gut formuliert vorgetragen. Der damalige Chefredakteur, ein baumlanger Mensch, gab sogar zu, sich ähnliches erhofft zu haben. Sie haben es gebracht, und dann habe ich nie wieder was von ihnen gehört.

Aber erst war es doch ein Aufbruch aus fest gefügten Verhältnissen, der manch einem auch Chancen eröffnete. Oder nicht?

Für viele sicher, aber wir reden von mir. Ich wollte nicht zurück in den Kapitalismus. Das weiß ich heute noch mit besseren Gründen als damals.

Am 28. Oktober 1989 gab es in der Berliner Erlöserkirche eine Gemeinschaftsaktion Berliner Künstlerverbände »Wider den Schlaf der Vernunft«. Mit dabei waren Christa Wolf, Daniela Dahn, Wolfgang Kohlhaase, Christoph Hein, Joochen Laabs, Stephan Hermlin, Volker Braun, Stefan Heym. Wenn ich mir deinen offenen Brief vor Augen halte, der am 9. Oktober in der Jungen Welt stand, hättest du doch in diese Reihe gepaßt. Warum wurdest du nicht eingeladen, frage ich mich heute. Aus Rücksicht vielleicht auf Stefan Heym?

Das hatte schon seine Richtigkeit. Die haben immer gewußt, ich bin ein hartnäckiger Anhänger und Verteidiger der DDR, bloß ein absoluter Feind ihrer Idiotie.

Ja, das waren die genannten Autoren doch auch.

Aber warum sollten sie in dieser Situation unbedingt sagen: Der Kant soll auch mit ins Boot?

Warum eigentlich nicht? Weil du ZK-Mitglied warst? Weil du Präsident eines Verbandes warst?

Ich hoffe doch, weil ich Hermann Kant war. Du hast ehrenwerte Leute genannt, mit deren freundlicher Weitherzigkeit ich es nie aufnehmen konnte. Daniela Dahn zum Beispiel könnte mir durchaus etwas übel genommen haben. Eines Tages erklärte sie mir, der SFB, der ja nun nicht gerade ein DDR-Sender war, wolle ein Hörspiel von ihr machen. Und sie sollte die Regie führen. Daß ein Mitglied des Schriftstellerverbandes beantragt, auf Zeit Mitarbeiterin des SFB zu werden, konnte unter den damaligen Umständen nur abgelehnt werden. Ich habe es ihr freundlich erklärt. Und da sie eine hochintelligente Person ist, hat sie daraus abgeleitet: Mit dem versuchst du es nicht wieder.

Das hat es in Wendezeiten überall und massenhaft gegeben, daß Leute »ausgewechselt« wurden, die das gar nicht verstanden und sich durchaus in der Lage sahen, die gesellschaftlichen Veränderungen mitzutragen. Im nachhinein frage ich mich, wie sowas geschieht. Was für Mechanismen wirken da? Ist es auch vielfach ein Wegboxen gewesen? Andererseits ist es doch klar, daß sich eine Gruppe, die sich im Wald verirrt hat, einen anderen Anführer sucht?

Anführer, ich bitte dich! Die Kolleginnen und Kollegen haben schon richtig gehandelt. So nahe ich ihnen auch literarisch war und bin, so waren und sind doch unsere politischen Ansichten nicht durchweg kompatibel.

Mit besonderem Interesse habe ich damals in der Erlöserkirche den Auftritt von Stephan Hermlin erwartet. Der aber sagte, wie ich mich erinnere, nur das: Hütet euch vor Provokateuren. Dann ist er gegangen. Am nächsten Tag habe ich, obwohl ich zu ihm keinerlei Beziehungen hatte, zum Telefon gegriffen – zu dieser Zeit übersprang man ja alle Grenzen –, weil ich wissen wollte, was genau er mit diesem Satz gemeint habe. Ich erfuhr nur, er sei abgereist, ich glaube, in die Sowjetunion.

Seine Frau ist ja Sowjetbürgerin gewesen. Bei seinem Auftritt hat Stephan noch etwas anderes gesagt: Ich bin auf eurer Seite. Das hat mich ziemlich geärgert. Denn ich wußte: Diese Versammlung bestand nicht aus lauter Leuten, die solchen Leuten wie ihm wohl wollten. Natürlich waren viele da, die ganz hehre Vorstellungen hatten von dem, was nicht mehr sein sollte. Sie wandten sich gegen die Polizeiübergriffe am 7. Oktober – was ich übrigens auf der 10. Tagung des ZK auch getan habe –, sie wollten keine Mauern mehr, kein Verbot von fröhlichen Liedern etc. Kurz, sie hatten genug von der Zwangsherrschaft, die wir wirklich ausgeübt hatten. Darin hatten sie völlig Recht. Doch wo gesiegt wird, wird zuende gesiegt.

Meinte er das mit seiner Warnung »Hütet euch vor Provokateuren«?

Das ist ein echter Hermlin-Spruch, der fußt auf seinem Leben. Er hatte die Erfahrung, daß man nicht nur von Freunden umgeben ist. Er war Kommunist, und das war keine Versammlung von Kommunistenfreunden. Letztlich lief es doch darauf hinaus, daß Leute wie Hermlin – von mir ganz zu schweigen – nicht mehr piep sagen können.

Du denkst, die Hoffnungen auf eine erneuerte DDR hatten an keinem Punkt eine Chance und wurden nur benutzt?

Das ist überhaupt kein Ergebnis von abgefeimten Machenschaften, es konnte schlicht nicht anders sein. Die beiden Systeme verhielten sich so zueinander, daß kein Kompromiß möglich war. Bekanntlich führt – das ist ja nun 700000 Mal gesagt worden – der Kompromiß zwischen Feuer und Wasser zu Dampf. Bestenfalls. Und zu ziemlich üblen Brandwunden, wenn man nicht aufpaßt. Der Westen wollte, daß der Osten auch wie der Westen wird. So einfach lief das.

Das ist die heutige Interpretation. Aber ich denke, daß sich in Egon Bahr (SPD) und Horst Teltschik (CDU), um zwei Namen aus der BRD zu nennen, damals durchaus unterschiedliche Vorstellungen verkörperten, wie es nach dem Rücktritt Honeckers weitergehen könnte. Wann hast du die Vision einer erneuerten DDR aufgegeben?

Aufgegeben habe ich das nicht mal in der Modrow-Zeit. So lange die »große Ruhmreiche« existierte, konnte man trotz allem noch hoffen, daß man dort nicht ungerührt zusieht, wenn ihnen ein wichtiges Stück sozialistischen Bodens verlorengeht.

Wie hast du die große Künstlerdemonstration vom 4. November erlebt, die Signal war auf einen erneuerten Sozialismus hin?

Ich habe mit diesem Vorgang insofern sympathisiert, als ich zum ersten Mal Humor auf der Straße sah. Nicht nur national, sondern international war das eine absolute Novität. Ich habe mich gekugelt über die Egon-Karikaturen.

Warst du mit dabei auf dem Alexanderplatz?

Dabei? Ich wurde doch von Anfang an behandelt wie ein Stück Dreck. Man wollte mich nicht. Deswegen habe ich mich über Stephan geärgert, weil er sich dem ausgesetzt hat. Andererseits habe ich auch nicht hinterm Ofen gehockt. Bei der Demonstration bin ich nebenher gegangen. Hin und wieder passierte es, daß mich Leute erkannten und riefen: Los, komm her! Auf dem Alex hat auch jemand zu mir gesagt, ich solle reden. Ich wußte genau, daß ich verrückt wäre, überhaupt darüber nachzudenken. Aber diese gewaltfreie Demonstration habe ich schon sehr sympathisch gefunden. Und das Einbringen von Witz, Charme und Geist hat mir imponiert. Ich hatte tatsächlich ein bißchen Hoffnung, sowas könnte sich als Bestandteil von Politik behaupten. Hielt aber nicht lange vor.

Fünf Tage, und es war vorbei.

So ist es.

Im Roman »Okarina« hast du über die Mauer geschrieben: »Was aus der Not eine Tugend machen heißt, sah man an diesem Plattenbau. Er war der aufgemauerte Kalte Krieg und unser schlimmstes Armutszeugnis.« Ist das eine Einschätzung im nachhinein, oder hast du auch schon zu DDR-Zeiten so gedacht?

Das Zitat besteht aus vieldeutigen Wörtern. Armutszeugnis meinte ich auch zugleich als Zeugnis unserer Armut. Wir mußten einen Zaun um unser bißchen Habseligkeit ziehen. Die Haupthabseligkeit waren die Leute, die in der DDR lebten. Das war schon schlimm. Wenn du vier Jahre gefangen warst, weißt du, wie man sich innerhalb eines Zaunes fühlt. Nee, über diese Einrichtung war ich nie begeistert, ich sah nur keinen anderen Weg. Es war wirklich eine aufgemauerte Niederlage. Die Leute sind doch weggelaufen, weil es bei uns nicht so war, daß man es nicht gerne gegen etwas anderes ausgetauscht hätte. Ich habe die Mauer ergrimmt zur Kenntnis genommen als Bedingung unserer Existenz.

Als die Mauer weg war und die Leute, die vorher noch gerufen hatten »Wir sind das Volk«, rüber rannten und ihr Begrüßungsgeld ausgaben, hast du da Zorn auf sie gehabt?

Nein, das konnte ich doch nicht haben. Da hat mich nur wieder Stefan Heym geärgert mit seiner blöden Bemerkung über die Leute. Er hat die ganze Zeit Bananen gefressen, entschuldige, und jetzt den anderen das zu verargen, fand ich ziemlich seltsam. So unangenehm es gewesen ist, als du plötzlich nicht mehr auf der Straße Platz fandest, weil alles irgendwo hin jagte und glaubte, die Verkehrsregeln seien abgeschafft. Aber so ist es nun mal, wenn etwas abgeschafft wird, und die Freiheit scheint angebrochen. Ich habe ja auch vorher schon in den Westen gekonnt – nicht aus Jux und Dallerei freilich. Die hatten meine Bücher gedruckt und wollten mich dazu hören. Das hat mir doch auch gefallen, das hat meinem Ego selbstverständlich mächtig Kitzeleinheiten zugeführt. Aber daß andere mich darum beneideten, hat mich begleitet. Ich wäre bescheuert gewesen, wenn ich nicht verstanden hätte, daß sie die neue Bewegungsfreiheit mit Wucht und Wonne wahrgenommen haben. Daß sie darüber alles Übrige, was noch zu bedenken gewesen wäre, vergessen würden, das war mir auch klar.

Und als sie dabei waren, das zu vergessen, hat Stefan Heym am 26. November 1989 den Appell »Für unser Land« initiiert. Ich wurde auf die Pressekonferenz geschickt, habe dann im ND darüber geschrieben und bekam eine Menge Post, die ich beantworten mußte. Die Chance auf eine Erneuerung der DDR sei schon 1968 vertan worden, hieß es in einem Brief. Wie siehst du das: War es schon zu spät, mit so einem Appell für die DDR an die Öffentlichkeit zu gehen?

Das kann ich nicht beurteilen. Ich habe selbstverständlich diese Vorgänge auch unter dem Gesichtspunkt gesehen, daß ich vorsätzlich von allem ausgeschlossen wurde. Mich hat keiner gefragt, ob ich auch für unser Land sei. Nebenbei gesagt, habe ich irgendwann auch meine Unterschrift gegeben, als es eine Massenbewegung war. Es war ja meine Meinung. Vorher hatte ich nicht feige unterm Tisch gesessen, und nun wurde ich feige unter den Tisch gedrückt. Mit einem Mal gab es neue Helden, und ich gehörte nicht mehr dazu.

Du wurdest mit der Struktur der alten DDR-Führung in Eins gesetzt.

Obwohl ich nicht in einer Struktur aufgegangen war, obwohl ich mich als Mensch mit eigener Meinung gezeigt hatte. Aber es wurde mir wohl gerade deshalb – mehr als anderen, die sich nur angepaßt hatten, – zur Last gelegt, daß ich aus eigenen Beweggründen zu einer Sache stand, mit der man nun nichts mehr zu tun haben wollte. Die Leute haben natürlich, wie immer, nicht begriffen, daß sie inzwischen längst nicht mehr Bestimmer der Ereignisse waren, als die sie sich einen Augenblick lang fühlen durften. Die fabelhafte Demonstration am 4. November war einer dieser Momente, als sich Illusion und Realität in einem guten Bündnis fanden. Aber das war schnell vorbei. Und all die Fisimatenten, Honecker abzusetzen, aber Modrow behalten zu wollen, galten bei denen, die es schon geschafft hatten, bloß als lästiges Überbleibsel des Alten und nicht als Variante des Übergangs zu etwas Neuem. Nachdem ich am 14. November 1989 im Verband die Vertrauensfrage gestellt und mit Wucht als Präsident bestätigt worden war, bin ich zum nächsten Verbandskongreß schon nicht mal mehr eingeladen worden. Das war schon alles sehr seltsam. Und bei diesem Parteitag im kalten Winter war ich ein gerade noch so geduldeter Gast. Ich habe mich noch mit diesem oder jenem unterhalten – Rudolf Bahro und Sigmund Jähn –, aber es war eine Veranstaltung eigentlich schon ohne uns. Ich bin dann mit Krenz zusammen weggegangen, er fuhr sonstwohin, ich nach Hessenwinkel. Und ich wußte: Das ist nun für dich vorbei. Dabei waren das doch Leute, die meine Bücher gelesen hatten, da konnte ich doch für sie nicht der letzte Husten sein! Das hat mich alles gekränkt, und da habe ich wahrscheinlich ganz primitiv menschlich reagiert: Wenn ihr mich nicht haben wollt, dann habt ihr mich eben nicht.

Selbst wenn sie deine Bücher nicht gelesen hätten ... Man kann nicht einen Menschen, mit dem man über die Jahre normal umgegangen ist, plötzlich schneiden, weil sich die Zeiten geändert haben.

Viele sind aber so. Ich weiß noch, als ich ins ZK gewählt worden war, sagte ich zu meinem Laubenpiepernachbarn in Prälank: »Sie haben wahrscheinlich in der Zeitung gelesen, daß ich ins ZK gewählt worden bin.« Und er: »Ja, haben wir gelesen. Gut, daß auch mal ein vernünftiger Mensch da rein kommt.« So war das vorher. Ich dachte, weil ich damals immer Mal die kritische Klappe aufgetan hatte, würde man mich nicht als so einen absoluten Knüppelknecht betrachten. Ein alberner Irrtum.

Und um die Knüppelknechte kümmerte sich keiner. Es gab eine Menge Leute in Führungsebenen der DDR, die waren bloß dogmatisch, vielleicht, weil sie einfach nicht so klug waren, und haben damit andere ganz schön unter Druck gesetzt. Die sind nach der Wende einfach in Rente gegangen oder in einen anderen Beruf. Ursula Ragwitz wurde Klavierlehrerin. Darüber freut man sich sogar. Keiner hatte das Bedürfnis, mit solchen Leuten ein Hühnchen zu rupfen. Aber warum trifft die Abrechnungswut statt der Engstirnigen die Schöpferischen?

Weil die sich aus dem Fenster gelehnt haben, kenntlich waren und sind.

Aber kenntlich sind auch andere Schriftsteller gewesen. Es hat doch keiner aus dem Präsidium des Verbandes so viel abbekommen wie du.

Im Grunde haben die alle nichts abgekriegt, außer mir. Da könnte man jetzt sarkastisch sagen: Ich habe vorher ja auch die meisten Ehrungen abgekriegt. Stimmt. Und es stimmt auch, daß ich die meiste Arbeit gemacht habe und den Administratoren den meisten Ärger und den Lesern einige Freuden.

Was meinst du denn, warum ging es so besonders gegen dich?

Ich weiß es nicht und weigere mich auch, darüber groß nachzudenken. Wirklich, schlimmer wäre es, in Verkennung meiner politischen Position von den falschen Leuten gelobt zu werden. Aber auch schon früher spitzte sich die Sache manchmal idiotisch zu. Wenn ich zum Beispiel bei bestimmten Aktionen gebeten wurde, doch möglichst nicht zu unterschreiben, weil dann andere ihre Stimme zurückziehen würden. Das war schon mal so beim »Appell der Schriftsteller Europas« zu DDR-Zeiten. Den haben wir zusammen in einer bayerischen Bierkneipe ausgebrütet – Friedrich Hitzer, Bernt Engelmann und ein paar andere Leute. Und dann wurde ich gebeten, doch zu verstehen, daß ich nicht als einer der Initiatoren in Erscheinung träte. In alten Vorstellungen von Konspiration habe ich dem zugestimmt. Man dient einer Sache am besten, indem man sich zurücknimmt, habe ich mir gesagt. Dabei hat es mich gewurmt, und irgendwann habe ich gedacht: Bei so was machst du nicht mehr mit, wo du erst gefragt und dann nicht mehr willkommen bist.

Du wurdest zur Symbolfigur gemacht für ein restriktives System. Aber du fühltest dich nicht so.

Ich bestreite es schlicht und denke nicht daran, mich dem zu fügen. Das habe ich ja Friedrich Schorlemmer so übel genommen – später haben wir uns zwar auf einen vernünftigen Umgangston geeinigt –, aber es tut mir nach wie vor nicht nur weh, es empört mich, daß er ein Tribunal gefordert hat, vor das Honecker, Mielke, Schnitzler und ich gestellt werden sollten. Von Schnitzler war dann bald nicht mehr die Rede, nur noch von Honecker, Mielke und Kant.

Damit meinte er aber doch keinen Gerichtsprozeß, sondern ein öffentliches Befragen, um die Vergangenheit aufarbeiten, verstehen zu können. »Bei der Auseinandersetzung mit der DDR wäre eine Atmosphäre zu entwickeln gewesen, in der jeder Verstrickte so erzählen kann, daß man den Zusammenhang versteht, in dem er handelte.« Das sagt Schorlemmer in Hans-Dieter Schütts Interviewbuch »Die Welt hinter den Fragen«. Und es ist genau das, was wir gerade tun.

Nichts gegen das Zitat, aber Tribunal ist etwas anderes: Das ist keine freundliche Unterhaltung, da wird Anklage erhoben. Was mich allein schon beleidigt hat, daß ich in die Kategorie von Honecker und Mielke gehören sollte. Als ob man nicht gesehen hätte, was ich über all die Jahre gemacht habe. Unter meiner Leitung war der Schriftstellerverband eine ernst zu nehmende Berufsorganisation. Es hat dann zwischen Schorlemmer und mir eine öffentliche Debatte stattgefunden im ehemaligen Schriftstellerhaus in Pankow. Daß da nicht gleich ein paar Leute aufgestanden sind und gesagt haben: Halt mal, ihr könnt euch hier zwar unterhalten, aber Kant als Hauptverantwortlichen für alle DDR-Verfehlungen hinzustellen, ist doch eine Wahnidee, daß das nicht passiert ist, hat mich ziemlich durcheinander gebracht. Da Honecker und Mielke inzwischen tot waren, sollte ich es wohl sein, an den man sich hielt? Das war ja nun sehr komisch. Danke für solchen Ruhm: Da bin ich eben alles gewesen, habe die DDR gegründet, die Mauer gebaut und so weiter. Aber was soll nun ein Mann mit so einem völlig verrückten Vorgang anfangen?

Als du als junger Soldat in Warschau ins Gefängnis kamst, hat man dich als Mörder beschimpft, obwohl du das nicht warst. Du hast das Ghetto nicht zerstört. Aber du hast dir dann doch den Zusammenhang deiner Mitbeteiligung an all dem, was geschehen war, bewußt gemacht. Auf andere Weise bestand solch ein Zusammenhang doch auch, als die Herrschaft des SED-Politbüros zusammenbrach.

Ja, Irmtraud, in Polen, da hat es mir von mir aus der liebe Gott ins Ohr geflüstert, daß ich dann gesagt habe: Wie sieht diese Stadt Warschau denn aus, was ist denn hier geschehen. Das hat kein anderer gemacht als unsere Armee, also wir … Ich habe das, ich sage es noch einmal, durch höhere Einflüsterung wahrscheinlich, begriffen, daß man mit mir und meinesgleichen so umgehen mußte. Die sie gefaßt hatten, waren nun die, die es gewesen waren. Daß sich das auf verrückte Weise wiederholt hätte, so pathetisch würde ich es nicht sagen. Ich habe bis auf die Kränkung nichts auszustehen gehabt. Bin in die mecklenburgische Abgeschiedenheit gegangen und habe anständige Arbeit gemacht. Bin ja nicht untergegangen, während ich in Warschau eine Weile beinahe untergegangen wäre. Auch deshalb vergleiche ich die beiden Vorgänge nicht. Ich sage mir: Die haben sich auf dich geeinigt, weil du dich vorher mit dir geeinigt hattest, du sagst einfach was. Und ich habe, das ist nun mal so, bei etlichen Gelegenheiten etwas gesagt und mich verhalten, so, wie es bis dahin nicht üblich war. Ich habe mich sozusagen unüblich gemacht. Daß man mit Unüblichen dann verkehrt, wie man mit mir verfahren ist, ist mir völlig klar.

Aber es gab menschliche Enttäuschung?

Gewiß doch. Davon würde ich gar nicht groß reden, weil auch unter den Leuten, mit denen ich inzwischen wieder gut Freund bin, natürlich welche waren, die sich saublöd benommen haben, um es milde auszudrücken. Saublöd, und wenn ich mich auch so benommen hätte, wäre zwischen uns nur noch Haß gewesen. Aber wer sich einbildet, nicht ganz schwach zu sein – und ich bilde mir das ein –, darf sich nicht bei jedem über Leute beschweren, von denen er weiß, sie sind nicht ganz stark.

Bei Leuten, denen du scharfzüngig begegnet bist oder die von dir etwas wollten und nicht bekamen, würde ich es ja verstehen. Aber wer die DDR über Jahrzehnte mitgetragen hatte … Was da plötzlich für eine Lust an der Differenzierung um sich griff! So wie der einstige Chefredakteur des Sonntag Hans Jacobus, inzwischen auch verstorben, mir Anfang der 90er Jahre erzählte: »Da sah ich doch letztens den und den aus der Kulturabteilung des ZK, und ich bin gleich auf die andere Straßenseite gegangen.« Das habe ich ausgesprochen komisch gefunden. Die saßen doch in einem Boot, dachte ich, und nun bestehen sie darauf, daß sie verschiedene Plätze hatten.

Hatten sie aber wirklich. Jacobus war 1987 schon kein Chefredakteur mehr, sondern Rentner. Und nach 1953 kam er nach einer Überprüfung von Westemigranten sieben Monate in Untersuchungshaft und wurde danach zur Bewährung in die Produktion geschickt. Aber ich weiß schon, was du meinst. Ein berühmter Mann der Kultur, ich lasse mal den Namen weg, hat mir stolz berichtet, daß er sich mit seiner Frau vor die Kreisbehörde der Staatssicherheit gestellt hat, um mit einer wütenden Menge zusammen die Bestrafung dieser Leute zu fordern. Da kann ich nur lachen. Ich darf das, weil ich schon gegen bestimmte Maßnahmen des MfS vorgegangen bin, als es noch allmächtig war. Hermlin hat immer gesagt: Ja, weißt du, manche Leute sind eben schwach. Damit hatte er natürlich Recht.

Es gibt die fernöstliche Weisheit, wonach Verlust immer auch Gewinn in sich birgt. Es sind Verbindungen abgebrochen zu Leuten, von denen du dachtest, daß sie Freunde waren. Haben sich neue Verbindungen aufgetan? Hat es Versöhnungen gegeben nach all den Jahren?

Was die engeren Freunde betrifft, gibt es keinen, der mich enttäuscht hätte. Unter den Bekannten haben sich manche ihrer guten Bekanntschaft mit mir nicht mehr erinnern können. Das habe ich dann irgendwann kapiert. Die Freunde sind mir geblieben. Wolfgang Kohlhaase, der selbstverständlich ein anderes Leben als ich geführt hat, früher schon sozusagen im gesamtdeutschen Bereich arbeitete, mit ihm kann ich mich nach wie vor mit wenigen Sätzen über eine Sache verständigen und verstehen. Das halte ich für ein wichtiges Kriterium von Freundschaft, da müssen wir nicht lange rumeiern. Mit Eva und Erwin Strittmatter war ich ein mittleres Leben lang befreundet. Erwin ist inzwischen tot. Da gab es allerdings eine ziemlich einschneidende Krise um die Veröffentlichung seines »Wundertäter III«, als er meinte, nun auch in mir einen Hauptbedrücker und Bedränger sehen zu müssen, obwohl das Gegenteil der Fall war. Später hat sich das halbwegs eingerenkt, aber es wurde nicht wieder wie früher. Erwin war sowieso genährt von einem Grundmißtrauen. Der konnte sich die Welt nur erklären, wenn er den Teufel in ihr mächtig am Wirken sah.

Vielleicht eine übergreifende Interpretation dessen, worüber wir gerade reden: das Böse, das eben auch als Möglichkeit im Menschen steckt, die Abgründe, in die man hineinschauen muß, um bewußt den guten Weg zu gehen.

So ein wirklich gutes Verhältnis gibt es mit Eva Strittmatter. Sie ist schlimmer dran als ich, was ihre Gesundheit angeht. Das ändert nichts daran, daß wir immer froh sind, uns zu unterhalten, und es gibt wenig, worin wir nicht derselben Meinung wären. Das hat Bestand. Bei Rudi Strahl war das auch so. So lange er lebte, haben wir einmal die Woche telefoniert. Von Leuten außerhalb des Schriftstellerdoms rede ich gar nicht. Freundschaft ist ja etwas Gegenseitiges. Man schätzt den anderen und wird selbst der Freundschaft wert befunden. Nein, da gab es keine großen Verluste außer denen, die ich selber herbeigeführt habe.

Wieso?

Indem ich manches abgeschnitten habe. Ich wollte nicht mehr, dafür konnten die anderen nichts. Meine gute Freundin Jewgenia Kazewa aus Moskau, die inzwischen auch tot ist, hat es nicht kapiert, daß ich ihr gerade mal so hin und wieder einen Brief geschrieben und nicht unsere alte Freundschaft aufrechterhalten habe. Ich konnte das nicht mehr. Eine Weile hatte ich sogar den Beschluß gefaßt: Ich gehe aus allen Freundschaften. Wie soll ich antworten, wenn man mich fragt: »Was hätte ich denn damals für dich tun sollen?«

Und spätere Versöhnungen mit Leuten, von denen du dich beleidigt fühltest?

Eine Verständigung mit Schorlemmer hat es, wie gesagt, gegeben, daß man angesichts größerer Feindschaften vielleicht diese nicht zuspitzen sollte. Natürlich habe ich keinen Versuch gemacht, etwa ein Verhältnis mit Jurij Brezan wieder herzustellen, nachdem der öffentlich erklärt hatte, er sei in seinem Leben als Sorbe zweimal unterdrückt gewesen – einmal von den Nazis und einmal in der DDR. Denn da hätte ich ihm ja sagen müssen: Ich habe gemerkt, wie unterdrückt du warst, als du mein Stellvertreter gewesen bist.

Wie war das, wenn du Autoren wiederbegegnet bist, die in den 70er, 80er Jahren die DDR verlassen haben?

Unterschiedlich. Gefreut habe ich mich, als mir Thomas Brasch über den Weg gelaufen ist auf der Frankfurter Buchmesse und mich freundlich angesprochen hat. Klaus Poche, der einer der Ausgeschlossenen im Roten Rathaus gewesen ist, hat mich ungefähr einmal im Jahr angerufen aus Köln. Und dann gab es auch Leute aus dem Westen, die sich im nachhinein bedankt haben, daß ich ihnen mal geholfen hatte bei bestimmten Gelegenheiten, Einreisegenehmigungen zu bekommen zum Beispiel. Oder der berühmte Journalist, der eine DDR-Bürgerin heiraten wollte, aber nicht durfte. Da war ich selber noch gar nicht so bekannt. Aber immerhin hat mein Brief an Ulbricht etwas bewirkt. Daß ich diesen Mann kenne, habe ich geschrieben, und daß ich doch darum bitte, mal zu überlegen, ob es nicht günstiger wäre, einen Journalisten dieses Kalibers in freundlicher Haltung uns gegenüber zu stimmen als ihn und seine Freundin in der Haltung zu wissen, daß ihnen entsetzliches Unrecht geschähe. Das hat wohl überzeugt.

Schlimm eigentlich, daß man nur etwas erreichen konnte, wenn man sich der Denkweise der Mächtigen bediente.

Natürlich. Sonst leuchtete ihnen nicht ein, warum ihnen eine Entscheidung nützlich sein könnte. Da können wir doch heute nicht so tun, als ob es nicht so gewesen wäre. Auch ihr in eurer Zeitung habt doch solche Sprachakrobatik betrieben.

Wie anstrengend das war, habe ich erst gemerkt, als es damit vorbei war. Daß ich mir beim Schreiben nur noch darüber Gedanken machen muß, so genau wie möglich zu ergründen, was ich meine, weißt du, wie befreiend ich das empfinde! Und wie viele interessante Autoren uns zugewachsen sind, die sich früher dem ND nie genähert hätten …

Das beste Beispiel für mich ist Zwerenz. Wir waren damals geradezu die Ost-West-verfeindeten Brüder. Sprichwörtlich beinahe. Jetzt hat er zu meiner großen Freude den »Aufenthalt« im ND ein Jahrhundertbuch genannt.

Und ein Gewinn ist auch, daß wir jetzt so miteinander reden. Zu DDR-Zeiten wäre ich nicht auf die Idee gekommen, dir so persönliche Fragen zu stellen. Nicht nur, weil ich für den Bereich DDR-Literatur nicht zuständig war. Aber es hat auch Interviews mit Hans Weber, Horst Bastian, Eberhard Panitz gegeben, mit denen ich zusammen auf Sowjetunion-Reisen war. Du jedoch, du warst tatsächlich ganz weit oben.

Das habe ich nicht so gesehen, daß man mit mir nicht hätte reden können.

Wenn, dann hätte das der Abteilungsleiter gemacht – nicht ohne vorher die ganze Hierarchiepyramide hinauf anzufragen, ob es denn auch genehm sei, daß der Kant jetzt im ND was von sich geben soll. Auch bei Christa Wolf, Stephan Hermlin oder Volker Braun wäre das so gewesen, auf denen mal ein gnädiger oder ein ungnädiger Blick »von oben« ruhte. Eine Haupt- und Staatsaktion hätte man draus gemacht.

War alles ziemlich anstrengend, ja.

Und trotzdem kann ich nicht einfach sagen: Vorbei. Einfach, weil mein damaliges Ich zu meinem heutigen dazugehört. Obwohl ich um keinen Preis in die DDR, wie sie war, zurückwollen würde. Auch du hast ja von Erleichterung gesprochen. Befreiung, die vielleicht zugleich ein Abschied gewesen ist?

Inzwischen habe ich Gefallen daran gefunden, nicht mehr groß mitzutun. Aus Selbstachtung bin ich in der Partei geblieben. Ich sagte mir: Was du an Vorstellungen hattest von einer gerechten Welt, das gilt nach wie vor. So bin ich jetzt nirgendwo drin außer in der Linken und im Wasserverbund Obere Havel. Und das gefällt mir ganz gut. Wenn du allerdings von Abschied sprichst: Es gibt ein paar Abschiede, von denen ich immer noch nicht weiß, womit sie sich erklären. Doch ich habe begreifen müssen, daß man nicht sozusagen mit der Liebe unterm Arm hinter jemandem her rennen kann: »Halt, das war doch unser beider Sache« ... Man ist inzwischen auch alt genug, um sich an so manches Unterbleiben zu gewöhnen. Also was soll's. Ich bin ohne Bitternis. Manchmal bin ich zwar verzweifelt, manchmal fühle ich mich derart elend, daß ich irgendwas unternehmen muß, um mich von meinem Elend zu erlösen. Aber daran ließe sich durch kein Gespräch etwas ändern.

Letztlich kann man nur alles mit sich selber abmachen?

Das ist so. Wenn du auf eine bestimmte Weise alt bist, hast du Glück, wenn du manches einsiehst. Was dich aber nicht rettet vor Anfällen der Verzweiflung. Aber es ist nicht meine Hauptbeschäftigung: verzweifelt sein.

Bevor wir das Gespräch begonnen haben, hatte ich so eine Befürchtung: Kant ist ziemlich grimmig und verbittert. Der wird hinter seiner Barrikade hocken …

Na, grimmig stimmt durchaus. Wenn ich mich an meinen Computer setze, helfe ich mir vielleicht manchmal mit Grimm über einen bestimmten Zustand hinweg. Das ist wahrscheinlich meine Art. Ein alter vergnatzter Mann wollte ich allerdings nie sein und werde ich sicher nicht sein. Wenn meine lieben Anverwandten sich mitunter darin einig waren, der Alte sei doch manchmal ganz schön gnatterich, knurrig und verknobelt, wollte ich ihnen das nicht verargen. Manchmal ist es sogar ganz schön, nicht immer gestört zu werden.

VII.

»Über bloßes Interesse und notwendigen Wissensbedarf hinaus meldete sich das pressende Verlangen, von einer Sache, einem Verhalten oder Verhältnis alles zu erfahren. Es ist ein unbändiger Drang, der mich in Fällen, die mich im Grunde nicht berühren sollten, beinahe unweigerlich fragen läßt: Wie geht denn das?«
Hermann Kant: »Kino«

Schön hast du's hier in Prälank. Keine Prachtvilla zwar …

Im Winter kriege ich hier nur einen winzigen Raum richtig warm.

Aber was für ein Ausblick. Gehst du manchmal raus, um einfach nur den See, den Himmel anzuschauen?

Ich bin mehr oder minder zufällig hier gelandet und eigentlich immer noch zufällig hier. Ich bin kein großer Naturmensch. Die Male, die ich hier in den Wald gegangen bin, kannst du an einer Hand abzählen. Ich nehme die Natur zur Kenntnis, doch auf die Idee käme ich nie, darüber auch nur eine Zeile zu schreiben.

Schreiben vielleicht nicht, aber es in sich aufnehmen und alles Banale hinter sich lassen. Das gibt uns ja die Natur.

Hier stand das Unkraut seit 20 Jahren brusthoch, als wir das Grundstück vom Nachbarn gekauft haben. Das ging alles völlig rechtmäßig zu, aber ich hätte dieses so genannte LPG-Land nicht gekriegt, wäre nicht Vera Oelschlegel die meinige gewesen. Eine berühmte Schauspielerin. Ich war nur ein Autor.

Wann war das?

1968 oder 1969.

Und jetzt? Die meiste Zeit lebst du ja hier?

Immer. In Berlin habe ich 1994 meine Wohnung aufgegeben. Seitdem wohne ich hier.

Mußt du hier alles selber mähen?

Früher habe ich das alleine gemacht. Heute tut das jemand für mich.

Und der übrige Haushaltskram: Wäsche waschen, Essen kochen?

Ich wasche die Wäsche mit der Maschine, hänge sie auf die Leine hinterm Haus, und dann wird gebügelt.

Kant am Bügelbrett – das kann ich mir aber nicht vorstellen.

Ich hasse an der jungen Generation, daß sie mit ungebügelten Hemden und Hosen rumläuft.

Ich habe dir auch nicht zugetraut, daß du Essen kochst.

Das habe ich früher auch gemacht. Ich habe für die Familie immer gekocht. Da hatte ich von den Kindern den schönen Beinamen »guter Koch Hermi«. Mit dem Bügeln passierte mal was Schönes. Kurt Maetzig, mit dem ich befreundet bin, rief an, wie er es hin und wieder tut. Ich war gerade dabei, die noch leicht feuchten Hemden zu bügeln. »Kurt, darf ich zurückrufen, ich bügele gerade«, sagte ich. Er: »Ja.« Ich habe meine Arbeit zu Ende gemacht und ihn dann angerufen. Daraufhin er: »Jetzt bügle ich!« Da rief aus dem Hintergrund seine Frau: »Du weißt doch gar nicht, wie das gemacht wird!« Später hat er sich entschuldigt. Er war es nicht gewohnt, daß einer sagt, er nimmt den Anruf nicht an, er bügelt gerade. Bügeln war von ihm bei mir nicht vorgesehen. Aber anders geht es doch gar nicht. Für schwere Arbeiten kommen hin und wieder freundliche Leute, aber sonst muß man allein klarkommen.

Manche sagen, für sich allein wollen sie nicht kochen. Das würde keinen Spaß machen.

Es macht auch keinen Spaß. Man sieht ein, daß man sonst verhungert, also kocht man sich was. Das einzige, was ich manchmal mache unter dem Motto »Du ißt sowieso wenig«, daß ich mir mal was Ordentliches kaufe. Vom Käse nicht den billigsten und von der Wurst auch nicht. Wenn schon, dann soll es wenigstens schmecken. Aber es ist ein reiner Pflichtablauf, daß man zu einer bestimmten Zeit frühstückt und Mittag ißt. Früher habe ich mich aufs Abendbrot gefreut. Jetzt sage ich mir bloß: Du mußt fertig werden bis zur Tagesschau.

Guckst du viel Fernsehen?

Ich sehe hin wieder mal einen Krimi, wobei ich die alten bevorzuge. Die neudeutschen Kriminalfilme kann ich nicht verknusen. Ich will diese Gilde nicht beleidigen, aber die heutigen Damen und Herren hat man vergessen, wenn der Film noch nicht vorbei ist. Was waren Gary Cooper oder Simone Signoret dagegen für Augenweiden. Wobei ich auch froh bin, wenn nichts im Fernsehen kommt, was ich sehen muß.

Da liest du?

Ja, ich lese immer. Aber ich habe mir auch etliche DVDs mit Film-Klassikern gekauft. Entschuldige, ich habe es nicht nötig, mich vor mir selber zu rechtfertigen, daß ich nicht mehr so ungeheuer fleißig bin.

Aber fleißig bist du trotzdem?

Na ja, ich langweile mich nicht, solange ich schreibe.

In »Abspann« heißt es, das Schreiben habe dir in schwierigen Lebenslagen immer geholfen. Beim Schreiben seist du allen anderen weltlichen Dingen entrückt gewesen.

Das gilt nach wie vor. Ich freue mich, wenn ich eine aufschreibenswerte Sache im Kopf habe und wenn ich mich dann an den Computer setze, obwohl gar nicht garantiert ist, daß es auch was wird. Ich habe neulich in Berlin Freunde besucht und in einem kleinen Hotel gewohnt. Im Frühstücksraum saß eine Gruppe von Leuten miteinander am Tisch. Da war eine schon sehr alte Frau, die aussah, als ob sie die Brille verloren hätte oder, wie es mir dann schien, völlig verweint war. Dazu ein junges Paar, und dazwischen ein Mädchen, ungefähr zwölf, mit einer riesigen, idiotischen Brille, das immer zwischen Kichern und Heulen schwankte. Alle übrigen weinten auch hin und wieder. Sie hatten schwarze Kleidung an. Das Allertraurigste an diesem Bild war ein kleiner, struppiger Terrier. Er lag so, daß er mit den hinteren Gliedmaßen die Oma berührte und mit den Vorderpfoten an den jungen Leuten war. Ich hätte heulen können beim Anblick dieses Hundes.

Wer mit Worten umgeht, kann vielleicht Wirklichkeit genauer wahrnehmen. Glaubst du, daß es so ist?

Weiß ich nicht. Hermlin hat mal von mir gesagt, ich sei weniger ein Augen- als ein Ohrenmensch. Damit war aber nicht mein Gehör gemeint, das war so scharf nie. Er meinte dieses Hinhören auf das, was Leute sagten. Auf das Wort habe ich immer geachtet. Aber solche Bilder erlebst du nur einmal, wie da vier äußerst unterschiedliche Leute am Frühstückstisch saßen, und hin und wieder sagte die Kleine was, das ich nicht verstand. Erkennbar war, daß sie über irgendwas schimpfte. Das genügt doch einem Autor, etwas in Gang zu setzen.

Darf man erfahren, was du gerade schreibst?

Mit dieser Szene hat das nichts zu tun. Ich habe eine größere Geschichte begonnen.

Das freut mich um so mehr, als du vor kurzem noch bekundet hast, nichts Größeres mehr anfangen zu wollen.

Weil ich keine Lust habe, Fragmente zu hinterlassen. Inzwischen schreibe ich mit der Haltung: Werden wir sehen, wie weit es gelingt.

Der Kantsche Schreibstil ist ja etwas Besonderes: Lange, in sich verschlungene Sätze, Wortspiele, Ironie, auch Selbstironie, eine Kunstsprache, die sich bewußt vom Alltäglichen abhebt. Hast du diesen Ton ganz plötzlich gefunden, oder hast du ihn gesucht?

Gesucht habe ich ihn nicht, eingefunden hat er sich im Laufe der Jahrzehnte. Wenn man meine ersten Geschichten ansieht, sind die zwar auch schon ganz schön ausgeschlafen, aber sie haben mit meinem heutigen Schreibstil wenig zu tun. Der entspricht offensichtlich meiner Denkweise. Wenn ich über einen Vorgang nachdenke, formuliere ich manchmal schon. Zum anderen ist es für mich ungemein wichtig, beim Schreiben die passende Tonlage zu finden. Wie viele Anläufe ich dafür beim »Aufenthalt« brauchte, habe ich ja schon erzählt. Wenn du den Ton hast, bist du in der Spur. Natürlich weiß ich, daß es Leser gibt, die an einem bestimmten Punkt abschalten, wenn ich zu viele »Kringel« mache. Andere – das stelle ich immer wieder fest – möchten an derselben Stelle gern noch einen »Kringel« hinzu. Ich stehe seit ungefähr anderthalb Jahren in elektronischer Korrespondenz mit einer Russin, die von Haus aus Germanistin ist. Es verblüfft mich, was die mir aus meinen Arbeiten zitiert, woran sie besonderen Spaß hat. Das sind oft Stellen, zu denen habe ich von deutschen Lesern nie ein Wort gehört. Und immer hat es mich gekratzt: Das ist doch ein schöner Ausdruck, wieso merkt das keiner. Die aber merkt das, in Saratow an der Wolga ...

Ich empfinde diesen Stil so, daß er enthüllt, aber auch verbirgt, daß er glänzt und daß er schützt.

Das ist gut gesagt, so soll es sein. Hin und wieder mußt du eine Sache direkter schildern, ohne Menkenke. Aber das sollte von der Geschichte so verlangt sein. Nur um mal die Tonart zu wechseln, hat das keinen Sinn.

Hast du manchmal überlegt, einen ganz anderen Stil zu versuchen?

Ich war, wenn man so will, überheblicherweise mit dem zufrieden, wie ich es machte. Aber hin und wieder hat es mich doch nach einer anderen Erzählposition – wenn nicht gar nach einem anderen Erzähler in mir – verlangt. Die Geschichten des Buchhalters Farßmann sind eine kleine milde Rebellion des Autors Kant gegen den Autor Kant. Rudi Strahl meinte völlig zu Recht: So möchtest du eigentlich sein, wie Farßmann ist. Das ist wahr. Diesen Standpunkt der Parteilosigkeit habe ich im Leben nie einnehmen wollen, aber beim Geschichtenerzählen habe ich mich dabei sehr wohl gefühlt.

Hat dieses Wohlfühlen auch damit zu tun, beim Schreiben auf einer anderen Bewußtseinsebene zu sein als im Alltäglichen?

Nein, so ein rosig beflügelndes Gefühl von Abgehobenheit habe ich nicht, aber ich habe ein klares Bewußtsein davon, daß ich ein anders denkender Mensch bin, wenn ich schreibe. Ein Gespräch, wie wir es jetzt führen, verlangt, daß man seinen natürlichen Ausdruck beibehält. Das ist etwas anderes als ein literarisch ziseliertes Gespräch, in dem eigentlich nichts belanglos sein darf. Vorgestern habe ich die ersten 20 Seiten meiner Geschichte noch mal durchgesehen und habe mich dann an zwei Stellen in die Aufgabe verbissen, aus einem ziemlich gewöhnlichen Ausdruck einen anderen auch ziemlich gewöhnlichen, aber besser klingenden Ausdruck zu machen. Das würde mir im Gespräch nicht einfallen.

Gehst du auf diese Weise immer deine Texte durch, um zu korrigieren, zu ziselieren?

Ich fange nicht an zu schreiben, ohne die letzten 10, am besten 20 Seiten noch mal gelesen zu haben. Und ich habe noch nicht erlebt, daß ich nicht irgendwas an diesen 20 Seiten geändert hätte. Wenn ich hundertmal läse, würde ich immer noch was finden.

Bist du ein Morgen- oder ein Nachtarbeiter?

Nachtarbeiter gar nicht. Im Winter schlafe ich gern noch, bis es halbwegs hell ist. Im Frühjahr, Sommer stehe ich früher auf und habe das Gefühl, ich könnte sofort nach dem Frühstück loslegen. Die normale, gewöhnliche Arbeitszeit ist auch die meine.

Gibst du dir ein tägliches Pensum vor?

Überhaupt nicht. Ich war immer zufrieden, wenn ich drei Seiten geschafft hatte. Inzwischen mäkele ich überhaupt nicht rum, wenn ich nur ein paar Sätze weitergekommen bin. Na ja, sage ich mir, bist kein Jüngling mehr, kannst dich ruhig langsamer bewegen. Wobei es einen Riesenunterschied macht, ob ich etwa einen Brief oder einen literarisch gemeinten Text schreibe. Nur bei letzterem sitze ich und grübele und suche so lange in den Kammern in meinem Kopf, bis ich das Wort gefunden habe, das ich meinte. Bei anderen Sachen geht das ruck, zuck. Ich weiß noch, wie ich im Zusammenhang mit diesen verdammten Gerichtsprozessen, die ich gegen diverse Herrschaften und berühmte Medien à la Spiegel, FAZ oder Die Welt führen mußte, ungemein produktiv war, wenn es darum ging, irgendeine Behauptung der Gegenseite zu kontern, indem ich meinem Anwalt schrieb, wie es sich wirklich verhalten hat. Da habe ich in einem Rutsch am Abend noch zehn Seiten in die Maschine gedonnert, die er nachher im Prozeß gebrauchen konnte.

Das Kontern macht dir Spaß. Da bist du in deinem Element.

Ja, ja.

Wenn es mal ein paar Tage lang nichts wurde mit dem Schreiben oder wenn sich zwischen den Werken eine Pause einschob, hat dich das nervös gemacht, hast du Angst vor Schreibblockaden?

Habe ich nie gehabt. Aber der Unterschied zwischen der Produktivität nach einer Pause und der Produktivität während einer schon länger anhaltenden Schreibperiode ist außerordentlich. Manchmal ist man ein paar Tage richtig raus, zum Beispiel durch eine Lesereise.

Was bedeuten dir Gespräche mit Lesern? Hast du das Gefühl, vor allem etwas zu geben, oder bekommst du auch etwas zurück, was dir dann bei der Arbeit hilft?

Es ist angenehm, wenn Leser Interesse an dir bezeugen. Manchmal merkt man beim Vorlesen auch an bestimmten tonlosen Reaktionen, wo man noch etwas überarbeiten muß. Ob da wirklich Lachen kommt oder nicht. Und es ist natürlich Höhepunkt so einer Lesung, wenn jemand an einer Stelle tief seufzt, wo du selber tief geseufzt hast.

Du hast über Jahrzehnte als Vizepräsident oder als Präsident des Verbandes im Licht der Öffentlichkeit gestanden. War es für dich angenehm, so bekannt zu sein?

Daß einem mehr Leute als früher Guten Tag sagten oder daß man irgendwo hinkam und merklich erwartet wurde, hat mir natürlich gefallen. Aber es war nicht so, daß ich danach gegiert habe. Ich habe mich auch immer ein bißchen geniert. Wie zum Beispiel bei der Kulturkonferenz der FDJ 1982 in Leipzig: Wir fuhren mit dem Bus vor, und plötzlich sah ich, da hatte sich die FDJ für uns zum Spalier aufgereiht. Jan Koplowitz sprang begeistert ins Spalier. Ich sagte zu Holtz-Baumert:

Los, hinten raus! Wir haben es Koplowitz überlassen, der Jugend zu geben, was sie erwartete oder auch nicht. So geht mir das bis heute. Wenn in einer Einladung »prominent« steht, läuft bei mir nichts. Das kann ich nicht leiden. Was nicht bedeutet, daß ich nicht erfreut war, wenn mich ernsthafte Leute ernst genommen haben.

Als du aus allen Funktionen raus warst, gab's da nicht doch mal ein Gefühl von Leere?

Ich habe das als Befreiung empfunden. Früher habe ich mindestens 60, 70 Prozent meiner Zeit, wenn nicht mehr, für die Verbandsarbeit aufgewandt. Natürlich hatte ich auch Genuß daran. Wenn ich zu einer Beratung über Künstler-Renten ging, die es damals nicht gab, und ich war der einzige real existierende Künstler in diesem Kreis, ein bekannter noch dazu, hat das Eindruck gemacht. Wenn ich Kraft meiner Wassersuppe etwas vorschlug, was dann in die Tat umgesetzt wurde, hat es mich gefreut. Dieses Funktionärsdasein war mir ja nicht fremd. Ich bin, habe das mehr als 7000 Mal gesagt, dadurch, daß ich politisch argumentierte, zum Literaten geworden und nicht umgekehrt. Ich war kein politisierender Literat, sondern ein politischer Mensch, der sich aus dieser Wurzel zum Schriftsteller entwickelte.

Wenn du argumentiertest, merkte man, daß du Spaß daran hattest. Trotzdem: Haben dich scharfe Auseinandersetzungen nicht doch insgeheim gekratzt? Ich frage nach dem Harmoniebedürfnis, das ja das Gegenteil ist von der Lust am Streit.

Ich habe zu meinem Glück, sonst hätte ich das nicht aushalten können, relativ früh begriffen, daß ich ruhig bei der Überzeugung bleiben sollte, nicht allzu populäre Ansichten zu haben. Ich komme noch mal auf die segensreiche verfluchte Gefangenschaft zurück. Alle wollten nach Haus und waren beleidigt, wenn man nicht einsah, wie unschuldig sie waren. Ich weiß nicht, ob es von meinen Eltern kommt oder woher, auf jeden Fall war es eine Gnade, daß es mir möglich wurde zu sagen: Moment, das kann nicht sein, daß hier abgepfiffen wird wie nach einem Fußballspiel. Es hat mich dann auch zu Hause aufgeregt, wenn Leute den Krieg einfach abhakten. Auch im »guten Osten« war das so. Du machtest dich in den 40er, 50er Jahren nicht sehr beliebt, wenn du die Schuld am Krieg zur Sprache brachtest. So blieb es. Kant, habe ich mir gesagt, du bist bekannt dafür, daß du ein roter Häuptling bist, und darfst dich nicht wundern, wenn das zu Schwierigkeiten im Gespräch führt.

Das klingt, als ob dich Schwierigkeiten gar nicht so sehr belastet, sondern dir sogar Spaß gemacht hätten. Warst du trotzdem manchmal uneins mit dir?

Ich beteuere nach wie vor und weiß doch, daß man mir nicht glauben wird: Bei diesem berüchtigten Rote-Rathaus-Vorgang war ich sehr uneins mit mir.

Und heute? Bist du ein Mensch, der immer wieder was mit sich selber ausdiskutiert und dann mit sich wieder überein kommt?

Wahrscheinlich. Ich mache dies mal fest an dem, was ich nach dem 80. Geburtstag gedacht habe, als erstaunlicherweise in vielen Blättern halbwegs Freundliches stand. Da wurde mir plötzlich bewußt: Ich sitze in meinem Sessel und weiß hinter mir ein Regal – ein Meter breit mit acht Etagen – da stehen nur Sachen drin, die ich geschrieben habe, beziehungsweise die Übersetzungen meiner Bücher sowie Anthologien und Publikationen, in denen ich vertreten bin. Ich glaube, allein von der »Aula« gibt es 41 verschiedene Ausgaben. Was immer nun auch sei, dachte ich, das hast du gemacht und das ist deine Rückenstärkung. Zwar ist es billig, wenn man sagt: Es ist sowieso bald vorbei, da will ich mal erhobenen Hauptes sein. Andererseits ist das für mich der Hauptgrund, erhobenen Hauptes zu sein. In Fernsehporträts vor und nach der Wende hat mich Günter Gaus zugleich »einen bedeutenden deutschen Schriftsteller und die meistbeschimpfte Person« genannt, mit der er es im Zusammenhang mit seinen Sendungen zu tun bekam. Im »Literarischen Quartett« sagte der schweizerische Kritiker Peter von Matt über mich: »Ich habe Angst vor diesem Mann. Der ist heute noch gefährlich, und da muß man aufpassen«, wozu Reich-Ranicki meinte: »Aber schreiben kann er.« Beide Auskünfte haben mich erheitert. Ich habe nie gejammert, auch wenn ich mich keineswegs wohl gefühlt habe bei bestimmten Sachen, auch wenn ich manches bedaure. Auch wenn mich der Gedanke begleitet: Sicher hättest du vieles anders machen können, wenn du es nur noch bis zu Ende durchdacht hättest. Und dann bin ich doch wieder ratlos. Was hat Gregor Gysi im Februar 2007 gesagt, als er auf der Bühne des Deutschen Theaters mit mir sprach? Ich hätte ein interessantes Leben gehabt. In der Tat. Ein interessantes Leben – das ist doch schön.

Das ist das Beste, was man von sich sagen kann.

Langweilig war es nicht.

Wenn du für dich bist, grübelst du viel?

Nicht so viel, wie man meinen könnte. Allerdings gibt es nichts, was ich unbedacht tue. Wenn ich mir Salz auf die Tomate streue – ich esse zum Frühstück täglich eine geviertelte Tomate – fällt mir ein, was ich beim Nachfüllen des Salzfäßchens immer denke: Ob du das wohl noch zu Ende leeren wirst? Diese Art Grübelei ist ständig da.

Was ist dein Rezept, mit Niedergeschlagenheit und Bitterkeit fertig zu werden?

Ich bin ja weitgehend allein, und wenn ich mit jemandem rede, zumindest am Telefon mache ich das jeden Tag, hört man, glaube ich, kaum einen bitteren Ton. Hin und wieder leiste ich mir Hohn und Spott. Ich kenne ein paar Leute, die bestehen nur aus bitteren Anmerkungen. Das führt dazu, daß ich nicht unbedingt losrenne, um sie gleich wieder zu treffen. Wenn mich eine bissige Stimmung überkommt, versuche ich, daraus irgendwas zu machen, etwas zur Erheiterung des Gemüts.

In deinem jüngsten Roman »Kino« legt sich der Ich-Erzähler im Hightech-Schlafsack seines Großneffen in die Hamburger Fußgängerzone und beobachtet, was dort vor sich geht. Sein Platz ist direkt neben »Daniel Wischers Fischbratküche«, deren Düfte dir schon als Kind in die Nase stiegen. Eine ironische Rückkehr?

Das ist auch eine sehr durchwachsene Geschichte. Ich glaube, das habe ich noch nie gesagt, aber es ist so: Ich bin zunehmend ein sehnsüchtiger Mann. Ich habe etwas, was man völlig idiotisch finden kann, wenn es sich um einen über 80jährigen handelt: Ich habe Heimweh, weniger nach meiner Kindheit, um Gottes willen, ich möchte nicht noch mal klein sein, aber nach diesem merkwürdigen Hamburg. Ich habe die ganze DDR-Zeit nie daran gedacht, die DDR zu verlassen, aber hätte gern in Hamburg gelebt. Ich fahre noch heute in einem schieren Anfall von Nachgeben-Wollen nach Hamburg, gehe kurz was essen, laufe eine Strecke, gehe in eine Buchhandlung, schnuppere die Luft. Zurück zu Hause, bin ich erstmal wieder eine Weile ruhiggestellt. Selbst die Kurzausflüge nach Rostock oder nach Schwerin sind eigentlich nur Ersatz, in Wirklichkeit meine ich Hamburg. Das ist merkwürdig. Allein deswegen hat mir der Roman »Kino« einen Heidenspaß gemacht. Das war auch so eine »Salzfaßhaltung«, die ich hatte: Schreibe hier noch mal ein paar von deinen Geschichten rein. Es sind eine Menge Anspielungen drin auf Leute, die mit mir zu tun hatten.

Wie der Ich-Erzähler da in seinem Schlafsack sitzt, denkt man, aus einem Cicero sei ein Diogenes geworden, der die Welt nun schon ganz abgeklärt betrachtet.

Einerseits ja, aber abgeklärt eigentlich doch nicht. Ich habe mich zwar sehr lange auf eine bestimmte Eisenbank am Ausgang der Spitalerstraße gesetzt und nichts als zugehört und zugesehen, habe alles in mich reingeholt und durchdacht, wie man es im Buch verwenden könnte. Aber sonst laufe ich lieber rum. Ich habe tatsächlich das Abenteuer erlebt, in einem Behördenhochhaus die verschiedensten Leute zu befragen, wie das denn so sei mit einer Erlaubnis, um in der Spitalerstraße eine öffentliche »Sinnstudie« zu betreiben. Da bin ich sowohl beim Bundesgrenzschutz gelandet als auch bei der »Tagesausgabe«, wo man die »Bedürftigenkarte« vorzeigen muß. Das habe ich alles mehr oder minder erlebt. Von da an beginnt die Übertreibung. Ich sage ja immer, daß Literatur kontrollierte Übertreibung ist, und das ist in diesem Fall ganz und gar so. Um so possierlicher finde ich es, wenn in Saratow ein großes Gelächter ausbricht über Stellen im Buch, von denen ich dachte, dies sei nun wirklich ein nur mir allein verstehbares Partikelchen.

Ist es dir nach wie vor Bedürfnis, über alle Einzelheiten der Politik informiert zu sein?

Über alle Einzelheiten sowieso nicht. Wie soll das gehen? Erstens lese ich das ND. Zweitens lese ich die Junge Welt. Drittens lese ich den Tagesspiegel. Daraus ergibt sich ein Konzert mit unterschiedlichen Stimmen. Dann lese ich jede Woche den Freitag. Wenn ich höre, in diesem oder jenem Blatt ist was Interessantes, kaufe ich mir die FAZ oder Die Zeit. Regelmäßig lese ich den New Yorker mit großer Lust und großem Vergnügen.

Du genießt diese Vielfalt von Informationen und Meinungen?

Ja, das liebe ich sehr. Die Zeitschrift Konkret lese ich auch ständig, besonders gern Gremliza und die kurzen Berichte oder Zitate aus anderen Zeitungen. Beim Fernsehen interessiert mich nur noch ganz wenig. Die Nachrichtensendungen versäume ich nicht, wenn es irgend geht. Magazine sehe ich auch etliche, aber nicht regelmäßig, und sie ärgern mich meistens.

Hast du das Gefühl, von den Medien manipuliert zu werden?

Nein. Da kommt wiederum mein sogenannter kommunistischer Hochmut zutage. Ich denke nicht, daß ich manipuliert werde, aber ich denke die ganze Zeit, daß man versucht, mich zu manipulieren. Natürlich weiß ich, wer politisch etwas weniger erfahren ist, fällt darauf rein. Allein schon um eine Einzelheit zu nennen: Die Rolle der Opposition in dieser sich demokratisch verstehenden Gesellschaft ist doch kümmerlich. Da findet man es schon toll, wenn Gysi und Lafontaine mal einen Halbsatz von sich geben dürfen. So kann Demokratie doch wohl nicht gemeint sein.

Welchen anderen Zeitvertreib gibt es für dich, wenn du mal nicht schreibst oder liest?

Freizeitgestaltung ist überhaupt nicht mein Thema. Manchmal fahre ich nach Greifswald, gehe in ein bestimmtes Restaurant, den »Alten Fritz«, wo sie vorzüglich kochen. Hier kommt nochmals die Sache mit dem Salzstreuer ins Spiel, weil ich bestimmte Mitteilungen aus der Zeitung – über eine Brücke, die gebaut wird, oder eine Autobahn – schon lange mit der Reaktion bedenke, ob ich die Fertigstellung wohl erlebe. Also fahre ich beglückt auf der Autobahn Richtung Greifswald, von der ich auch gedacht habe, das betrifft mich nicht mehr. In Greifswald mache ich eine kleine Runde zu Orten, die für mich mit Erinnerungen verbunden sind. Neulich habe ich in der Zeitung gelesen, daß ein Restaurant wieder hergestellt ist, in dem wir an der ABF mal eine Art Geselligkeit gemacht haben. Die Neigung, noch mal dort zu sein, wo ich gewesen bin, hat mich immer umgetrieben. Deshalb war ich auch häufig in Polen.

Du fährst gut und gerne Auto?

Ich hatte früher kein Problem, mit dem Auto zur Frankfurter Buchmesse zu fahren oder auch nach München. Zu meinen Kindern in Cambridge bin ich mit dem Auto hin und zurück. Das sind, der Seeweg eingeschlossen, an die 1400 Kilometer. Heute liegt meine Grenze bei einer Strecke von, sagen wir, Prälank bis Leipzig.

Fünf Stunden am Steuer?

Vier. Auch wenn ich mich nicht wohl fühle, in dem Moment, wo ich hinterm Lenkrad sitze, fühle ich mich wohl.

Aber hattest du nicht schon mehrere Autounfälle?

Zwei auf zwei Millionen Kilometer – das geht.

Die waren nicht ohne. Seit dem letzten hattest du sehr starke Schmerzen in einer Hand. Ist das jetzt weg?

Nein. Seit 1973, seit 34 Jahren, habe ich einen Dauerschmerz. Bei Wetterwechsel ist es schlimmer und bei Aufregung auch.

Das heißt, seit 1973 bist du unfallfrei gefahren?

In der DDR hätte ich schon in der Zeitung gestanden: 34 Jahre unfallfrei.

Gehst du gerne auf Reisen?

Im Gegenteil. Ich bin bis auf die genannten Ausflüge nach Cambridge oder zwei Aufenthalte in Jugoslawien oder Bulgarien nie auf Lustreisen gegangen, sondern hatte immer dienstliche Gründe. Meine allererste Reise war – abgesehen von einer späteren nach Chile – die weiteste: Gleich nach meinem Studium hatte ich in China eine DDR-Buchausstellung einzurichten. Von da an ist es dabei geblieben, daß ich Koffer nicht leiden konnte. Ich war immer froh, wenn ich wieder zu Hause war.

Was heißt Deutschland für dich?

Von Deutschland habe ich fast alles gesehen. Ich habe neulich festgestellt: Wo ich nicht war, ist die Gegend um Zittau. Aber sonst war ich überall. Das kommt durch die Lesungen. Ich habe mal meinen Bekannten gefragt, der jedes Jahr eine große

Reise macht – z. B. nach Neuseeland, jetzt ist er in Südamerika: Warst du denn schon mal in Schleswig-Holstein? Da war er noch nicht. Ein Jammer. Ich kenne Deutschland ziemlich gründlich.

Was bedeutet dieses Land für dich? Welchen Gefühlswert hat es?

Das kann ich dir sagen. In der Rhein-Main-Ebene denke ich daran, wie Anna Seghers diese Gegend mit Liebe geschildert hat in »Das Siebte Kreuz«. In Frankfurt am Main war ich so oft, daß ich die Stadt zeichnen könnte. An die Nordsee fahre ich aus Sehnsucht. Ich habe zu alledem eine Haltung, aber es ist mir auch immer ein bißchen unheimlich. Ich finde, Deutschland ist zu groß. Das zeigt sich auch an bestimmten Vorgängen. Wenn eine mittelwestdeutsche Person meint, es müßten mehr Kinderkrippen eingerichtet werden, dann steht das Bayernreich auf und sagt nein. Kurz nach der Vereinigung der beiden deutschen Staaten bin ich mit dem Auto zu einer Lesung nach Erlangen gefahren, wo die Siemens-Werke einen Hauptsitz hatten. Bei der anschließenden Diskussion kam die Frage, was ich über die Öffnung der Grenze denke. Da habe ich etwas gesagt, was mir ziemliche Abneigung eingebracht hat: Bei der Fahrt durch diese Gegend hätte ich gedacht, ach wie schön, daß ich mein Bayern wieder habe. Es war, als ob eine Kühlschranktür geöffnet würde, so kalt wurde es im Saal. Das stand mir nicht zu. Sie wollten sich mit mir wiedervereinigen – obwohl, mich hätten sie auch gerne außen vor gelassen –, aber daß ich nun sagte, ich habe mein Bayern wieder, das war ungehörig.

Hast du mal darüber nachgedacht, was an dir selber deutsch ist? Ist dir so was wie eine nationale Mentalität bewußt?

Das weiß ich nicht. Wenn ich an meine Polen-Jahre denke, habe ich zugesehen, daß das Deutsche nicht so sehr aus mir abstrahlte. Auch meine Moskauer Freunde, Jewgenia Kazewa zum Beispiel, hätten mich doch nie so freundschaftlich empfangen, wenn an mir etwas Deutschtümelndes gewesen wäre.

Mir ging es so, daß ich gerade in der Sowjetunion besonders deutlich gespürt habe, was an mir deutsch ist. Es gab ja dort trotz des Krieges eine erstaunliche Hochachtung für bestimmte deutsche Eigenschaften, die sie dann auch an einem entdecken wollten. Das fängt schon mit der Pünktlichkeit an.

Wenn Pünktlichkeit als Kriterium genannt wird, bin ich penetrant deutsch. Nach drei Lehrjahren hat mir der Meister ins Abschlußzeugnis geschrieben: Kant ist in seiner gesamten Lehrzeit nicht einmal zu spät gekommen. Das hätte ich zu der Zeit nie mit deutsch in Verbindung gebracht. Das war einfach so in der Familie. Meine Eltern waren insofern ganz kluge Leute, als sie wußten: Wir haben nichts, aber das, was nichts kostet, müssen wir haben – Freundlichkeit, Höflichkeit, Pünktlichkeit. Ob das deutsch ist, weiß ich nicht. Menschen meines Schlages haben Erfahrungen gemacht, die mit einer Abneigung gegen das Deutsche verbunden waren. Ich habe ja gesehen, was Deutschland angerichtet hatte in Polen. Und ich wurde richtig beschimpft, weil ich ein Deutscher war. Da war es später schon erleichternd, sich als Deutscher nicht verstecken zu müssen. Aber heute finde ich es doch ziemlich grotesk, wie sich manche während der Fußball-Weltmeisterschaft die Backen bepinselt haben, um ja keinen Irrtum aufkommen zu lassen, daß sie Deutsche sind. Da kann ich mir immer nur zurufen: Kant, halt mal die Klappe, du bist zu alt für so was.

Schaust du Fußball im Fernsehen?

Regelmäßig. Ich richte meine Zeitpläne, so weit ich kann, sogar nach den Fußballübertragungen. Nur neulich habe ich eine Ausnahme gemacht, als ich zu Regina Scheer gegangen bin, die um 19 Uhr im Nachbardorf eine Lesung hatte. Das bedeutete, daß ich ungefähr um 18.30 Uhr aus dem Hause mußte, wenn erst der ernsthafte Teil der Bundesligasendung beginnt. Ich bin aber doch gefahren, weil ich es scheußlich finde, sich für Fußball und gegen Kultur zu entscheiden. Es war nachher sehr schön.

Regina Scheer: »Wir sind die Liebermanns«?

Ein tolles Buch! Für mich in den letzten Jahren ein Hauptleseereignis. Ich kann nur staunen, wie sie es geschafft hat, Tausende von Einzelheiten gut lesbar zusammenzufügen. Es waren viele Leute da. Regina Scheer hat gelesen und zwischendurch erzählt – eine souveräne Frau, die alle Fragen freundlich und kenntnisreich beantwortete. Dabei kam zur Sprache, daß Liebermann die Lola Leder, die Mutter von Stephan Hermlin, mehrmals gemalt hat. Regina Scheer deutet sogar an, daß zwischen den beiden was lief. Ich weiß nicht, ob es so war. Aber ich hatte Lust, ihr zum Dank für die schöne Lesung eine kleine Anekdote zu liefern. Diese Frau Leder, habe ich gesagt, war die erste Person in meinem Leben, die mich zum Schreiben ermutigt hat. Ihr Sohn, mit dem ich schon lange befreundet war, ist nie auf die Idee gekommen. Regina Scheer nahm es freundlich zur Kenntnis. Ein paar Tage später rief mich ein Mann an, der oft bei solchen Veranstaltungen fotografiert: Es sei ein großes Bild im Nordkurier. Ich habe mir die Zeitung gekauft. Darin war in der Tat ein Bild von dieser Lesung: Oben Regina Scheer, unten sitzen viele Leute und hören zu, ich stehe gerade und sage was. Aber in der Bildunterschrift und im Artikel kein Wort über die doch schöne Anekdote. So geht es häufig. Im Kreis Neustrelitz bin ich nicht vorhanden. Ich habe von den offiziellen Stellen keinen Mucks zum 80. Geburtstag gehört. Habe keinen Brief gekriegt, gar nichts. So überschwemmt von Leuten, die in 22 Sprachen übersetzt sind, ist Neustrelitz eigentlich nicht.

Das gab es zu DDR-Zeiten auch, daß im Neuen Deutschland bestimmte Namen nicht auftauchen sollten. Bei Christa Wolf war es eine gewisse Zeit so. Ich glaube, das hing mit ihren Frankfurter Poetikvorlesungen zusammen, die sie im Anhang zur Erzählung »Kassandra« veröffentlichte und in denen sie unter anderem die Meinung vortrug, der Osten solle, was Abrüstung betraf, dem Westen mit gutem Beispiel vorangehen.

Weshalb dieser Anhang in der DDR-Ausgabe nur stark gekürzt enthalten war. Da hätte ich an ihrer Stelle gesagt: Dann lieber gar nicht.

Auch wenn es einem heute mancher nicht glaubt: Es hat damals niemanden in der Kulturabteilung dieser Zeitung gegeben, der sich nicht auf Seiten von Christa Wolf fühlte. Aber das Neue Deutschland war »Organ« des ZK. Einer Weisung von dort konnte man sich nicht widersetzen. Man konnte nur darauf hoffen, daß sie zurückgenommen würde. Wenn ich mit dir damals gut bekannt gewesen wäre und dich bezüglich Christa Wolf angerufen hätte, wärest du ihretwegen zu Kurt Hager gegangen und Kurt Hager hätte sich bei Joachim Herrmann für sie eingesetzt?

Ich hätte irgendeinen schlauen Weg gesucht, da kannst du sicher sein, und dein Name wäre dabei nicht gefallen. Ich habe jeden Tag schlaue Wege gesucht und gefunden. Da mag man einwenden: »Der konnte sich das leisten.« Ich habe es mir einfach geleistet. Wenn alle Leute auf ihre Weise – es muß ja nicht jeder zu Hager gehen können – an ihrem kleinen Stellrädchen den Punkt gefunden hätten, wo man es ein bißchen weiter drehen kann, wäre manches wahrscheinlich anders gelaufen.

Wie oft bist du zu Mauerzeiten in der BRD gewesen? Kann man das zählen?

Nein, das kann man nicht zählen. Bis auf »Stockholm« sind alle meine Bücher auch in West-Verlagen erschienen. Dementsprechend gab es Lesungen in der Bundesrepublik.

War für dich, als die Mauer offen war, überhaupt noch etwas zu entdecken?

Da haben sie entdeckt, daß ich ein großer Schweinehund bin.

Aber für dich selber. Konntest du noch irgend etwas Neues entdecken?

Als die Grenze weg war, bin ich ein paar Mal mit Marion und den Kindern im Westen gewesen. Es war wohl 1991, als wir in Hamburg meine Mutter besuchten. Myron war noch klein, aber Jessica und Deborah waren schon junge Mädchen. Ich bin, wie immer, die Elbchaussee rausgefahren zum westlichen Stadtrand, wo meine Mutter wohnte. Da hat Jessica gefragt: Was sind das für Häuser? Ich sagte: Das sind sogenannte Villen, hier wohnen Leute mit viel Geld. Sie nach einer Weile: Wie, nur eine Familie? Mir kam erst durch ihre Frage der Unterschied in den Sinn. Wir haben damals auch in einem Haus gewohnt, einem gemieteten Haus. Zu fünft hatten wir ein Haus mit sechs Zimmern, was für DDR-Verhältnisse die reine Wucht war. Aber diese Villen an der Elbchaussee sind ja zum Teil so groß, da kannst du fünf oder acht Häuser draus machen. Das Mädchen konnte nicht verstehen, daß in einem so riesigen Ding bloß Vater, Mutter und Kind wohnen. Solcherart Entdeckungen habe ich gemacht mit Hilfe meiner Kinder. Und sonst? Ich weiß noch, ich habe einmal Helmut Sakowski nach Hamburg mitgenommen, weil er mir gestanden hat, er sei dort zuletzt auf der Durchreise bei der Entlassung aus der Kriegsgefangenschaft gewesen. Der höchste Punkt seines Erstaunens war, als ich mit ihm nach Lurup gefahren bin, in die Straße, die Haselbusch heißt und die in der Erzählung »Krönungstag« noch ein Sandweg ist. Ich zeigte ihm das Häuschen, in dem ich aufgewachsen bin. Da hat Helmut sich gar nicht eingekriegt darüber, was für ein kleines Haus das war. Wirklich, das Haus kriegst du beinahe in diesem Raum hier unter. Als Sakowski sich wunderte, ist es mir erst richtig aufgefallen.

Wenn du jetzt noch einmal jung wärst, was würdest du machen? Wo würden sich dir Wege oder Betätigungsfelder öffnen?

Es hat mir großes Vergnügen gemacht, Schriftsteller zu sein. Ich glaube, wenn ich es könnte, würde ich jetzt wieder Schriftsteller werden, mit einer politischen Meinung, die ich als Einzelkämpfer vortragen würde.

Weil du Einzelkämpfer sagst: Es gab doch diese Grundhaltung bei dir früher schon?

Sicher bin ich das in gewisser Weise immer gewesen. Wir haben es eingangs berührt, dieses Motto: Ich mache es einfach. Ich bin irgendwann – in »Abspann« gebrauche ich diese Metapher, »auf den Schemel gesprungen«. Das war Einzelkämpfertum. Lauter stumpfsinnigen Männern, die gen Stalingrad marschiert waren und nicht verstanden, wieso sie eingesperrt sind – denen Reden zu halten, war eine Unverfrorenheit. Ich habe mich nicht viel beraten, sondern bestimmte Sachen einfach gemacht.

Da ist man schnell als arrogant verschrien?

Gewiß doch. Das hat mir oft Argwohn eingebracht, ob ich auch das Kollektiv genügend würdige. Ich habe immer Mühe gehabt mit Leuten, die man zum Jagen tragen mußte.

Du bist nach wie vor in der Linkspartei. Wie stehst du zu den anderen linken Parteien: DKP, KPD?

Ich sehe natürlich, daß sie in der utopischen Zielsetzung entschiedener sind als die Linkspartei. Aber ich sehe auch den Hang zum Sektiererischen. Polemisch zugespitzt, die DKP wählt heute noch Ehrenpräsidien. So eine Partei ist für mich nichts. Ich beobachte auch mit äußerstem Mißtrauen eine Haltung wie die von Lucy Redler in Berlin. Die vereinigte Linke ist für mich weit weg von dem, was ich als wünschenswert bezeichnen würde, dennoch denke ich im Traum nicht daran, aus dieser Partei rauszugehen.

Was sind deine Kritikpunkte?

Ich nenne nur ein Beispiel, das auch mit dem ND zu tun hat: Vor ein paar Wochen hatte Lothar Bisky eine Gastkolumne auf Seite 1. Er bekundete, daß die Linkspartei nicht ruhig zusieht beim G8-Gipfel in Heiligendamm, sondern daß sie den Teilnehmern »ihre Bedenken zur Kenntnis bringen wird, mit friedlichen Mitteln«. Ich bin gar nicht gegen friedliche Mittel, im Gegenteil. Aber ich muß mich als Politiker einer linken Partei, die es mit einer ungeheuren Wucht von Rechts zu tun hat, nicht andauernd abgrenzen von Leuten, die ihre Empörung offen kundtun wollen. Als Linkspolitiker muß ich bedenken, welche Akzeptanz diese Leute haben, und für meine Politik daraus was machen. Der G8-Gipfel in Heiligendamm ist für mich ein Krieg, den sie im eigenen Lande anzetteln, indem sie einen Platz okkupieren, Riesenzäune aufstellen, Tausende von Polizisten in Gang setzen, wahrscheinlich auch Schnellboote in der Ostsee rumrattern lassen etc. Es ist Krieg. Dem kann ich nicht entgegensetzen, daß ich friedlich bin, sondern ich muß in aller Deutlichkeit sagen: Damit bin ich nicht einverstanden. Ich fand es auch von Bisky nicht richtig, sich bei der Kandidatur als Vizepräsident viermal dem Nein des Bundestages auszusetzen. Wahrscheinlich ist diese Politik nicht viel anders zu machen. Aber ich bin nicht damit zufrieden. Ich erlaube mir, etwas zu erwarten, was sich vielleicht nicht erfüllen läßt. Das geht mir jeden Tag so. Wenn Harald Wolf schnoddrig reagiert, weil andere kritisieren, daß die Sparkasse verkauft wird, ist das eine Haltung, die ich vom Politbüro kenne: Seid ruhig, es hat schon seine Richtigkeit. Das paßt für eine kleine Partei noch weniger als für eine große.

Man möchte nicht ausgegrenzt, sondern anerkannt werden – und das nicht nur als Partei, sondern auch als einzelner, wenn man in einer Führungsposition ist.

Aber wer in der Linkspartei eine Führungsposition hat, müßte auch damit klarkommen, auf verlorenem Posten zu stehen. Selbst auf verlorenem Posten kann man für eine edle Sache kämpfen.

Du bemängelst mangelnde Konfliktfähigkeit?

Sicher tue ich jedem Unrecht, dem ich den Verdacht zuordne, daß es ihm um Pöstchen geht. Aber bei manchen ist der Verdacht deutlicher als bei anderen. Bei Gysi zum Beispiel ist

Politik absolut Natur. Der stirbt uns eines Tages in den Sielen, weil er nicht anders kann. Natürlich gefällt er sich in seiner Rolle. Ich kenne das Gefühl. Als der Wachposten im militärischen Abschnitt des Flughafens Schönefeld vor dem Abflug zum Baikonur-Start meinen Paß sehen wollte, die Berufsbezeichnung Präsident las und »Oh« sagte, habe ich auch einen Augenblick gedacht: Donnerwetter. Aber nur einen Augenblick. Ich kann mir vorstellen, wie es ist, bedeutend in die Kamera zu gucken. Aber nicht das darf über Aktionen entscheiden, sondern was die Genossinnen und Genossen erwarten.

Stört es dich, daß es die PDS, so wie sie war, fortan nicht mehr gibt, weil durch die WASG andere Einflüsse aus dem Westen hinzukommen?

Letzteres stört mich nicht weiter, zumal die PDS noch viel vom Phlegma der Staatspartei in sich hat. Mitglieder, die so alt sind wie ich, schleppen wie in meinem Falle 57 Jahre Parteizugehörigkeit, davon 40 Jahre SED, mit sich. Ich habe keine Angst, daß frische, wenn auch fremde Impulse da hineinkommen. Ich habe große Sympathie für eine solche Vereinigung, weil ein Gesamtdeutschland eine gesamtdeutsche Partei braucht. Das ist nur alles immer schwierig, wenn es praktisch wird, da die WASG ein Zehntel der PDS-Mitglieder hat. Da verlangt ein gewisses Demokratiegefühl nach einer halbwegs ausbalancierten Gesamtheit. Wichtig erscheint mir, daß die neue Linke attraktiv für jüngere Leute wird. Wenn ich was zu sagen hätte, was ich zum Glück nicht habe und nicht haben will, würde ich ins Programm schreiben, daß sich diese Partei maßgeblich um die Interessen der Jugend kümmert, ob sie Studenten sind oder Lehrstellen haben wollen oder nur Rabauken sind, sie alle haben wahnsinnige Probleme, die über das hinausgehen, was man in der Jugend sowieso an Problemen hat. Was ich bemängele, ist die Konzentration auf das Momentane. Politik ist etwas Langfristiges, ein 10000-Meter-Lauf und kein 100-Meter-Lauf. Da mußt du einen langen Atem haben und manches fünfzigmal versuchen, ehe du sagen kannst, daß es nicht geht. Daß die Linke in der Universitätsstadt Berlin keine Adresse ist, zu der die Studenten auch nur in Teilen kommen, sollte nachdenklich stimmen.

Kann sich die Masse der Bevölkerung heute freier fühlen?

Natürlich können sie sich freier fühlen. Sie können, wenn sie wollen, über die Frankfurter Allee marschieren und relativ lange rufen »Ich bin gegen Hartz IV«. Und wenn irgendwann jemand kommt, wird der nur monieren, daß es den Verkehr behindert und nicht angemeldet ist. In der DDR haben sie zwar Hartz IV nicht gekannt, aber andere Sachen, gegen die sie sich gern öffentlich gewandt hätten. Allerdings befürchte ich eine Entwicklung, die zur Abschaffung dieser jetzt sichtbaren Freiheiten führen muß. Allein schon Hartz IV: Du mußt umziehen, wenn deine Miete zu hoch ist. Da könnte dieselbe Behörde eines Tages verlangen, daß du dein Bett näher an den Ofen rückst, damit die Heizkosten geringer werden. Oder daß du, um Strom zu sparen, Licht nur in dem Zimmer anmachen darfst, wo du gerade bist. Das heißt, wenn du erstmal gezwungen wirst, aus ökonomischen Gründen einen wichtigen Teil deines Lebens, nämlich dein Wohnverhältnis, zu verändern, steht alles mögliche noch zur Disposition. Eine bestimmte Autorin ist, wie ich verläßlich weiß, Hartz-IV-Empfängerin. Ihr Buch ist zwar großartig, aber leben kann sie nicht davon. Sie hat die Auflage, ihre Wohnung gegen eine kleinere zu tauschen. Nur war in ihrer bisherigen Wohnung ein Zimmer voll mit Büchern. Die kann sie nicht in der kleineren Wohnung unterbringen. Sie muß sie also irgendwie verschleudern oder gar wegwerfen. Eine Gesetzgebung, die sowas erzwingt, kann nicht stimmen. Sicher ist es erfreulich, wenn ich nach Belieben auf der Stelle nach Dänemark fahren kann. Ich brauchte nur das Geld für Benzin und Frühstück. Aber darüber diese Regelungen von Hartz IV zu vergessen, bin ich nicht bereit. Im Moment haben wir ein Abflauen der Arbeitslosigkeit. Wunderbar. Doch rund vier Millionen sind immer noch viel zu viel. Wir sind in einer Gesellschaft, in der es hervorragend gelungen ist, den Leuten unangenehme Tatsachen schmackhaft zu machen.

Man schwankt immer zwischen dem Gefühl, man könne doch eigentlich zufrieden sein, und der Fundamentalkritik, daß man prinzipiell nicht akzeptiert, wie immer mehr Leute in die Armut gestoßen werden. Ist dir die Vorstellung einer revolutionären Veränderung der Verhältnisse angenehm?

Nein. Sie ist mir deswegen nicht angenehm, weil sie total unrealistisch ist. Wenn die Leute zu Tausenden vor den Arbeitsagenturen stünden, regte sich ja nicht unbedingt etwas Revolutionäres, sondern Revolte, was etwas ganz anderes ist, und Radikalismus jeglicher Couleur. Ich finde, wir sollen das, was wir jetzt haben, ausnutzen und benutzen, wie es vielleicht von einigen idealistischen Köpfen gemeint war. Ich bin überhaupt kein besonders kritischer Mensch gegenüber dem Grundgesetz. Ich finde: Das ist ein guter gesetzlicher Rahmen. Auch wenn etliches anders formuliert werden könnte, siehe Eigentum. Auch hat der liebe Gott in der Präambel nichts zu suchen. Im ganzen, würde ich sagen, bin ich eher ein Verfassungsfreund als ein Verfassungsfeind, so daß von revolutionären Vorlieben nicht die Rede sein kann. Aber diesen Raum durch Taten zu erfüllen, davon sind wir weit weg und werden wahrscheinlich immer weiter entfernt sein. Die ökonomische Weltentwicklung ist nicht so, daß sie ermutigt.

Heißt das im Umkehrschluß etwa, die Weltentwicklung entmutigt dich?

Wenn du es so willst, ist sie natürlich entmutigend. Ich sehe keinen Zuwachs an Friedlichem auf dieser Erde. Überall, wo man geglaubt hat, da sei inzwischen halbwegs Ruhe, bricht neues Unheil aus – in Afrika, in Asien. Und mir kann keiner erzählen, daß neue Radarwarnanlagen in Europa zu einer Festigung des Friedens führen. Es führt auch nicht zu einer Festigung des Friedens, wenn der deutsche Verteidigungsminister erklärt, Aufklärungsflüge seien keine kriegerischen Handlungen. Das ist, als ob er sagen würde, Henry Maske boxt nur mit den Händen, die Augen sind nicht im Spiel. Wieso steht da nicht der Bundestag auf und lacht ihn aus? Nein, ich bin nicht optimistisch, was die Weltentwicklung angeht. Zudem machen allein schon die ökologischen Probleme, die zur Verringerung von Wasser in bestimmten Gebieten führen, Aussicht auf neue Verteilungskämpfe. Ich hoffe lediglich darauf, daß sich unter konkreter Bedrohung ein für die Meisterung der Lage nötiges vernünftiges Verhalten herstellt.

Man hört oft von älteren Leuten die Sorge, daß sich ein 1933 in Deutschland wiederholen könnte. Teilst du solche Befürchtungen?

In dem Maße, daß ich nicht einfach abwinke. Es war mir kaum verständlich, wie Leute zu einem neuerlichen »Heil Hitler«-Rufen kommen konnten. Müssen erst die engsten Verwandten umgebracht worden sein, ehe sie etwas begreifen? Wenn wir bedenken, daß diese Hitlerei nicht einfach auf den bösen Willen einiger weniger zurückging und auf die Fahrlässigkeit anderer, sondern daß da Mechanismen funktionierten, habe ich zu fragen: Können solche Mechanismen wieder einsetzen und wären die Gegenmechanismen, die zweifellos in der Demokratie bestehen, tauglich, das aufzuhalten?

Hast du Angst vor neuen Nazis, die ja nicht mehr so aussehen wie 1933?

Es wäre leichtfertig, wenn ich sagte, da muß man keine Angst haben. Aber es gibt tausend Sachen, vor denen man eigentlich Angst haben muß, nur richtet man sich darauf ein, etwas zu tun. Und sei es, daß man dagegen auf die Straße geht, wenn andere das braune Maul aufreißen. Das habe ich in Neustrelitz gemacht. Aber wir waren nicht allzu viele. Die meisten gucken bestenfalls aus dem Fenster und sagen »igitt«.

Stichwort Ausländerfeindlichkeit, die im Grunde vielfach auf Ängsten beruht. Die kleinen Leute spüren, daß die Globalisierung im Interesse des Kapitals auf sie keine Rücksicht nimmt. Verstehst du, daß es ein massenhaftes Bestreben gibt, sich abzuschotten gegen alles, was noch mehr Verunsicherung birgt?

Aber ich verstehe auch ein anderes massenhaftes Bestreben. Wenn das Wasser und das bißchen Grünzeug in meinem Lebensraum immer weniger werden, bleibt mir nichts anderes übrig, als mich zu bewegen. Alle sogenannten Völkerwanderungen sind in Schüben vor sich gegangen, ob durch Eis oder Geröll oder Dürre oder Kriege. Und die vor diesem Hintergrund aufflammenden Rivalitäten und Kämpfe haben das ihre dazu getan. Hinzu kommt das legitime Streben nach einem besseren Leben. Das würde doch jeder teilen. Ausländerfeindlichkeit richtet sich letztlich gegen einen selbst: Wenn man nicht lernt, mit Leuten, die einem fremd sind, klarzukommen, kommt man am Ende auch mit Leuten, die einem Freund sind, nicht klar. Gerade wir Älteren haben doch schon erlebt, wie andere unsretwegen zusammengerückt sind. Was wir versuchen müssen, ist ein zivilisiertes Verhalten zu erlernen. So etwa wie in der Straßenverkehrsordnung: »Vorsicht und gegenseitige Rücksichtnahme«. Bis auf ein paar Rowdys beachten es die Leute doch – schon aus Selbsterhaltungstrieb.

Kannst du dir Wege vorstellen, die sich immer mehr zuspitzenden Konflikte zwischen arm und reich in der Welt zu entschärfen? Die Forderung nach mehr globaler Gerechtigkeit würden ja viele unterschreiben, aber heftigst protestieren, wenn ihnen selber dadurch irgendein Nachteil entstünde.

Das ist ein Grundproblem der Existenz seit eh und je. Die Leute wären alle sehr viel lieber gut, aber die Verhältnisse sind nicht so, wie Brecht sagte. Wüßte ich, wie man die Konflikte zwischen arm und reich in der Welt zumindest entschärfen kann, müßtest du mich an silberner Schleife auf den nächsten Marktplatz führen: Hier, er weiß es. Das ist nun leider nicht der Fall. Ich glaubte eine Weile, die Wege dorthin zu kennen. Inzwischen sehe ich ein: Das ging so nicht. Wir haben uns zuviel ablenken lassen und uns zuviel vorgenommen. Wir haben zu wenig bedacht und zu viele Leute vernachlässigt etc. Es ist nicht gegangen. Aber es ändert nichts daran, daß es eine Aufgabe bleibt. Die ist nicht durch ein Dekret zu lösen, sollte aber ein wenig das tägliche Verhalten bestimmen.

Also erstmal nur der Appell an den einzelnen? Verbesserung der Verhältnisse, die durch die Köpfe geht?

Die Sache und die Sachen: das ist wieder die Frage der Fragen. Ein Vorsatz, der von allen Seiten her betrachtet, vernünftig scheint, die Anstrengungen, darauf hinzuarbeiten, das ist das eine. Aber wie gelingt es, den Vorsatz nicht ad absurdum zu führen, weil die Einzelheiten nicht stimmen? Umgekehrt: Was kann der einzelne mit seinem Verhalten bewirken?

Und wie greift das auf andere über? Wie wird die Idee zur materiellen Gewalt?

Was ich bedaure, ist nicht nur, daß solche Lösungsüberlegungen nur noch selten diskutiert werden, sondern vor allem die massenhafte Gleichgültigkeit. Die Ökologen der Welt können mit Untersuchungen, Hochrechnungen, Schaubildern kommen, sie mögen uns in die Ohren schreien: Wenn wir so weitermachen, ist bald Sense. Aber wie viele Leute deshalb eine Glühbirne weniger benutzen als bisher, weiß ich nicht. Die sagen vielleicht: Sollen die erst mal anfangen, keine Raketen mehr zu starten. Ist ja richtig. Wir waren diesbezüglich schon mal weiter. Es gab einen Atomwaffensperrvertrag. Heute melden die Zeitungen jeden Tag die Erfolge ungerührter Techniker, Wissenschaftler und Politiker bei der Herstellung weiterer Machtmittel – gestern aus Pakistan, heute aus Indien, morgen aus China und übermorgen aus Iran. Es sieht so aus, als wäre man diskriminiert, wenn man den anderen nicht per Atombombe vernichten kann.

Vielleicht der einzige Weg für ein Land der Dritten Welt, sich bei der Atommacht USA Respekt zu verschaffen?

Wahrscheinlich können wir uns nur ungenügend hineinversetzen, aber viele Amerikaner – nicht nur die Inhaber von ökonomischer, politischer, militärischer Macht – halten es für selbstverständlich, daß sie alles so beibehalten, wie sie es haben, und daß der Rest der Welt sich dem anzupassen hat.

Wenn nicht, dann ist ihrerseits eine Drohgebärde rechtens. Nur, ich komme aufs Ökologische zurück, die Russen und die Chinesen sind ebenfalls nicht bereit, daraus für sich Schlußfolgerungen zu ziehen. Man beruhigt sich, daß es ganz so schlimm nicht sei. Und sie haben sogar für ihre Belange Recht. Wenn die Chinesen sagen, jahrtausendelang mußten wir uns mit einem Feuerchen begnügen, wir wollen jetzt auch Zentralheizung und Anlagen, um große Fabriken zu bewegen, statt immer nur das Nudelholz, kann man ihnen folgen. Nur geht das im ganzen nicht mehr auf. Wir sind in einer verfahrenen Lage.

Darauf kann man mit Resignation reagieren oder mit Schrecken. Kinder sind verängstigt, wenn ihnen in der Schule die Umweltprobleme ausgemalt werden, weil sie noch nicht so abgestumpft sind. Wie ist deine Reaktion?

Daß ich dieser verfahrenen Lage gestatte, mich oft zu überfallen, damit ich darüber nachdenke und ihr nicht den Rücken kehre, mich aber ansonsten nicht hindern lasse, meine Arbeit zu machen. Ich kann nicht tun, als ob nichts wäre, aber verrückt werden darf ich darüber nicht. Die Welt kehrt sich nicht daran, ob ich in Prälank deutsche Prosa anfertige oder nicht. Da kann ich es auch versuchen.

Du hast das Glück, nicht so sehr viel Angst zu haben?

Angst hilft dir ja nicht. Wenn du dich von der Angst zu sehr besetzen läßt, leistest du nur dem Vorschub, das sie ausgelöst hat.

Trotzdem hast du oft vom Tod gesprochen.

Das kann doch nicht anders sein. Erstens hatte ich gelegentlich die Chance, ihm, wie man sagt, ins Auge zu sehen. Und außerdem: Je älter man wird, um so mehr nähert man sich diesem Vorgang.

Du sagst, du seist dem Tod schon mehrmals nahe gewesen. Über die Autounfälle haben wir gesprochen, es gab auch noch Herz-Geschichten.

Ich bin zur Herzoperation gebeten worden mit der Mahnung, sonst können wir schon einen Kranz bestellen. Nun bin ich seit fast 17 Jahren mit zwei künstlichen Herzklappen versehen. Später kam eine Gallenoperation, bei der ich beinahe draufgegangen wäre, weil die Narben vom Unfall im Wege waren und der Chirurg plötzlich nicht wußte, wie er damit klarkommen sollte. So habe ich ein paar Mal erlebt, daß dir klar wird: Es könnte gleich zu Ende sein. Aber, wie gesagt, die Hauptsache kriegt man ausgehändigt, wenn man ins Leben tritt. Es ist nun mal endlich. Und wenn du über 80 bist, bist du dem, nicht nur statistisch genommen, viel näher als mit 18.

Stimmt es, daß du dir schon einen Grabstein ausgesucht hast für den Friedhof in Prälank?

Das hat praktische Gründe. Wen sollte ich damit behelligen? Soweit man die Dinge organisatorisch vorbereiten kann, soll man es tun. Nicht weil ich einen besonderen Grabstein wollte. Ich will nur niemanden in die Unkosten stürzen.

Und es soll auch bei der Weisung bleiben: Mitteilung über deinen Tod erst nach dem Begräbnis?

Ja.

Warum?

Stell dir einen mistigen Vorfrühlings- oder Vorherbsttag in Prälank vor. Es gießt und gießt und gießt, es ist matschig auf dem kleinen Friedhof, und du sollst aus Frankfurt/Main nach Prälank eilen – ist doch völliger Quatsch! Wozu denn?

Weil es über die Jahrhunderte, Jahrtausende in allen Völkern be-

stimmte Rituale gibt, wie man mit dem Tod umgeht. Und diese Rituale haben für die Lebenden einen Sinn.

Auch mit der Lebenszeit sind Rituale verbunden, die als verbindlich gelten. Nein, das interessiert mich nicht, ob ich gegen Regeln verstoße. Letztlich werden mir alle dankbar sein, weil sie so tun können, als ob sie voller Anteilnahme die Mitteilung aufgenommen haben, und damit gut.

Du willst es den Menschen, die von dir weggegangen sind und die du liebst, bequem machen. Aber bist du sicher, daß der bequeme Weg gut für sie ist, daß sie es nicht als Vorwurf empfinden? Ich glaube schon, daß es wichtig ist für Angehörige wie für die Gemeinde – und deine Gemeinde ist groß –, auf würdige Weise Abschied zu nehmen.

Das steht aber doch jedem frei. Jemand könnte sagen: Tun wir uns mal zusammen und machen irgendwo eine Veranstaltung. Ob in Berlin oder anderswo – da kann hinkommen, wer will, und dann sagen wir ein paar freundliche Worte. Oder wenn man zum Zeltplatz an der Ostsee unterwegs ist, kann man sagen: Du, wart mal, liegt hier nicht irgendwo der Kant begraben? Schauen wir doch mal vorbei.

Das klingt so leicht hin.

Es gibt nun mal Sachen, die man wirklich nicht beeinflussen kann. Ich habe selbstverständlich keine Lust, unter Riesenquälerei abzutreten. Aber auch das kann ich nicht bestimmen. Wenn es sich irgend machen läßt und ich die Leute hindern kann, will ich nicht in ein Krankenhaus und mir anhören, daß ich dieses zu tun und jenes zu unterlassen hätte. Krankenhaus hatte ich mein Lebtag genug.

Dieses Unbestimmbare – verleitet es dich manchmal insgeheim zum Gedanken, es könnte damit doch nicht ganz zu Ende sein?

Unsterbliche Seele? Wiedergeburt? Da das Glaubenssachen

sind, ist es erlaubt zu sagen: Ich glaube nicht daran. Ich glaube daran, daß Leben ein physischer Prozeß ist. Mit seinem Ende ist es mit der Seele auch vorbei. Ich bin ja insofern fein raus, als ich ein paar Seiten geschrieben habe, die von meiner zeitweiligen Anwesenheit auf der Welt Bescheid geben.

Zurück zur Erfahrung dieses Lebens: Du hast dich für die DDR engagiert entsprechend der Sache, dem Ziel, dem Ideal. Würdest du aus heutiger Sicht sagen, daß diese Sache realistisch war? Oder handelte es sich von vornherein um eine Luftnummer?

Es war garantiert keine Luftnummer. Nicht für mich, und so ging es vielen aus meiner ABF-Generation. »Du hast ja ein Ziel vor den Augen« – das Lied wirst du noch kennen. »Ein Ziel« – es ist schön, damit ausgestattet zu sein. Man wollte etwas, was man vorher nicht durfte. Jetzt sollte man es sogar. Daß man sich dieses persönliche Ziel überhaupt stecken konnte, hatte mit einer größeren Zielsetzung, der Vorstellung von Sozialismus, zu tun. Wir haben das in unserem Gespräch an anderer Stelle berührt, daß nun wir an der Reihe waren, die vorher nicht hätten studieren können. Doch nicht nur diese konkrete Tatsache ist gemeint. Wer den Kopf dazu hat, soll so viel wie möglich erlernen können. Wenn es die Gesellschaft etwas kostet, ihm dabei zu helfen, muß die Gesellschaft das leisten. Diesen humanistischen Zielvorstellungen sind wir, wie ich schon sagte, im Bildungsbereich, der für uns immer eine Ausprägung von Menschsein bedeutete, noch am nächsten gekommen. Das hat sich, wie alles Übrige auch, überlagert durch Bürokratisches, Egoistisches und dergleichen, ich weiß. Dennoch war die Tatsache, daß du etwas aus dir machen konntest, eine tolle Offerte an die Person. Komm mal her, wir brauchen dich, setz dich hin, lern was. Fand ich damals toll und find ich auch heute großartig und vernünftig.

Aber die Sache war ja im Weltmaßstab gedacht: Ist das realistisch, für alle Menschen, in allen Ländern solche Verhältnisse zu schaffen? Ohne Ausbeutung, jeder nach seinen Fähigkeiten, letztlich sogar nach seinen Bedürfnissen?

Nach seinen Bedürfnissen – das hat mir damals schon nicht eingeleuchtet.

Gut, das war ja auch als fernes Ziel gesetzt. Jeder nach seinen Leistungen, hieß es zunächst. War das eine realistische Zielvorstellung?

Ich glaube, es wird immer nur eine Zielvorstellung bleiben, die nie ungestört umgesetzt werden kann. Denn ihr widersprechen andere Vorstellungen. Allein schon, daß manche Zeitgenossen gar nicht begreifen, daß sie andere neben sich haben. Aber es ist ein Unterschied, ob ich diesem Ziel nur noch nachhänge wie irgendwelchen märchenhaften Vorstellungen, daß man aus Flachs Gold spinnen könnte, oder ob ich anfange, aus Flachs wenigstens Gewebe anzufertigen, die man sogar schick färben und tragen kann. Also keine Paradiesvorstellungen, sondern solche, die die Hölle eindämmen.

Denkst du manchmal: Meine ganzen Bemühungen über die Jahrzehnte waren umsonst, zumal mir das nicht gedankt worden ist?

Selbstredend habe ich hin und wieder so gedacht, wenn ich wütend war und mich ungerecht behandelt fühlte. Ich sage mir dann: Moment mal, Kant, heute leben wir in der Spaßgesellschaft. Und du hast doch wahnsinnig viel Spaß in einem bestimmten Sinne gehabt. Nicht in einem Pappnasen-Sinne, aber in dem Sinne, daß ich das Vergnügen hatte, viel zu erleben und zu durchdenken. Das war so viel, daß der Gedanke an »umsonst gelebt« gar nicht aufkommen kann. Sicher tritt man zunächst ohne sein Zutun in eine Gesellschaft von Menschen ein. Aber von irgendwann an ist Zutun schon gefragt. Und dann kannst du dich wegducken oder aufstehen, kannst lernen oder dich weigern, irgendwas zur Kenntnis zu nehmen. Du hast unendlich viele Möglichkeiten, dich zu verhalten, und wenn du Glück hast, gibt es ein paar Sachen und Leute, die dich unterstützen bei der Suche nach der richtigen Bewegung. Aber im Prinzip ist dein Glück an dich selbst gebunden. Du bist derjenige, der darüber entscheidet, ob du den Mund aufmachst oder ihn geschlossen hältst. Man hat ja, wie es heißt, ein Recht auf Faulheit. Bloß auf andauernde Faulheit hat man nur dann das Recht, wenn man keinerlei Ansprüche anmeldet, die sich aus Tätigsein ergeben. Kurz: Die Tatsache des Mißerfolges der Sache ändert nichts daran, daß ich einen Haufen interessanter Sachen erlebt habe.

Du hast in einem früheren Gespräch gesagt, manchmal käme dir der Gedanke, daß du lieber nur hättest schreiben sollen.

Ja, der Gedanke kommt einem manchmal schon. Aber es kam doch aus meinem eigenen Entschluß – diese Mischung aus aktiv über einer Buchseite sitzen und aktiv für Bücher eintreten. Es gab Phasen, in denen ich sehr konzentriert an einem Buch gearbeitet habe, zum Beispiel die anderthalb »Aufenthalt«-Jahre in Prälank. Aber selbst in dieser Zeit – ich ersehe das aus meinen Kalendern – habe ich alles mögliche zwischendurch gemacht: Verbandsreisen, Lesungen. Immer gab es dieses Nebeneinander verschiedener Arbeitsweisen. Wie ein Klosterbruder in seiner Zelle zu hocken und ein Stück aus dem Alten Testament zu übersetzen, das paßt wahrscheinlich nicht zu mir.

Hat dir die Verbandsarbeit, haben dir die Versammlungen, die Gespräche etwas für das Schreiben gegeben?

Wenig, sage ich mal, wenig. Das ist nicht die Frage. Die Hauptsache ist: Ich bin ein politischer Mensch. Daraus ergibt sich so gut wie alles.

Aber wenn die Verbandsarbeit und dein Schreiben kaum zusammenhingen, war es doch eine geteilte Existenz: hier der Schriftsteller, da der Funktionär. War es so?

Dazu muß ich anmerken: Was am wenigsten im Verband stattfand, waren spontane literarische Debatten. Das mußtest du immer alles organisieren. Im Präsidium haben wir uns ein Thema ausgedacht – neulich fand ich mal beim Ordnen einen

Beitrag von mir, der ausgerechnet »Literatur und Heimat« hieß. Schriftsteller sind wohl Leute, die nicht viel über die Produkte der anderen reden. Du hattest schon Glück, wenn dir einer sagte, er habe dein Buch gelesen.

Auf eine Summe gebracht: Was hat es dir gegeben, in der DDR zu leben?

Es war der Abschnitt meines Lebens, in dem man etwas von mir erwartete, als Bürger einer Gesellschaft und als Kader der SED war einem noch mehr abverlangt. Parteimitglied hieß ja nicht, du machst dir einen faulen Lenz, sondern du kriegtest dauernd zu hören: Du als Genosse! Du als Genosse hattest etwas zu machen, was die anderen als Nicht-Genossen nicht machen mußten. Das war oft lästig, aber man hatte das Gefühl, man wurde ernst genommen. Und du wurdest auch als Autor ernster genommen als, glaube ich, in anderen Weltgegenden. Selbst irgendwelche hartgesottenen Funktionäre nahmen dich zunächst mal ernst. Sie versuchten mitunter, dich auszunutzen oder zu hintergehen, aber sie hatten mit dir zu rechnen. Das ist für mich die Hauptsache an der DDR: Immer hatte man das Gefühl, man wird benötigt. Und es war nicht gleichgültig, ob man sich verhielt oder nicht verhielt. Ob das im einzelnen angenehm oder unangenehm war, die Tatsache selbst ist etwas für das Menschsein Grundsätzliches: Daß man gebraucht wird, daß man nicht denkt, daß alles sinnlos sei.

Ich weiß nicht, ob es jedem so ging.

Wenn du das durch angenehme oder unangenehme Impulse hergestellte Gefühl hast, daß du zählst, zählst du auch vor dir selber. Es kommt zu einer Art von Selbstwertgefühl, das sich ohne dies so nicht herstellt. Ein Beispiel: Es war ziemlich belastend für alle Beteiligten, wenn man losgeschickt wurde, säumige Bürger zur Wahl zu bitten. Das gefiel nur denen, die am Abend eine hohe Wahlbeteiligung melden wollten. Trotzdem. Ich denke noch daran, wie ich im Revier um die Ackerstraße klingeln mußte, um Leuten zuzureden, doch zur Wahl zu gehen. Das waren zum Teil Knastologen oder anschaffende Damen, und wenn es dir gelang, daß dir einer zuhörte, war das schon was.

Derjenige hat sich belästigt gefühlt und dann vielleicht doch irgendwie erhöht: Mensch, muß ich wichtig sein, daß die extra zu mir kommen, mich zur Wahl zu bitten.

Ich werde den Teufel tun, die DDR zu verklären. Sie aber als eine Aushöhlung menschlichen Verhaltens anzusehen, bin ich auch nicht bereit. Du mußtest in der DDR andauernd findig sein in diesem dichten gesellschaftlichen Gefüge, wenn du irgendwas erreichen, etwas vermeiden wolltest. Deshalb kommen die Leute auch nicht damit klar, wenn man ihnen einreden will, sie seien Idioten gewesen. Es war ein katastrophaler Fehler des bundesdeutschen Umgangs mit der DDR und ihrer Bevölkerung, daß man allzu rasch mit fertigen Wertungen kam von oben herab. Daß man nicht gefragt hat, wie das Leben in Wittstock im einzelnen war, sondern feststellte, das Leben in Wittstock habe mit Leuten stattgefunden, die doof waren, hündisch und gemein, geknechtet und versklavt.

Wenn der einzelne gefragt war, an einer großen Sache mitzutun, hatte er in gewisser Weise auch dieses große Ganze im Blick. Ich glaube, das ist ein Unterschied zu dem, wie die Masse in den alten Bundesländern sozialisiert war. Man lebte nicht nur ich-bezogen, übte das Denken in umfassenden Zusammenhängen.

Das drückte sich in vielen Sachen aus. Es gab eine allgemeine Interessiertheit am Rest der Welt, die du in der BRD so nicht finden konntest. Die waren mit sich zufrieden und gut. Aber in der DDR waren die Leute wach, waren mißtrauisch und streitsüchtig. »Da mache ich ne Eingabe« war ein Satz, in dem sich eine Haltung ausdrückte. Man macht ja keine Eingabe, wenn man denkt, das hat keinen Sinn. Das mindeste, was passiert, ist, daß die da oben sich ärgern. Aber wir wollen uns nichts vormachen, eine Eingabe hat nicht die Welt erschüttert, sie hat nur manchmal hier und da ein Körnchen bewegt.

Charakteristisch war auch die doppelte Wahrnehmung, wie man in der DDR Ideologie und Realität auseinander hielt. Was heute nicht mehr so leicht geht, weil Ideologie sich nicht so plump zeigt. Aber in der DDR waren das Offizielle und das, was man selber, auch im Gespräch mit Freunden, für wahr hielt, zwei verschiedene Ebenen.

Obwohl das ein Vorgang ist, den man überall antreffen kann. Stell dir vor, du hättest hundert Gespräche in einem großen Verwaltungstrakt in Bochum und könntest durch ein Zaubermittel die Teile entfernen, die nur ein Zum-Munde-Reden gegenüber dem Chef darstellen. Nur war es in der DDR ausgeprägter, weil nicht nur ein scheinbarer, sondern ein tatsächlicher Spielraum nicht überschritten werden durfte. Als Arbeiter konntest du dir entschieden kräftigere Töne erlauben, als wenn du Angestellter in dem Betrieb warst. Und mir als relativ bekanntem Autor ist man auch mitunter zurückhaltend begegnet: Wer weiß, was passiert, wenn man dem das sagt. Besonders im Volksbildungsbereich war es entsetzlich, wie viele vorgefertigte Redensarten und Meinungen einem gereicht wurden, weil man als Teil der Obrigkeit angesehen wurde.

Du wurdest sozusagen dem offiziellen Ideologiebereich zugeordnet. Es wurde zwischen dir und Joachim Herrmann kein Unterschied gemacht, obwohl es den gab.

Nein, so einfach ist das nicht. Nur ein Beispiel. Vorvorgestern hat mich eine Frau angerufen, ob ich der Schriftsteller Kant sei. Sie habe mir 1977 einen Brief geschrieben, weil sie damals in der Arbeiter-und-Bauern-Fakultät in Halle, die der Vorbereitung auf das Auslandsstudium diente, aufgefordert worden war, in die ČSSR zu gehen, um dort Medizin zu studieren. Ich konnte mich an diesen Brief und meine Antwort nicht erinnern. Aber sie meinte, ich hätte ihr in der für sie recht verwickelten Situation einen Brief geschrieben, auf Grund dessen sie gegangen und als fertig ausgebildete Ärztin wiedergekommen sei. Du warst als Autor in der DDR immer in der Funktion des Ratgebers. Was die Gesellschaft nicht anbot, wurde dem

Schriftsteller abverlangt. Auf die Idee käme keiner heute, Grass zu fragen, ob er in Tschechien studieren soll.

Und du hast auf solche persönlichen Briefe immer gewissenhaft geantwortet?

Nicht immer, aber wenn ich merkte, von der Antwort hängt etwas ab, habe ich es getan.

Kannst du Leute verstehen, die eine kritische Auseinandersetzung mit der DDR nicht verkraften können und wollen?

Ich kann sie verstehen, aber ich kann es nicht billigen. Denn wir haben zu viel falsch gemacht, als daß wir uns ohne Berücksichtigung dieser Fehler einfach nur verteidigen könnten. Manch einer hat sich in seinem Kopf ein Konstrukt gebaut, das er sich nicht erschüttern lassen will, auch deshalb, um sich in seinem Ablehnungsverlangen gegenüber dem, was jetzt ist, nicht stören zu lassen.

Wie, meinst du, werden junge Leute in zehn, zwanzig Jahren von der DDR denken?

Daß man wenig darüber weiß, ist schon heute so. Nimm die derzeitige Debatte um die Kinderkrippen. Das ist doch etwas, wo man gucken könnte, wie haben die das in der DDR gemacht. Aber das wird völlig weggeschoben. So geht es mit allem. Es kann doch nicht sein, daß in einem mitteleuropäischen Land 40 Jahre lang alles nur idiotisch verlaufen ist. Ich hätte gar nicht gewußt, wie ich ohne Kinderkrippe hätte klarkommen sollen. Meine erste Frau Lilly bekam relativ rasch einen leitenden Posten, Exportdirektor beim AHB Chemie Export / Import. Sie fuhr in der Weltgeschichte rum, war lange in Ghana. Und unser Sohn war noch ganz klein. Da habe ich ihn in die Wochenkrippe gebracht.

Ob ihm das gefallen hat?

O nein. Er hat sich an mir festgekrallt, es gab ein Geschrei. Und ich habe versucht, im liebevollen Umgang den Abschied halbwegs hinzukriegen. Aber dann hatte ich ein paar Tage die Möglichkeit, etwas zu tun. Wenn ich ihn wieder aus der Krippe holte, habe ich ihn selbst versorgt, gewickelt, Suppe gekocht und so weiter, wie ich es auch bei meinen anderen Kindern getan habe.

Du hast vier Kinder?

Zunächst Matthias, der Sohn aus erster Ehe. Dann Jessica, die nicht meine »leibliche Tochter«, aber meine Tochter ist, und Deborah und Myron.

Noch mal zurück zum heutigen Umgang mit der DDR-Vergangenheit. Die BRD hätte doch viel souveräner sein können, ostdeutsche Erfahrung zu integrieren?

Man war aber in der alten Bundesrepublik an keinerlei Veränderung gewöhnt. Man hat sich den Nazismus abgeschminkt, aber ansonsten war das Leben geordnet wie seit Bismarcks Zeiten. Dagegen schien ihnen die DDR in furchtbarer Unordnung zu sein. Bei uns hatte Moskau sozusagen alles auf den Kopf gestellt. Und das wollten sie keinesfalls an sich ranlassen. Kurt Maetzig sagt völlig zu Recht: Der Antikommunismus ist eine Religion, das haben die Alten schon so gehalten, und nun hält man es weiter so. Und da die DDR etwas Kommunistisches war, ist der Umgang mit ihr entsprechend.

Die DDR kommunistisch? Eine kommunistische Gesellschaft, in der jeder nach seinen Fähigkeiten und seinen Bedürfnissen leben konnte, eine Gesellschaft, in der die Freiheit des einzelnen Bedingung für die Freiheit aller war, die hatten wir noch lange nicht.

Und auch was die Sowjetunion betraf, von Kommunismus konnte man dort nicht sprechen. Ich selber habe mich auch nie als Kommunist bezeichnet. Wenn ich an die Kommunisten dachte, die ich aus meiner Jugendzeit kannte, wäre das einer Selbstüberhebung gleichgekommen. Und was hatte es denn mit Kommunismus zu tun, daß wir einen Intershop hatten?

Kommunismus war entweder ein Vorgang, der in der Vergangenheit angesiedelt war – ältere Leute konnten kommunistische Widerstandskämpfer gewesen sein – oder in ganz ferner Zukunft.

Es blinkt ein einsam Segel.

So hieß ein Roman von Valentin Katajew. Der Titel paßt.

Es war einem in der DDR völlig klar: Kommunismus lag hinter dem Horizont.

Manche sagen, daß es gar keine DDR-Literatur gegeben habe, sondern eigentlich nur deutsche Literatur, weil sich Literatur nicht aus einem gesellschaftspolitischen, sondern aus einem nationalsprachlichen Zusammenhang versteht. Ich nehme mal an, du wirst den Begriff »DDR-Literatur« verteidigen?

Wenn du mein Schreiben nimmst, so war »Die Aula« doch wohl ohne DDR nicht denkbar. Das fängt mit der ABF an und hört mit den Denkweisen der Gestalten noch lange nicht auf. Und worauf sich der Autor was einbildet: daß es ihm gelungen ist, diese fremdartigen Vorgänge auch in anderen Teilen der Welt als interessant lesbar herumreichen zu können. Sicher haben wir mitunter im Bemühen, etwas Eigenständiges zu sein, mehr Behauptungen aufgestellt als wir Tatsachen dazu liefern konnten. Aber es gab eine DDR-Literatur, die von DDR-Leuten geschrieben und von DDR-Leuten gelesen wurde, die DDR-Verhältnisse reflektierte und DDR-Denkweisen konzentriert wiedergab. Dazu gehörten natürlich auch Bücher, die diesen Staat aus kritischer, ja ablehnender Position widerspiegelten. »Es geht seinen Gang« von Erich Loest war selbstverständlich DDR-Literatur. Dennoch habe ich mich auf den Begriff nie so sehr kapriziert. »DDR-Literatur ist deutsche Literatur aus einem sozialistischen Land«, so habe ich es auf einem Schriftstellerkongreß ausgedrückt. Da konnte man sich über »sozialistisch« und über »deutsch« streiten, dennoch war es eine Formel, mit der wir aus dieser Ecke herauskamen. Die Kehrseite war ja, wenn plötzlich Brecht zur DDR-Literatur erklärt wurde, weil er in Buckow gelebt hatte. Völliger Schwachsinn. Es war deutsche Literatur, Weltliteratur. »Deutsche Literatur aus einem sozialistischem Land« – das hat auf beiden Seiten der Grenze natürlich Schnaufen ausgelöst. Und sowas war mir immer recht.

Wie hat sich Hermann Kant verändert mit den Jahren?

Seit 89 meinst du?

Zum Beispiel.

Das kann man nur mit Vermutungen beantworten. Einerseits hat wohl jeder Mensch von Grund auf eine Formel, und die gilt bei mir von 1926 bis jetzt, 2007. Andererseits gab es durchaus einschneidende Erfahrungen. Den Untergang des sozialistischen Lagers hätte ich nicht für möglich gehalten. Daß wir Bankrott gehen, daß wir den Notstand ausrufen müssen, ja, aber daß wir abgeschafft werden ... Seitdem halte ich überhaupt viel mehr für möglich als vorher. Das ist so, wie du dich lange Zeit unsterblich wähnst, wenn du jung bist. Ich habe dir ja erzählt von den Regierungslimousinen, die ohne Rücksicht auf andere durch Leningrad rasten. Das ist nur ein Beispiel für etwas, das sich sozialistisch gerierte, in Wirklichkeit aber menschenverachtend war. Das gilt auch für die DDR. Ich wußte, was alles nicht so bleiben kann und darf. Und ich hoffte, daß sich derlei Gebrechen heilen lassen. Inzwischen habe ich begriffen, daß du nicht straflos über Jahrzehnte gegen alle möglichen Regeln – ökonomische, ethische – verstoßen kannst. Und ich neige zu keinerlei Gläubigkeit mehr in politischen Belangen. Neulich bin ich verärgert aus einer Linkspartei-Versammlung weggegangen. Oskar Lafontaine hat gesprochen vor ungefähr 100 Professoren. Da stand allen Ernstes einer auf, ein Professor für weiß der Teufel was, und sagte: »Genosse Lafontaine, du bist meine einzige Hoffnung.« Das fand ich närrisch. Es war mir peinlich, zumal der Lafontaine ja auch kein Doofer ist. Will sagen: Es gibt viele Dinge, da winke ich einfach ab. Andererseits: Wenn einer sagt, er ist durch die DDR zumindest zweierlei geworden – erstens ein studierter Mensch und zweitens ein bekannter Autor –, dann hat er Gründe, diesem Vorgang nachzutrauern. Aber es kann nicht sein, daß er nur andere dafür zur Rechenschaft zieht, sondern er sieht sich selbst mit im Spiel, wo es um Ursachen geht. Und er wehrt sich nur immer gegen die oberflächlichen Urteile über die Vergangenheit. Was für eine fahrlässige Dummheit ist die grobschlächtige Abrechnung mit der DDR: Sie bringt einen dazu, statt auch über eigenes Versagen nachzudenken, voll damit beschäftigt zu sein, den Generalverdacht abzuwehren.

Und was ist an Hermann Kant unverändert geblieben?

Daß ich mich nicht verweigert habe und nicht zusammengebrochen bin in desolater Lage. Ich habe Bücher geschrieben. Neuerdings schreibe ich auch Leserbriefe. Ich habe immer mal eine Meinung kundgetan, habe die Klappe nicht gehalten und kann mir nicht vorwerfen, daß ich in Demut erstarrt bin, weil ich besiegt wurde.

Und wovon sagst du, tut mir leid, so bin ich eben?

Da gibt es eine Menge. Selbstverständlich weiß ich, daß ich manchmal Leuten wehgetan habe, wenn ich mir in meiner Scharfmäuligkeit gefiel. Beispiel Reiner Kunze: Ich hatte und habe keinen Grund, ihn zu lieben. Und doch nehme ich mir übel, daß ich, als er den Büchner-Preis bekam, mich nicht mehr einkriegte vor Hohn und das berühmt-berüchtigte Wort sagte: »Kommt Zeit, vergeht Unrat.«

Das ist ein schlimmer Satz. Den hat dir nicht nur Reiner Kunze übelgenommen.

Ich wußte genau: Das war falsch, da kriege ich was über den Schädel. Und konnte es nicht unterlassen.

Weil du verliebt warst in deine scharfe Formulierung?

So ist es. Ich bin damit zwar nicht ganz allein in literarischer Gesellschaft, aber ich weiß: Auch privat habe ich es immer schön hingekriegt, Leute zu verletzen, weil mir zu ihnen irgendwas Großschnäuziges eingefallen ist. Die sozialen Manieren sind an mir absolut zu rügen.

Reue? Neulich sagte mir Tschingis Aitmatow in einem Interview, die Fähigkeit zur Reue sei eine der wichtigsten menschlichen Fähigkeiten überhaupt. Ja, letztlich hinge die Zukunft der Welt davon ab, ob der Mensch in der Lage sei zu bereuen. Der Film »Reue« hat in der DDR allein schon durch seinen Titel Zorn erregt. Ich weiß noch, wie mir nicht nur einmal sogar das Wort »Gewissen« aus meinen Artikeln rausgestrichen wurde ...

Ich habe Alfred Kurella hat tatsächlich sagen hören: Gewissen, das stammt aus einer anderen Oper. Und das auch noch gestottert. Aber Irmtraud, wenn du die gesammelten Sprüche der Westgoten den Kant betreffend nachlesen würdest, müßtest du feststellen: Die waren sich auch nicht zu schade, auf mir rumzutrampeln, und das von frühen Jahren an. Wir haben ja neulich schon mal drüber gesprochen, daß man nicht Gleiches mit Gleichem vergelten darf. Das Gericht verbietet es, aber im Alltag ist es nun mal so: Man wehrt sich, so gut man kann. Manchmal freilich wäre das Gütliche das Schlaueste gewesen.

Was wäre Weisheit für dich? Weisheit als etwas, das man erlangen möchte, aber nie ganz erlangen kann?

Wer sich selber für weise hält, ist weit entfernt davon. Ich versuche, gelassen zu sein, nicht abzustumpfen und Herr der Verfahren zu bleiben. Ich schicke mich, was das Persönliche angeht, in Verhältnisse. Beim Autofahren bedauere ich zwar manchmal, keinen Reisegefährten zu haben, mit dem ich mich unterhalten kann, aber ich habe mich eingerichtet. Neulich bin ich um die Müritz gefahren, als ich von Kurt Maetzig kam, und habe ein Feld voller Kraniche gesehen. Hunderte von Kranichen, was für ein Anblick! Da hätte ich mich gern mit jemandem ausgetauscht. Von »Guck mal, Kraniche!« bis zu Brechts Kranichen. Aber ich habe mich notgedrungen, vielleicht ein bißchen weise, gewöhnt an den Zustand und mich bislang ferngehalten von den dussligen Angewohnheiten allein lebender Leute. Zum Beispiel rede ich nach wie vor nicht mit mir. Das Angenehme am Alleinsein ist, daß du nicht aus Rücksicht auf andere zu etwas gezwungen bist.

Das wäre Weisheit? Etwas nicht zu müssen?

Weisheit liegt vor, wenn du in der Lage bist, das als einen Wert zu erkennen. Aber ich glaube, man sollte nicht gleich von Weisheit sprechen. Ich bin manchmal ganz zufrieden damit, daß ich nicht doof bin.

Bist du mitunter abergläubisch?

Ihr hattet heute ein Puschkin-Zitat in der Zeitung: Wenn er gewußt hätte, daß Freitag der 13. ist, wäre er nicht gekommen. So weit geht es bei mir nicht. Du siehst, ich bin an einem Freitag, den 13., nach Berlin gefahren, immerhin knapp 120 Kilometer. Dennoch, ich glaube nicht, daß man ganz von Aberglauben frei sein kann. Ich weiß nicht seit wann, aber ich steige immer mit dem rechten Fuß zuerst in den Schuh. Das hat keinen besonderen Grund, ist nur der Ordnung halber ... Du hast übrigens einen schönen Artikel geschrieben über den Roman »Ruhelos« von William Boyd. Der traf sich mit meinem Lesevergnügen der letzten Woche. Ich habe das Buch in einer englischen Taschenbuch-Ausgabe gelesen, was seit Jahr und Tag mal wieder ein Höhepunkt meines Lesevergnügens war. Und ich habe, was dann auch passiert, bei Telefonaten mit meinen englischen Anverwandten gesagt: Habt ihr denn den William Boyd gelesen? Wen? Boyd? Das müßt ihr aber machen! Aha. Sie werden es sicher tun.

Aber ob deine Kinder das so genießen können wie du? Ob ihnen nicht die Erfahrungen dazu fehlen? Wie sich die Vorstellungswelt der Spionin Eva Delektorskaja vom üblichen Alltagbewußtsein unterscheidet, darin liegt doch der Reiz.

Ja, sicher. Und ich finde den Schluß wunderbar, wie die alte Frau wiederum wartend ausschaut, hinter welchem Busch einer mit abgesägter Schrotflinte stehen könnte. Das erinnert mich an den Roman von Graham Greene »Der menschliche Faktor« über einen sowjetischen Agenten in England, dem kurz vor seiner Enttarnung die Flucht nach Moskau gelang. Da lebt er nun in Erwartung von etwas Ungewissem und verbittert langsam. Er wird gut versorgt, aber das Leben ist vorbei. Es sei denn, irgend etwas stünde hinter der Tür.

Und er hat keine Angst davor, sondern wünscht es sich sogar, dieses Etwas, damit es nicht mehr so langweilig ist?

So ist es, na klar!

Hast du manchmal daran Genuß: einfach so dazusitzen, über alles mögliche nachzudenken und in dich zu gehen?

Wenn, dann hält es nicht lange vor. Zum Beispiel vorgestern habe ich in meinem Ledersessel gesessen, vor mich hingedacht und nach draußen geguckt. Dann fiel mir aber plötzlich ein, daß ich bei »Wikipedia« den Begriff Erkennungsmarke aufrufen wollte. Ich stehe also auf, schalte den Computer ein, schaue nach und drucke aus, was darüber zu finden ist.

Erkennungsmarke?

Ja, Erkennungsmarke, das hat mit der Geschichte zu tun, an der ich schreibe. Ich hatte ja erzählt, wie ich, aufgerührt durch Grass' Waffen-SS-Bekenntnis, mich an die Wehrmachtsauskunftsstelle gewandt habe. Ich wollte wissen, was auf meiner Erkennungsmarke stand. Jeder Soldat trug so eine Erkennungsmarke. Wenn du tot bist, wird eine Hälfte abgeknipst und eingeschickt, die andere Hälfte blieb an dir, damit sie wissen, wen sie begraben. Als ich in Polen in sowjetische Gefangenschaft kam, wurden uns die Erkennungsmarken und die Soldbücher abgenommen und auf einen Haufen geschmissen. Damit war man ohne Identität, völlig denen ausgeliefert, die einen eingesperrt hielten. Jetzt habe ich bei Walter Heynowski zu meinem Erstaunen gelesen, daß es die Amerikaner genauso gemacht haben. In Bad Kreuznach, dem Rheinlager, sind den Gefangenen ebenfalls Soldbücher und Erkennungsmarken abgenommen worden. Das finde ich rätselhaft: Um so schwieriger war es doch, die SS-Männer rauszufinden? Wie kannst du unübersehbare Mengen von Leuten einsammeln, zu deinen Gefangenen machen und ihnen ihre Identitäten wegnehmen?

Was mutmaßt du?

Irgendeine idiotische Theorie unter dem Motto: 1. Wir haben sie ja. 2. Wir untersuchen in bürokratischer Geheimdienstarbeit die Übereinstimmung zwischen a) den Erkennungsmarken und b) den Ausweisen, c) untersuchen wir, ob sich schlimme Dinge an Hand dieser Dokumente erkennen lassen. Aber das hat alles keinen Sinn. Willst du 10000 Leute antreten lassen, um im nachhinein anhand der Lichtbilder aus den Soldbüchern diejenigen zu identifizieren, die du fassen willst? Andererseits kann ich mir nicht vorstellen, daß jemand vorsätzlich gesagt hat: Die haben als Personen aufgehört zu existieren. Meine Geschichte, an der ich sitze, hat damit zu tun, daß die DDR-Staatssicherheit darin eine Möglichkeit entdeckt.

Aus diesen Erkennungsmarken Informationen zu bekommen?

Beziehungsweise herauszufinden, wie man überhaupt an diese Erkennungsmarken gelangt. Die liegen alle registriert in Berlin-Wittenau. Millionen Vorgänge. Das war ein fantastischer Schatz unter dem Gesichtspunkt von Geheimdienstarbeit, millionenfache Informationen über Leute. Die Sowjets haben das gewußt und darüber gewacht, aber als der Sektor unter westalliierte Aufsicht kam, nichts daran ändern können, daß sie den

Zugriff verloren. Später mußten sie in Gestalt des Mielke-Apparats versuchen, wieder ranzukommen. Eine Wahnsinnsgeschichte, finde ich.

Ich bin gespannt. Die letzte Frage: Was wäre Glück für dich?

Jetzt willst du was Großartiges hören. Aber ich sage nur das: Für mich gibt es wenige Momente, wo ich so mit mir und der Welt im reinen bin wie über einem Buch, das mich ganz und gar interessiert. Zum Beispiel Fontanes »Stechlin«. Wenn ich das lese, bin ich ein guter Mensch. Und zu wissen, man ist ein guter Mensch, macht glücklich. Oder irgendeine freiwillige Wortmeldung von jemandem, der dir was Interessantes erzählt. Sowas Glück zu nennen, mag ein bißchen übertrieben sein, aber es ist hoch angenehm. Schön war es, als die Greifswalder Universität im Oktober 2006 ihre 550-Jahr-Feier hatte, eingeladen zu sein. Weil ich dem Rektor die »Aula« auf Arabisch überreicht hatte, dachte ich im Dom: Du sitzt hier schon richtig. – Wenn du nicht stumpf bist, erkennst du in solch einem Augenblick: Jetzt ist es Glück.

Hermann Kant: »Notizzettel«

Regierung oder Opposition

Es hat mich immer hilflos gemacht, wenn uns das Fehlen einer parlamentarischen Opposition vorgeworfen wurde, denn es stimmte ja. In den seligen Zeiten, da Bundesttagsdebatten noch live übertragen wurden, war ich umsomehr von der Unentbehrlichkeit einer Opposition überzeugt. Ich wäre nicht auf die Idee gekommen, sie »Mist« zu nennen. Die Linke muß auf diesem Feld etwas ändern, ohne sich als »Reparaturbetrieb der Demokratie« zu bewähren.

Stalinismus

Die Aufregung über den Gedenkstein kommt tatsächlich vor allem vom antikommunistischen Kampfbegriff *Stalinismus* her, mit dem alles angegriffen wurde, was DDR war oder sich im Westen zu links ausnahm. Dennoch haben wir natürlich – schaudernd und äußerst wach, sage ich – der Opfer des Stalinschen Terrors zu gedenken. Anders könnten wir ja gleich leugnen, daß es in unserem Leben Stalinismus gegeben hat. Meine Meinung dazu kann man nachlesen. Von der Überschrift der FAZ-Rezension der »Aula« mal abgesehen, steht alles zur komplizierten Sache in »Okarina«.

Gespräche wie dieses

Sehr lustig nehmen sich für mich Freunde aus, die mich gern Sünden bekennen hörten, die in meinen Augen keine waren. Sie wollen nicht begreifen: Was auf dem Spiel stand, war der Verband. Den hat es noch zehn weitere Jahre gegeben, in denen Leute wie ich erfolgreich für Literatur eingetreten sind. Übrigens auch erfolgreich für eine Rente, ohne die so mancheins heute ohne zehn Verbandszähljahre auskommen müßte. Ansonsten habe ich tatsächlich gehofft, wir würden ohne Ausschlüsse auskommen. Aber die große Koalition aus oppositionellen Kollegen und solchen, die gegen das Verlangen der Bezirksparteileitung nicht muh noch mäh zu sagen wagten (und es auch im nachhinein nicht tun), hat das traurige Ergebnis hergestellt.

Lektüre
Leben ohne Lesen geht für mich nicht. Aber es geht durcheinander. Aus unbekanntem Grunde lasse ich oft aus, was gerade in aller Munde ist. So habe ich jetzt erst Kehlmanns »Die Vermessung der Welt« gelesen. Hut ab vor den Buchkäufern, die den anspruchsvollen und sehr witzigen Roman seit Jahr und Tag an der Spitze der Sellerliste halten. Bevor ich sie einordne, stehen die Bücher auf einem Regal sozusagen Schlange. Den Schluß, also das zuletzt Gelesene, bildet derzeit »Wir sind die Liebermanns« von Regina Scheer. Ein fabelhafter Gewinn! Es ist mir rätselhaft, wie die Frau das gemeistert hat. Dann kommen »Saturday« und »Abbitte« von McEwan und »Restless« von Boyd. Sehr verschieden, aber gleich in ihrer literarischen Klasse. Es folgt Lars Gustafssons »Der Dekan«. Mir scheint, dem einst kaum entbehrlichen Schweden fällt an den amerikanischen Unis nichts mehr ein. Stefan Doernbergs Erinnerungen, die »Fronteinsatz« heißen, sind als Zeitzeugenbericht mehr als verdienstvoll. Nicht nur, weil er bei Edda Tennenbaum wörtlich Obdach gefunden hat, und ich bildlich im politischen Sinne. »Der geheime Rotbannerorden« von Eberhard Panitz hält sich ebenfalls an Geschichte, ist aber vor allem eine spannende Geschichte, die der Frage nach dem Stalinismus nicht ausweicht. Nach Frank McCourts »Teacher Man« bedauerte ich fast, nicht Lehrer geworden zu sein. Auch Imre Kertészs »Roman eines Schicksallosen« habe ich erst vor kurzem nachgetragen. Der Ungar hat mit seinem hochwachen, unendlich naiven und fast fatalistischen Erzähler für den entsetzlichen Stoff eine überaus ergiebige Erzählperspektive gefunden. Um die »Rücklese« der letzten Wochen hier zu beenden: Alle loben »Ich nicht« von Fest über den grünen Klee,

ich nicht. Hier stehen unstreitige Einzelheiten bestreitbar für das Ganze; man hat es mit hochmütiger Ungerechtigkeit zu tun. Da stellt »Meines Vaters Land« von Wibke Bruhns geradezu eine Ehrenrettung dar. Derzeit lese ich eine Sammlung von Orwells Kolumne »As I Please« (Zeitungsbeiträge von 1943 bis 1947) und finde es so begreiflich wie furchtbar, daß die »staatliche« Linke nicht mit diesem scharfsinnigen unabhängigen Linken zurechtkommen konnte.

»Eigentum verpflichtet. Sein Gebrauch soll zugleich dem Gemeinwohl dienen.«
Gern würde ich ein Protokoll vom Zustandekommen dieses denkwürdig luftigen Artikels des Grundgesetzes (wie auch der Weimarer Verfassung) lesen. Ich frage mich, mit welchen Argumenten haben die Verfassungsväter einander den unscharfen Doppelsatz, auf dem letztlich das ganze Steuersystem ruht, schmackhaft gemacht? Es ist eine Szene, die dem Romanautor immer mal wieder vorschwebt. Um das gleich zu beantworten: Mir schwebt weitaus mehr vor, als sich in diesem einen Leben bewerkstelligen läßt.

Aufklärung ist kein Kampfeinsatz
Eigentlich möchte ich keine Regierung, deren Verteidigungsminister so etwas sagen kann. Warum erklärt er nicht gleich, beim Schießen hätten Zielen und Abdrücken nichts miteinander zu tun? Ähnlich geht es mir mit dem Müntefering-Satz »Opposition ist Mist«. Der Spruch ist nur deshalb nicht verfassungsfeindlich, weil im Grundgesetz zur Opposition wenig geschrieben steht – das Wort kommt im 22-seitigen Sachverzeichnis der gedruckten Ausgabe nicht einmal vor.

G 8, Heiligendamm und ähnliche Veranstaltungen
Nimmt man es genau, leitet sich die Macht dieses Kartells von nichts anderem als der Macht seiner Mitglieder ab. Es ist ein Bündel aus dicken Knüppeln. Mag ja sein, sie sind alle (einschließlich Bush) demokratisch gewählt –, ob sie ein Recht zu ihren die Welt betreffenden Verabredungen haben, bezweifle ich jedoch. Unsere Bundesvertreterin bringt zu aller Beteilig-

ten Schutz das Sperrgerät gleich mit, und ihre nachgeordneten Ortsgewaltigen weiten immer mehr Mecklenburg zum Sperrgebiet aus. Mir schiene es in jeder Hinsicht angemessener und auch kostengünstiger, wenn sich die Leute, wie ich in Ossietzky vorgeschlagen habe, bei künftigen Treffen in Guantánamo einschließen ließen.

Sprache und Sprachlosigkeit

Daß die Linke in vielem auf verlorenen Posten steht, muß ich hinnehmen, nicht aber, daß sie manche Posten unnötig, ja ganz zu Unrecht verlorengibt. Ist es nicht lächerlich, den Begriff der »Klasse« geradezu abzuschaffen und dafür eine »politische Klasse« zu erfinden, in der sich von Oskar bis Edmund alles vereint? Hält man das Wort »Dialektik« für eine Erfindung der SED, obwohl es – wie auch der damit bezeichnete Prozeß – nicht einmal eine Erfindung der Marxisten ist? – Andererseits haben wir die wahrlich verordnete Rechtschreibreform und schreiben auch im ND: »Ein Mal ist kein Mal«, wüßten aber nicht einmal zu sagen, was ein »Mal« in diesem Falle sein soll. Oder wir trennen das Bannerwort der Aufklärung »selbstverschuldet« zu »selbst verschuldet«, was etwas ganz anderes ist. Wie ja auch »zusammenkommen« etwas anderes ist als »zusammen kommen«.

Populismus und Verantwortung

Vom Vorwurf des Populismus und von der Aufforderung, Verantwortung zu übernehmen, dürfen sich Linke nicht beeindrucken lassen. Ein gewisser Populismus ist Bestandteil jeglicher Politik. Wenn Wunschvorstellungen im Bundestag nicht vorgetragen werden dürften, ergäbe das eine stumme Versammlung. Ein Beispiel: Auch wenn ich nicht sehe, wie sich das durchsetzen ließe, sollte sich unter den Linken jemand finden, die/der eine ganze Altersgruppe gewinnt, wenn sie/er für die schlichte gesetzliche Bestimmung eintritt, daß Vertrags-, Geschäfts- und andere Texte unterhalb einer festzulegenden Schriftgröße im Rechtsverkehr nicht gelten. Sehr aufmerken sollte die Linke, wenn sie von rechts, aus der Mitte und von halblinks aufgefordert wird, »Verantwortung zu übernehmen«.

Oft sprechen da dieselben Leute, die der Linken ihre parlamentarischen Rechte bei jeder Gelegenheit beschneiden wollen. Damit auch das gesagt ist: Die ärgern mich weniger als meine Genossen, wenn sie G 8 nicht kritisieren können, ohne ihre Friedfertigkeit zu beteuern. Es gibt eine Friedfertigkeit, mit der kein Frieden zu haben ist.

Kontrolle

Beinahe hätte ich eine Geschichte angefangen, in der es um die Kontrollbestrebungen unseres Innenministers geht. Wissenschaftler haben herausgefunden, daß sich der Energieumsatz im menschlichen Körper mit einem (im Krankheitsfall als Kopfsausen wahrnehmbaren) Geräusch verbindet, das wie die Papillarlinien und DNS unverwechselbar ist. Gelänge es, diesen nach »bios« und »son« BISON genannten Urton aufzuzeichen und in einem Kaaba-großen Computer zu speichern, könnte Herr Schäuble stets erfahren, wo wir uns aufhalten oder aufgehalten haben. Die Sache scheitert wegen Kühlwassermangels, und meinen Einfall nehme ich Schäuble übler als seinen.

Personenregister

Bildnachweis:
H.Kant, privat: I, II, III, IV, V, VI, XI, XVI, XVII, XVIII, XIX, XXII, XXIII, XXIV, XXV
ND/Archiv: VII (Schönfeld), VIII (Schmidtke), X (Fieguth), XIII (o.N.), XIV (Lange), XV (Lenke), XVII (Rother), XX (Fieguth), XXI (Lenke), XXVI, XXVIII, XXIX, XXXI, XXXII (Lange)
Bundesarchiv: IX (Katschorowski, N0326/34N), X (Dachwitz, S0429/34N), XII (Löwe, T0424/301N), XIII (Koard, T0529/28N), XIV (Reiche, W1119/305N), XVI (Schneider, W1119/305N)
Barbara Haller VIII
Hans-Werner Hausmann XXX
Karl-Heinz Hecker IX
Volker Hedemann XXII
Barbara Köppe XVII
Klaus Morgenstern XXVII
Vera Stark XX
Peter Thomann XXI
Manfred Uhlenhut XII

ISBN 978-3-360-01906-6

Umschlag: MediaService GmbH, unter Verwendung
eines Fotos von Burkhard Lange
Druck und Bindung: CPI Moravia Books GmbH

Ein Verlagsverzeichnis schicken wir Ihnen gern:
Das Neue Berlin Verlagsgesellschaft mbH
Neue Grünstr. 18, 10179 Berlin
Tel. 01805/30 99 99 (0,14 Euro/Min.)

Die Bücher des Verlags Das Neue Berlin
erscheinen in der Eulenspiegel Verlagsgruppe
www.das-neue-berlin.de